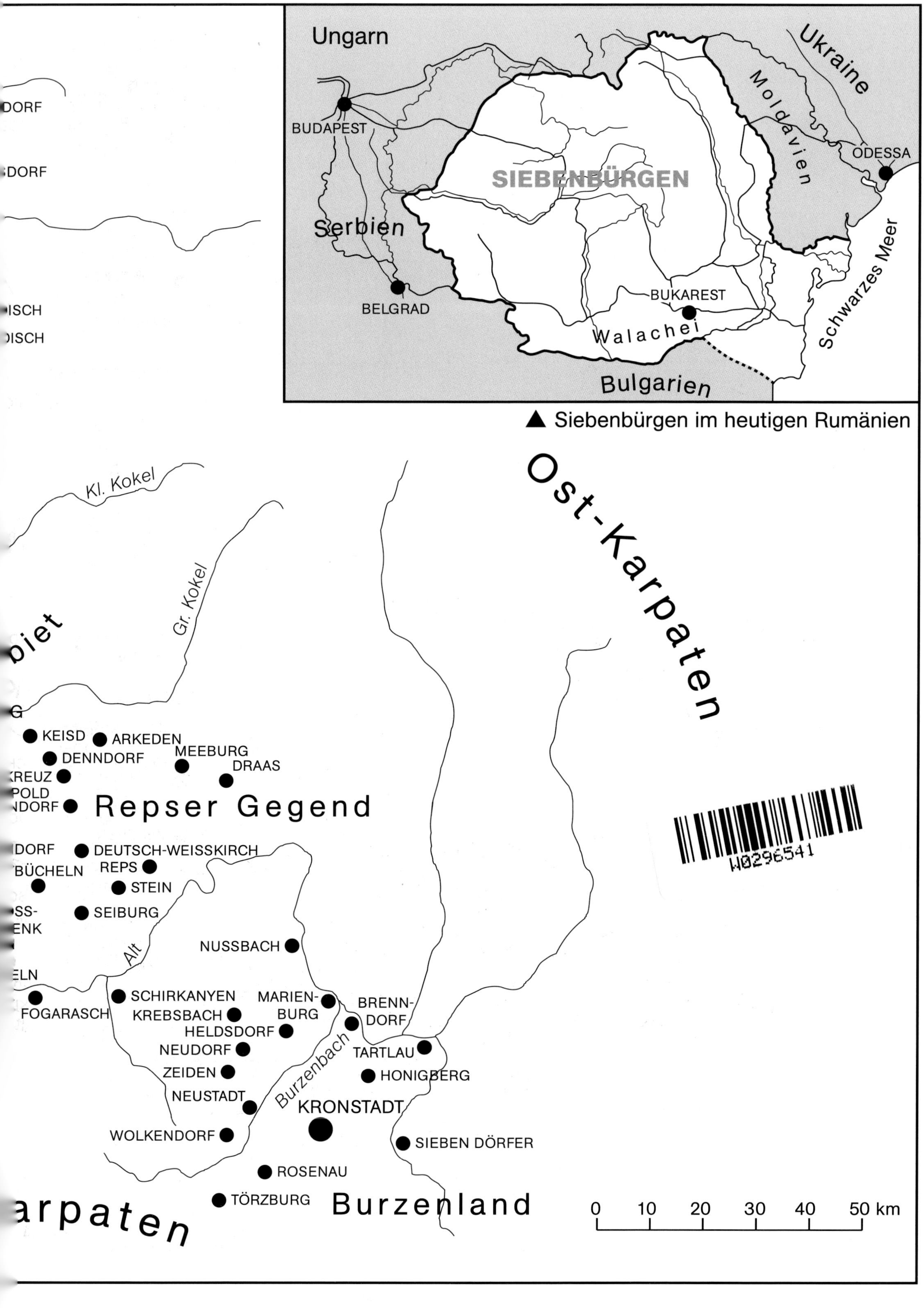

▲ Siebenbürgen im heutigen Rumänien

Bernd G. Längin

Unvergessene Heimat Siebenbürgen

Städte, Landschaften und Menschen auf alten Fotos

Bilddokumentation
Hanns Michael Schindler

Weltbild Verlag

Der Inhalt

Die Siebenbürger Sachsen ... ein Stamm wie für die Ewigkeit 5

Zum Schutz der Krone 10
Wie eine Insel im Lande 12

Zeittafel 15

**„Anders rauschen die Brunnen, anders rinnt die Zeit ...
Geschichte und Geschichten aus Siebenbürgen** 28

Die Vormauer der Christenheit 33
Eine Hansa im Kleinen 40
Das Zeitalter der Reformation 44
Das sterbende Siebenbürgen 49
Die Zeit des Samuel von Brukenthal 67
Die Zerschlagung des Königsbodens 77
Deutschland besucht seine Söhne 89
Im Krieg zwischen den Kriegen 94

Siebenbürger Sachsen 104

In Hermannstadt spricht die Erinnerung 107

Siebenbürgen, Ortsnamen deutsch/rumänisch 119

Einbandgestaltung: Peter Engel, München
Satz: Cicero Lasersatz GmbH, Dinkelscherben bei Augsburg
Druck und Bindung: Druckerei Appl, Wemding
Printed in Germany
ISBN 3-89350-789-2

Seite 2: Die Kirchenburg Heltau, südlich von Hermannstadt. 1439 erstmals erwähnt, bauen die Heltauer ihre Kirche nach dem Türkeneinfall im 15. Jh. zur Wehranlage aus.

Bildnachweis: Archiv „Der Volksdeutsche“, G. Theis, Sammlung Tirolya, W. E. Kraft (Hermannstadt), Bild- und Film-Amt, E. Fischer (Hermannstadt), H. Gust (Kronstadt), Hans Retzlaff, VDA, Foto Reimesch, Archiv Graudenz-Schindler, Weltbild, Volksdeutscher Bilderdienst, Archiv des Autors.

Die Siebenbürger Sachsen ... ein Stamm wie für die Ewigkeit

Am Anfang war der Urzustand. Jenes Etwas, das der von zornigen Cäsaren nach Tomis (Konstanza) verbannte Dichter Ovid „das Chaos" nannte. Ein paar Jahrhunderte in unserer Zeitrechnung könnte es dann schon so gewesen sein, wie Olga Hörler eines Tages patriotisch reimte:
„Der Herr der Welten schritt einmal / Im Frühlingssonnenglanz zu Tal, / Zu seinem besten Ackerland: / Am Ostsee und am Nordseestrand. / Er wollte frische Aussaat spenden / Von Deutschen, die ihm nie genug; / Der Same fiel aus vollen Händen, / Darüber ging der Zeiten Pflug.
Getan das Werk, zum Schwarzen Meer / Kam Gott dann über Ungarn her; / Er überschaut das schöne Land / Und segnend hob sich seine Hand. / Da fiel ein Korn - dem ist entwachsen, / Als Gottes Saat, die stets gedeiht: / Das Volk der Siebenbürger Sachsen, / Ein Stamm wie für die Ewigkeit."

Die Siebenbürger Sachsen, der in 800 Jahren in einem politischen Wetterwinkel Europas gefestigte Volkskörper, als „Gottes Saat" ... wieviel einfacher wäre es doch gewesen, es dabei zu belassen. „Siebenbürgen", mundartlich Siweberjen, für die feste Bindung an das Ostland, die von jeder Generation neuerworbene Heimat. „Sachsen" für alles, was im Raum zwischen Broos (Orăştie) und Draas (Drăuşeni) recht kunterbunt und dichtgedrängt als deutsch zu gelten hat.
Doch Geschichte kommt nun einmal nicht ohne den Blick gnadenloser, hin und wieder romantisch-idealisierender Historiker aus. Auch darum, weil sie immer Vorgeschichte hat. Und weit und breit kein lohnenderes Objekt für Ursprungstheoretiker als Siebenbürgens Sachsen, die nicht nur älteste sondern auch eigenartigste auslandsdeutsche Sprachgruppe ... als das Musterknabenhafte sächsischer Eigenart: Ein Klammern an Altbewährtem in Volkskunst, Volksgut und kirchlichen Traditionen, die auf den Landstrich an Rhein und Mosel weisen, an Mundart, Geselligkeit und jene Lust, wie sie zum Surren des Spinnrockens Lieder, Sagen und Märchen, Geschichte und Geschichten weitergeben. Das Festhalten an einem unverwechselbaren Lebensstil, an längst überholten Formen deutschen Gemeinwesens, wie es der Kronstädter Adolf Meschendörfer mit *„Anders rauschen die Brunnen, anders rinnt hier die Zeit" umschreibt.*
Hatten sich im äußersten Südosten des alten Ungarn die Nachkommen mittelalterlicher Kolonisten an fränkischem Brauch und religiösen Grundanschauungen doch mehr bewahrt als jeder Frankensplitter in der Heimat. Konnten sogenannte Reichsdeutsche bis in unser Jahrhundert hinein bei sogenannten Volksdeutschen, und nur bei ihnen, ihre eigene Vorzeit nacherleben. War was im Rheinland zu alten Museumstücken gehörte in den vom Mittelalter durchwehten sächsischen Städten und Landschaften, rund um wuchtige Bauern-, Stuhls- und Kirchenburgen durchaus noch Teil des täglichen Lebens, wofür das Sachsenland gerne mit einem „Museum des Deutschtums" verglichen wurde.
Ein „Museum", in dem ähnlich wie in Schlesien oder Ostpreußen ein deutscher Neustamm trotz ethnischer Vielseitigkeit in Krieg und Frieden zusammengewachsen war. In dem streitbaren Bauern und Handwerkern, die aufgebrachten „Heiden" am Karpatenwall Halt boten, die Verteidigung des Abendlands zum Ruhmes-

Sachsenadel

1. Als an der Mosel grünem Strand
der Ritter Burgen baute
und vor des Eisenmannes Hand
dem frommen Bürger graute,
da zogen viele Wackern aus,
ein neues Land zu finden:
„Wir wollen uns ein neues Haus,
ein Haus der Freiheit gründen!

2. Uns winkt des Urwalds freier Schoß
im fernen Ungarnlande;
drum reißen wir uns weinend los
vom heimischen Verbande!
O deutsche Heimat, groß und hehr,
nicht magst du uns verklagen,
wir wollen deines namens Ehr'
in ferne Lande tragen!"

3. Sie zogen von der Heimat weit,
wohl ohne adlig Wappen:
Was soll am neuen Freiheitskleid
der buntgestickte Lappen?
Doch nicht vergaßen sie das Schwert,
des freien Mannes Wehre:
Beschützen soll's den neuen Herd,
der neuen Heimat Ehre!

4. Sie nahmen von der Mosel Strand
wohl mit den Pflug, die Rebe,
daß auch das neue Heimatland
gewohnte Labung gäbe;
mitnahmen sie den Hammer auch,
das Webschiff und die Säge,
daß dort auch froh nach Bürgerbrauch
ihr Arm des Handwerks pflege.

5. So zogen sie ins
Waldland ein,
wo Bär und Aar noch
hauste;
hei, wie da durch den
Eichenhain
der Äxte Schlag erbrauste.
Wie vor dem Pflug die
Wildnis wich
und Fleiß sein Füllhorn
streute,
ein Kranz von schmucken
Dörfern sich
um stolze Städte reihte!

6. Doch sagt, wer schützt
die junge Saat
vor Feindesungewitter?
Wer wird, o junger
Bürgerstaat,
nun deiner Freiheit Ritter?
Die Ritter ließest du
daheim,
die kampfgeübten
Recken: –
wer wird, wenn Feinde
ringsum dräu'n,
mit eh'rnem Arm dich
decken?

7. Es drohet der Kumane dir;
der wilde Petschenege
belau'rt aus dunklem
Waldrevier
des ems'gen Bürgers Wege;
und sieh, wie sich am
Mittagsrand
ein schwarz Gewitter
türmet; –
weh' dir, mein Volk,
im fernen Land,
wenn's über dich auch
stürmet!

8. Ja, Feinde rings! – Doch
unverzagt
sieht man die deutschen
Gäste;
die Freiheit hält bei ihnen
Wacht,
und Mut heißt ihre Feste.
Nicht ließen sie am Rhein
das Schwert,
des freien Mannes Wehre;
treu schirmt es nun den
neuen Herd,
der neuen Heimat Ehre!

blatt wurde. Ein blühendes Gemeinwesen von zeitweise großer kultureller und politischer Bedeutung, das als Träger westlicher Kultur die Verbindung seines Raums mit Europa förderte, Geistesleben, Rechtsprechung und Verwaltung prägte und unter wechselnden historischen Bedingungen als Puffer zwischen Ungarn und Rumänen diente.

Die Siebenbürger Sachsen als Schicksalsgemeinschaft im Bewußtsein, sich am Schnittpunkt europäischer Vergangenheit nur durch Selbstbestätigung erhalten zu können. Denen ein Mann wie Lenin – obwohl selbst kein Fachmann auf diesem Gebiet – eine „Mustergültigkeit der Verhältnisse" zugestand, an der sich „die praktische Durchführung der Demokratie" studieren lasse. Denen nach 1918 der Ehrentitel der „klassischen Auslandsdeutschen" verliehen wurde: Tatsächlich sind diese Sachsen zu allen Zeiten eine so auffallende Erscheinung, daß man Ursprungstheoretikern nicht verdenken konnte, wenn sie sich über die „Gottes Saat" hinaus Gedanken darüber machten, woher dieses Volk unter Völkern nun wirklich stammte.

Trotzdem (oder gerade deswegen) sind uns „die Zeiten ihrer Vergangenheit ein Buch mit 7 Siegeln" geblieben, wie Doktor Faust hier einfließen ließe. Der Rückgriff auf die deutsche Repräsentationsfigur des Strebens nach Erkenntnis bietet sich an, ist der Schwarzkünstler, bevor ihn der Teufel holte, doch persönlich auch im Siebenbürgischen gewesen. In Hermannstadt hat er – so jedenfalls wird erzählt – mit Menschenköpfen gekegelt, danach auf dem Viehmarkt käuendes Vieh in Soldaten verwandelt. Doch zurück zu seinen 7 Siegeln. Siegelmarken 1 und 2, und auf die kommt es hier an: Siebenbürgen, die gegen Osten und Südosten durch die Karpaten abgeschlossene Hochlandfestung, war ursprünglich kein Siebenbürgen. Die Sachsen, jene, die man eines Tages so nennen sollte, allerdings todsicher auch keine Sachsen. In Widersprüchen hatte sich ein Stück Geschichte geformt. So einfach ist das und doch so kompliziert.

Ausgerechnet an Grundsätzlichem, einem seit dem 14. Jahrhundert gebräuchlichen Familiennamen, haben sich die Geschichtler dann auch immer wieder festgebissen. Nicht, daß man die Themen Siebenbürgen, Sachsen und Sächsisch nicht ständig recherchiert hätte. Im Gegenteil. Besonders im engen Kreis der Siebenbürger selbst, deren Geschichtsbezogenheit nie infrage stand. Doch Theorien zu Herkunft, professionelle Deutungen zum Stammesnamen, Tatsächliches und Erfundenes sind im Ergebnis von unterschiedlichster Natur. Um ein paar der Altmeister sächsischer Geschichtsschreibung zu zitieren: Einer der Verwegendsten unter ihnen behauptete, daß es sich bei den Sachsen grob-bildhaft gesehen um den Nachtrab des 3. Kreuzzugs handle, der vom Süden her ins Land gewandert war. Ein anderer nannte sie keine lieben Gäste, sondern schlicht „Saci", damit aus altem dakischen Geblüt. Wieder andere spekulierten, daß Sachsenkönig Heinrich der Löwe eine Mittlerrolle zwischen Ungarn und den Kolonisten gespielt habe ... daß sie in der Zeit der Ungarneinfälle in Deutschland von beutegierigen Kriegern aus Sachsen in den Überwald verschleppt wurden ... daß der westgermanische Stamm der Sachsen bei den Ungarn einfach zu hoch im Ansehen stand, um nicht alle Deutschen Sachsen zu nennen ... daß sie tatsächlich echte Sachsen waren.

Zwischenlösungen gingen auch dahin, daß die Einwanderer von ignoranten Ungarn einfach irrtümlich „sas" (Sachsen) genannt wurden, eine Bezeichnung, die dann von Gott und der Welt übernommen wurde ... daß der Name aus der Kanzleisprache stammt und auf sächsische Kumpels zurückgeht, die im Hochmittelalter in

den Bergbaubetrieben des Balkans auftauchten ... daß die Sachsen schlicht „Sassen", also Ansässige waren. Denkbar auch, daß die Ungarn, die mit dem vogelstellernden Sachsenkaiser Heinrich und Sohn Otto recht blutige Kämpfe ausgefochten hatten, alle Deutschen aus dem zu jener Zeit noch stark in Stämme gegliederten Reich einfach irrtümlich für Sachsen hielten.
Besonders originell daneben die Adoption jener Legende vom Hamelner Rattenfänger, die mit frühen Siedlern nach Südost gewandert, dort eines Tages für den Lokalgebrauch umgeschrieben worden war. Herrenloses Gut im Mund des Volkes, sah die am Johannistag in den Poppenberg entführte Kinderschar danach ausgerechnet auf Königsboden am Karpatenwall wieder Tageslicht. Um 1284 sind in Siebenbürgen – so der Gelehrte Athanasius Kircher voll köstlicher Naivität – dann auch tatsächlich fremde Kinder am Sankt-Peter-und-Pauls-Tag gefunden worden, *„die aus dem Erdboden gekommen zu schein schienen ... Sie sprachen eine fremde Sprache, die später als sächsisch bezeichnet wurde".*

Natürlich griffen die Geschichtler hier schnell korrigierend ein. Vieles wurde geklärt, konnte als bindend übernommen werden. An die Stelle des rattenfangenden Märchenmenschen rückten ungarische Herrscher, die die Ur-Sachsen als „sehr angenehme und liebe Gäste" (hospites) ins Land „jenseits der Berge" einluden. Einigermaßen zuverlässig bewiesen, obwohl ohne jede gesicherte Urkunde, daß die kräftigsten Spuren im Karpatenbogen dann von Pionieren aus dem Rhein-Maas-Mosel-Raum getreten wurden, daß Flamen und Wallonen (Latini), dann auch Thüringer, Bayern, Rheinländer und andere unter ihnen waren, nur eben keine Sachsen, Lausitzer, Voigtländer oder Erzgebirgler.

Die stammliche Verwirrung wurde frühen Bürokraten, der römischen Kurie und ungarischen Noblen zugeschoben: Papst Innozenz III., der die Umsiedler „Flandrenses" oder Kardinallegat Gregor, der sie in einem Schriftzug „Theutones" und „Flandrenses" nannte. Einer Urkunde von anno 1206, auf der das Wort „Saxones" erscheint. Andreas II., der seinen berühmten Freibrief einzig den „Theutonici" verlieh oder König Bela IV., der 1247 in einer Schenkungsurkunde an den Johanniterorden „Saxones vel Theutonici" erwähnt.
Wer eines Tages in Kronstadt, Bellesch-, Bogesch- oder Puschendorf trotzdem zu wissen glaubte, wer er durch Geburt, Wohnort, Sprache, Eigenart und Haltung zumindest geworden war, dem konnte leicht ein Kerl aus der Nachbarschaft dazwischenfunken wie jener Franz Kasinczy, der in der madjarisch-wissenschaftlichen Zeitschrift „Tudományos Gyyüjtemény" den Sachsen mit einem Schuß Ignoranz als „Halb-Teutschen, Halb-Ungarn, Halb-Türken und weder Teutscher noch Ungar noch Türke" bezeichnete.
Worauf die „Siebenbürgischen Provinzblätter" nur empört reagieren konnten: *„Der Siebenbürger Sachse ist kein halber, sondern ein ganzer Teutscher. Teutsch ist seine Sprache, Teutsch seine Bildung, Teutsch seine Rechtlichkeit. Als Teutscher ist er von jeher erkannt worden. Er ist kein halber Ungar, denn die Geschichte seiner Nation ist die Geschichte eines immerwährenden Bestrebens, sich unvermischt mit seinen ungarischen Anwohnern in Siebenbürgen zu erhalten ... Und wie Herr Kasinczy dazu kommt, den Siebenbürger Sachsen einen halben Türken zu nennen, ist wohl nicht einzusehen."*
Sie selbst nannten sich Deutsche, hörten es besonders gern, wenn Persönlichkeiten wie der gelehrte Schlesier Martin Opitz, vorübergehend Professor am Karlsburger Gymnasium, von

---

9. Wer Axt und Hammer
schwingen kann,
schwingt auch das Schwert
als Krieger
der Bürger wird zum
Rittersmann,
zum Rittersmann der Pflüger;
den Bürgersmann, den
Bauersmann
ehrt Königsdank vom Throne;
stolz kündigt ihm sein Banner
an:
du fichst „zum Schutz der
Krone!"

10. Da stiegen stolze Burgen
auf
im Tal und auf den Höhen;
die haben in der Zeiten Lauf
manch harten Strauß gesehen;
die hat die Freiheit aufgebaut,
gern mochte sie drin weilen,
und Königsworte rühmen laut
„des Reiches feste Säulen!"

11. Und wer im freien
Sachsenland
sich schämt, nur frei zu
heißen,
wer durch erkaufter Ehre
Tand
meint herrlicher zu gleißen;
es straft aus alten Mauern ihn
der Ahnen Zorn und Tadel:
„Ein freier, treuer Bürgersinn,
das ist des Sachsen Adel!"

von
Friedrich Georg Marienburg

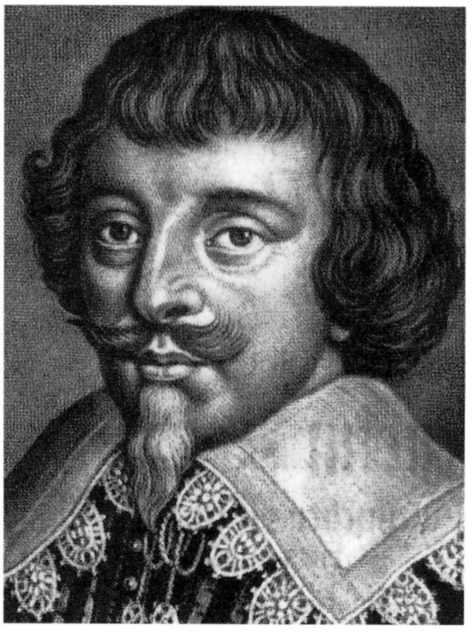

Martin Opitz (1597–1639). Der gelehrte Schlesier arbeitet vorübergehend als Professor am Gymnasium von Karlsburg (Weißenburg). Von Opitz erhalten die Sachsen den Ehrentitel »Germanissimi Germanorum«.

ihnen als „Germanissimi Germanorum" sprach. Woraus schnell die etwas kuriose Situation entstand, daß im Sachsenmund in Orten wie Kyrieleis, Leblang oder Blutroth, an Wasserwegen wie Burzen, Zibin oder Zood „Deutsche" lebten, an Rhein oder Main dagegen „Mueser". Denn das war es, mit was die Deutschen-Ost zugunsten schneller Unterscheidung die Deutschen-West bezeichneten.

Sind Stammesnamen im Karpatenknie damit eher Schall und Rauch, so sollte auch die geographische Bezeichnung des sächsischen Lebensraums von kräftigen Zweifeln der Geschichte umweht bleiben. Ohne Frage hat der Landschaftsname Siebenbürgen Tradition. Schon im 13. Jh. zieht Klingsor von Sibenburge uz Ungerlant, der sagenhafte Schiedsrichter des Wartburger Sängerkriegs, „wedir heim zu den Sibenburgen". In einem frühen Reisebericht wird „Hermestad" als „Houbestad in Sobinborgen" genannt. Doch was hatte den Landstrich, den die alten Römer Transsilvania, erobernde Ungarn einfach „Waldland" nannten, zu Sibenburge oder Sobinborgen gemacht? Wo fängt Siebenbürgen an, wo hört es auf?

Nicht zu übersehen ist, daß die Zahl 7 im Deutschen eine besondere Bedeutung hat. Spricht man doch landauf und -ab von 7 Schwaben (nicht von 6 oder 8), hat das Schneiderlein 7 auf einen Streich erschlagen, Schneewittchen den Umgang mit 7 Zwergen gepflegt, kennt die Kirche die Siebenzeit, ist man im siebten Himmel usw. Aeneas Sylvius Piccolomini, der spätere Papst Pius II., nimmt im 15. Jh. an, daß die Sachsen das Land nach ihren 7 Städten „septem urbes", „septem castra" oder „Siebenburgenses" genannt hätten. Happelios ungarischer, 1685 in Ulm gedruckter Kriegsroman ergänzt: „Siebenbürgen heisset es wegen der 7 fürnehmsten Städten oder Vestungen, welche von den Hunnen ehemals erbauet sind." Pierers Konversations-Lexikon erklärt noch 1888: „Siebenbürgen wahrscheinlich von Sibinbure, Burg am Sibin- oder Cibinflusse, ursprünglicher Name von Hermannstadt". Dem widerspricht, daß die genannten Städte noch keine Burgen hatten, als der Namen Siebenbürgen aufkam.

Ähnlich wie beim Stammesnamen fehlt es auch hier an weiteren Versionen nicht: Frühe Siedler hätte die Landschaft zwischen Broos und Draas an eine heimatliche Gegend zwischen Bonn und Köln erinnert, in früher Mundart Sevembergen genannt ... Siebenbürgen sei von Stadt und Herrschaft Sevenbergen im Mündungsgebiet der Maas abzuleiten ... zwischen Hameln und Minden lägen die Sevenberge, was der aktualisierten Sage vom Rattenfänger Auftrieb geben könnte ... das Land habe ursprünglich schlicht Siebenbergen geheißen, da Burgen im Reich erheblich höher eingeschätzt wurden als Berge, hätten die auf Nachwanderung erpichten Pioniere aus Bergen einfach Burgen gemacht.

Genug davon. Um über dem Familiennamen die Familie nicht zu vergessen, die deutschen Siebenbürger auf historischem Sachsenboden: Das

Land, auf dem sie leben, setzt sich aus mehreren Abschnitten zusammen, die räumlich überschaubar, jedoch nicht unmittelbar miteinander in Verbindung stehen. Als ältestes Siedlungsgebiet gilt das Nösnerland im Norden, im Reich durch exportiertes Obst der Sorten „Jonathan" und „Goldparmäne" bekannt. Von der sächsischen Hauptsiedlung durch Komitatsboden und Szeklerland getrennt liegt im Zentrum Bistritz, südlich davon Sächsisch-Regen am oberen Mieresch.
Klassischer Sachsen- und origineller Königsboden ist die in ungarisches und rumänisches Gebiet eingebettete Landschaft um Hermannstadt, Schäßburg, Leschkirch, Großschenk, Reps und Mediasch. Von Mieresch und der Kleinen Kogel im Norden, vom Alt im Süden begrenzt, wird ihr westlicher und nördlicher Teil süffig mit Wein-, ihr östlicher und südlicher mit Altland umschrieben. Im Unterwald liegen Reußmarkt, Mühlbach und Broos. Das dritte Sprachgebiet bildet die natürliche Sonderlandschaft des Burzenlands im äußersten Südosten Siebenbürgens. Mittelpunkt ist die Handelsmetropole Kronstadt, die Verbindung zwischen Burzenland und Hermannstädter Gebiet bilden die sächsischen Siedlungen Schirkanyen und Fogarasch.
Sachsen leben zusammen mit Ungarn und Rumänen in Orten wie Klausen-, Karls- und Thorenburg, in Alt-Rodna oder Straßburg a.M., doch es ist das historische Kerngebiet, auf dem sich trotz unterschiedlicher Herkunft und Veranlagung eine „Gemeinschaft von Volksgenossen formt von denen jeder, ohne darüber Worte zu verlieren, in bestimmten Fragen totsicher denselben Standpunkt vertritt" (Meschendörfer). Voraussetzung für die Gleichschaltung war, daß sich die Sachsen, die im Prinzip keine sind, die längste Zeit über jeden Nicht-Sachsen buchstäblich vom Leib halten konnten. Tatsächlich so lange, wie mit Hilfe eifersüchtig gehüteter Stadtordnungen „unteutschen Nationen" das Bürgerrecht verweigert wurde, um „die privilegierte Unitas populi oder Ein- und Reinigkeit des sächsischen Volks steif und fest zu erhalten".
Die Siebenbürger Sachsen somit als einig Volk von Brüdern? Der Eindruck könnte täuschen, denn auswechselbare Typologien sind sie trotzdem nicht, waren sie auch nie. Der Burzenländer etwa gilt als besonders tatkräftig, ist fortschrittlicher als der „Altländler". Die von Mediasch stehen im Ruf eines besonders lebenslustigen Geschlechts. Der Kronstädter ist der geborene Sonderling, in der Masse grober als der feine Hermannstädter.
Der Dorfbewohner ist schweigsamer, steckt tiefer im Korsett von Sitte und Brauch als der Stadtmensch. Er ist es, auf den Maria Kahle den Vierzeiler *„Schwer und schweigsam sind wir Sachsen, / Flinkes Wort die Zunge flieht, / Nur zum Preis der Heimaterde / Rauscht und funkelt unser Lied"* zugeschnitten hat. Städter oder Fremde halten den Sachsenbauern dann auch für schwerblütig und kalt, feierlich-ernsthaft und umständlich. Allerdings nur jene, die den Dörfler nie bei froher Geselligkeit erlebt haben. Konnte nach einem kräftigen Schluck „Treberpali" ein Landler „alla tedesca" in Hundertbücheln oder Kleinlasseln dem Csardas „alla zingarese" vom Temperament her doch durchaus ebenbürtig sein.
Was Sachsen eint, was über sie nachzulesen ist: *„Sie sind von eindrucksvoller Erscheinung und haben ernsthafte, geistvolle Gesichter. Im allgemeinen haben sie gerade Nasen, eine finstere, etwas strenge Haltung, die ein dunkler Schnurrbart noch unterstreicht. Diese Leute sind breit und stark, und sogar ihr Gang hat einen gewissen Ausdruck von eigensinniger Unabhängigkeit ... Tatsächlich ähneln sie den holzgeschnitzten Figu-*

Kinderreime aus Siebenbürgen

Schlof, Kängdjen, schlof.
Der Vueter hät de Schof,
De Motter hät de Lämmcher
End drängd der uch hisch
Blemcher,
De Grisso gid äm Stejelchen
End brängd der uch en
Gejelchen –
Schlof, Kängdjen, schlof.

Patschi, patschi Kräjeli,
Der Farr di hadd e Bäjeli.
Hie gawet sengen Kängden,
Se silen liren sängen.
Se schmissen et än de Bach,
Dat et ganz zebrach,
Se schmissen et än de Brannen
Dat et wor zerannen,
Se schmissen et än det
Trijelchen,
Der Bubi äs e Vijelchen.

Tschuka, Maruka, flech än de
Bäsch,
flech af de Birebum,
Säch, wann de Tatre kun.
De Tatre kun mät Stangen,
Der Bier huet sich erhangen,
Der Wulf huet sich de Schwanz
verliren,
Der Fuß di list än't Kiren –
Lust ir Lekt, der Bäsch brät!

Brous ous der Brast erous ...

Brous ous der Brast erous
Brous wä mät Sturmgesous
Saksegesong!
Nä terfst ta angdergon,
Fräsch salt te aferston,
Sald et em jede son:
As äs net bang!

Net sal mer't Härz wi dan,
Wänn lokter Fand ich sän
Äch mich eräm!
Äs uch me Vulk gor klin,
Se mer doch ned ellin:
Gott schätzt as
Vulksgemin.
Märkt af seng Stämm!

Irlich und schlecht –
gerecht,
Un Iren ageschwecht,
Bleiw saksesch Uert!
Stark durch deng
Gluwenskraft,
Dä der fiest Härze schafft,
Kämpf tra und häldenhaft,
Stand eisenhart!

Härrgott verloß es net,
Gäw es e stark Gemät,
Zem Kampf gerecht!
Mir stregden Dir zer Ir,
Frahit äs as Panir,
Worhit as Saksenir,
Schild as gat Recht.

Brous ous der Brast erous,
Brous wä mät Sturmgesous,
Saksegesong!
Fiest wälln ze Huf mer
ston,
Tra uch zesummegon,
Wällend em jede son:
As äs net bang.

von Franz Herfurth

ren, die man in den Dunkel-Männer-Geschichten der frühen Reformatoren findet" (Reisebericht, London 1828). Sachsen sind musikalisch, nur mäßige Schauspieler, dafür einigermaßen begabt als Maler und im Kunstgewerbe nicht ohne Talent. Sie gelten als literarisch nicht überproduktiv und zudem ständig unter der Last historischer Daten leidend. Nicht abzusprechen ist ihnen ein ausgeprägter Eigenstolz, typisch die zähe Beharrlichkeit des Volkscharakters, der erst wägt, dann wagt, das einmal Begonnene schließlich über alle Hürden trägt und durchsetzt. Sachsen verstehen während ihrer Richt- oder Sittage so nachhaltig zu feiern, daß der Volksmund der anderen Nationen dafür den Zeitbegriff „Wenn die Sachsen überschnappen" geschaffen hat. Sachsen haben eine unbezähmbare Lust auf die zwischen Haut und Muskelfleisch liegende Fettschicht ihrer Schweine (was ihnen den Spitznamen „Specksachsen" einbrachte).
Auf der Negativseite wird den deutschen Siebenbürgern eine gewisse Kleinlichkeit im Denken nachgesagt, mißtrauisches Abstandhalten gegenüber Außenstehenden und eine „durch die Enge des Zusammenlebens bedingte Neigung zu Zank". Doch warum sie sind wie sie sind (waren wie sie waren), dazu ist an dieser Stelle der Geschichte schon etwas zu weit vorgegriffen.

Zum Schutz der Krone

Über die „seeligen Hoch Eltern" und wie sie ins Land gekommen sind, heißt es in der frühen Stadtverordnung von Schäßburg: *„So hat König Geisa die verwüsteten und eine Zeit her kriegshalber unbewohnten Oerther mit gewissen und zwar nicht barbarisch sondern so in Freien als Hand-Werks-Künsten erfahrenen auch dem Christentum ergebenen Leuthen bewohnet zu machen getrachtet."*
Bauern und Bürger aus dem volkreichen rheinischen Westen kommen in mehreren Schüben, scheinbar zusammenhanglos, doch im größeren Rahmen der mittelalterlichen deutschen Ostkolonisation in Ungarns neueroberte Ostgebiet. Für ihren Dienst „zum Schutz der Krone" auf dem bald Sybembürgen genannten Königsboden sind ihnen rechtlich-vertraglich „für ewige Zeiten" großzügige Privilegien zugesichert. Darunter der Zusammenschluß in autonomen Gemeinschaften und die freie Richterwahl, was in jenen Tagen etwas bedeutete.

Die Deutschen im Karpatenbogen – *„In Berg und Wald geborgen, du Sachsenvolk gen Morgen"* – sind handelnd, kultivierend, immer wieder einmal auch patriotisch draufschlagend dann etwas, was man heute mit dem Modewort Entwicklungshelfer umschreiben könnte. Im Auswanderergepäck haben sie eine überlegene Technik für die agrarische Entwicklung mitgebracht, Erfahrungen in der Dreifelderwirtschaft und im Flurzwang, eine organische Kultur auf bäuerlicher Grundlage. Dazu Gedanken und Ideen aus dem hochentwickelten Westen, die leicht zu transportieren waren. Ihr Schaffens- und Erwerbsdrang, die alte Zunftordnung mit der intensiveren Leistung sind heimischen Verhältnissen überlegen ... doch es ist das aufnahmebereite Ostland, das ihnen die Chance gibt. Im Brennpunkt der bäuerlichen Siedlung entstehen Marktflecken, danach Städte mit furchterregender Abwehrkraft. Für die Siedlung in fremder Umwelt ist die in ihren Leitgedanken demokratische Verfassung wichtig, die das „Eins sei das Volk" zum Motto einheitlicher Anschauung macht. Jeder hat gleiches Recht und gleiche Pflichten.

Zum frühen Schicksal der friedlich eingewanderten Kolonisten wird, daß sie neben Pflug, Webschiff und Säge häufig zum Schwert greifen müssen. Siebenbürgen ist das in der Volkshymne besungene Land des Segens, der Fülle und der Kraft. Seine strategische Lage an der Scheide zwischen Abend- und Morgenland räumt ihm daneben jedoch eine militärische Sonderstellung ein, die die Sachsen Jahrhunderte hindurch vor historische Herausforderungen stellt. Als das Abendland gerettet war, hatten die Rumänen dafür das „neamţ" (Deutscher) und „nemţesc" (deutsch) zum Synonym für Abendländer und abendländisch gemacht.

Ein chaotisches Jahrhundert, in dem „das Haupt nicht sicher war vor dem krummen Säbel der Türken, das Haus vor der Brandfackel des Raubgesindels, das heilige Recht vor der schnöden Willkür der Macht" (Friedrich Teutsch), löst das andere, ebenso chaotische ab. Mongolen, Petschenegen, Kumanen, Tataren und Türken, walachischen und siebenbürgischen Woiwoden, kriegerischen Kuruzzen, selbst dem blutsaugenden Grafen Dracula begegnen die Sachsen mit dem Schwert in der Hand. Relativ machtlos sind sie dagegen ihren natürlichsten Verbündeten, den deutschen Kaisern aus dem Hause Habsburg ausgeliefert, die sich immer wieder einmal als schlechte Freunde der tragisch-treuen Sachsen erweisen. Habsburgs wilde Kriegerhaufen wüten schlimmer als Türken und Tataren, sind keine „defensores", sondern „devastatores" und „devoratores" (Michael Weiß). Die Sachsen – der Ziegelbrenner in Kleinscheuern, der Weinkoster in Birthälm, die Weberin am groben Zwillichsack oder der Besenbinder im Besenkraut – bleiben trotzdem kaisertreu, eine Haltung, die in Zukunft gerne das „Österreichertum der Siebenbürger" genannt wird. Rein äußerlich ein Widerspruch ist es der Glaube, daß ihre Bindung an die Kultur des Abendlands und ihre überaus komplizierte staatspolitische Stellung einzig unter dem Schutz Habsburgs erhalten werden kann.

Es sind ständige Spannung, Bewährung, Krieg und Heimatgefühl, es ist das Auf-sich-selbst-verlassen, das die Persönlichkeit des südöstlichsten deutschen Neustamms formt. Von großer Bedeutung bleibt, daß die Sachsen die Verbindung zum Westen nie abbrechen lassen. Ihre Studenten erwerben akademische Grade auf den Hohen Schulen im Reich, ihre Handwerker verbringen Wanderjahre im „Mutterland" (Deutschland, bis zum „Ausgleich" auch Österreich). Sächsische Erzgießer errichten das kühne St. Georgs-Reiterbild im Burghof des Prager Hradschin, die Familie des Goldschmieds Albrecht Dürer zieht aus dem Umland von Großwardein nach Nürnberg. Ein Maximilian Transsylvanus ist kaiserlicher Sekretär und Humanist, Lukas Sybembürger Hofgoldschmied Kaiser Maximiliams. Martin Sybembürger wird als Wiener Stadtrichter Vorkämpfer des bürgerlichen Ständetums (wofür er allerdings unter dem Beil des Henkers endet). Umgekehrt bleibt Siebenbürgen Ziel unzähliger Soldatenzüge, wandernder Handwerker und Künstler aus deutschen Gauen, den Alpen- und Sudetenländern und dem städtischen Deutschtum Ungarns.

Als Ergebnis des ständigen Austauschs sind es dann immer nur kurze Zeitspannen, bis die im Reich entwickelte Idee auch in Siebenbürgen fruchtbar wird. Der Neustamm, der zu Hause rheinfränkisch spricht, kann die deutsche Schriftsprache adoptieren, übernimmt in ethnischer Geschlossenheit die lutherische Reformation.

Jahrhunderte hindurch weben deutsche Bürger und Bauern zusammen mit 2 Nachbarvölkern am siebenbürgischen Teppich: Die freudige Vielfalt der Grundtöne stammen vom heißblütigen Rumänen, die kräftigen Far-

Stammgefühl

Deiner Sprache, deiner Sitte,
deinen Toten bleibe treu!
Steh in deines Volkes Mitte,
was dein Schicksal immer sei!

Wie die Not auch dräng und zwinge,
hier ist Kraft sie zu bestehn:
trittst du aus dem heil'gen Ringe,
wirst du hilflos untergehn.

von Michael Albert

ben vom schnellebenden Madjaren und der schmucken Szeklerin. Der nordisch-herbe Sachse, das um ein paar Breitengrade kühlere Blut, steuert die streng geometrischen Motive bei.

Die Einheit Siebenbürgens liegt in seiner sprachlichen und ethnischen Vielfalt. Ungarn, Rumänen und Deutsche leben auf engem Raum ... jeder ist Siebenbürger, doch auf seine ureigene Art. Dazu addiert sich *„echt Siebenbürgisches“*, das durch landschaftliche Gegebenheiten, das historische Schicksal und die lange Berührung mit dem osmanischen Kulturkreis allen 3 Völkern gemeinsam ist. Siebenbürgisch als besondere Atmosphäre in der die Grenzen verwischen, an denen typisch Sächsisches aufhört, Rumänisches oder Ungarisches beginnt. Hat der Umgang mit dem Nachbarn, die Heimat als verbindendes Element, doch auch zur Übernahme von Gewohnheiten geführt, hat man getauscht, was zur Verbesserung der Lebensweise auszutauschen war.

Vom Ungarn entlehnten die Sachsen den *Daleman* (Sonntagsrock), die *Paputschen* (schaftlose Schuhe) und *Topanken* (Stiefeletten), vom Türken den *Kukuruz* (Mais) und vom Walachen die *Kolatsche* (ein Gebäck). Wo Sachsen und Rumänen eng nebeneinander lebten, wurden sächsische Einrichtungen wie Spinnkreise und die Nachbarschaft übernommen, Rumänen haben Worte wie *pirgar* (Bürger) oder *voit* (Vogt) adoptiert. Ein rechter Sachse konnte mit dem *Karutz* (rum.: leichter Wagen) zu seinem *Batschu* (ungar.: Onkel) fahren, um dort *Hulz* (sächs.: Holz) zu holen. Er aß *Palokes mät Mälch* und *Grammelpogatschen* (ungar./sächs.: Maisbrei, Gebäck), *Krotch* und etwas vom *Schweng* (sächs.: Kraut und Schwein), setzte sich in den *Grißvueterstal* (sächs.: Großvaterstuhl), schimpfte auf ungarisch *„teremtete“* („Himmelherrgotts ...“) oder fand alles auf rumänisch *„minnunatich“* (wunderbar). Ein Sachse fluchte übrigens nie, aber wenn er fluchte, dann in einer fremden Sprache.

Wie eine Insel im Lande

Es ist die Eigenart Siebenbürgens, die durch die historisch bedingte Nationalitäten- und Sprachensituation entstandene Nähe von Trennendem und Einenden, die zum Schicksal der Sachsen wird. Der von fremden Nationen eingekeilte Stamm kann sich die politische Teilautonomie bis tief ins 19. Jh. erhalten, wofür der streitbare Erzieher Stephan Ludwig Roth die wohl sicherste Erklärung hat: *„Wir Sachsen in Siebenbürgen sind in unserer ganzen Erscheinung, dem Wesen nach, eine Insel im Lande. Wo in gärenden Staatselementen die Staatsformen als Kristalle erst anschließen sollen, ist's gut, daß sich Gleichartiges anzieht, Ungleichartiges abstößt. Da tut Trennung not, sie ist die Bindung der Verbindung.“*

Das Inselleben stärkt jenes Gruppenbewußtsein, das fehlende Machtmittel ersetzt. Das „Eins sei das Volk“ erhält die Geschlossenheit der Siedlungsgebiete und stärkt die Kirche, die den Sachsen den geistlichen und kulturellen Rückhalt gibt. „Gleichartiges anziehend, Ungleichartiges abstoßend“ steht über dem Versuch, sich das „Recht auf Bestehen“ in einem ethnischen Begegnungsraum zu ertrotzen. Dazu kommt ein Streben nach besseren Schulen, moderneren Erziehern, aggressiveren Kaufleuten, tüchtigeren Bauern und Bürgern als sie der politische Gegner besitzt, da die sächsische Eigenständigkeit nur aufgrund von Leistung, geschichtlicher Beweise und dem ständigen Zurschaustellen der Vergangenheit verteidigt werden kann.

Af däser Ird, dar es än Lond,
si hisch es nich än ondert,
äch sihnt mäch eng nach em zeräck,
wa äch de Welt dorchwondert.

Aen desem Lond äs en Gemin,
sä innich wä en Gurten,
än hescher hun äch netch gesihn,
af allen mengen Fuhrten.

En dar Gemin, dar äs en Hues,
huet nicht en prächtich Hallen,
un doch huet mer dot Kenengschlueß
uch nicht si gegd gefallen.

Denn in dem Hues, dar wohnt meng Schatz,
dä mer de Troa geholten,
un all meng Läw un all meng Gläck
äs en dem Hues entholten.

Mundart-Gedicht aus Siebenbürgen

Die Spirale der Eskalationen ist dann nicht neu, beginnt sich mit dem nationalen Erwachen der Völker am Rande der industriellen Revolution jedoch schneller, immer schneller zu drehen. Die Sachsen trifft sie zu einem Zeitpunkt, an dem Kriegsverheerungen, Tod und Pestilenz, das ständige „Aufdempostensein“, nicht zuletzt das „biologische Versagen“ des Bauernstands ihr Volk zu sehr geschwächt haben, um Veränderungen wirkungsvoll entgegenzutreten.
Das Ende der Eigenständigkeit des Sachsenstamms kommt mit etwas, unter dem das im Deutschen Krieg geprügelte franzisko-josephinische Wien einen „Ausgleich“ versteht. Mit der Umwandlung des österreichischen Einheitsstaats in eine Doppelmonarchie wird die ungarische Reichshälfte mit Siebenbürgen zum selbständigen Staatsgebilde. Mit der Zertrümmerung ihres Königsbodens verlieren die Sachsen den Charakter einer selbständigen Nation. Und weit und breit niemand, der sich für den zum Eindringling gewordenen „lieben Gast“ eingesetzt hätte. Vom österreichisch-habsburgischen Kaiser Franz Joseph kann keine Hilfe kommen, da er gleichzeitig ungarischer König ist. Der preußisch-kleindeutsche Kaiser Wilhelm II. gibt offen zu, daß er bereit sei, die Sachsen dem ungarischen Nationalstaat zu opfern. Selbst der als eisern bekannte Bismarck stellt „Gemütsbedürfnisse“ weit genug zurück, um „die Einheitlichkeit des ungarischen Staats“ zu garantieren. Jede Sicherung der Integrität der Gesamtmonarchie muß längerfristig jedoch daran scheitern, daß sich die Ungarn in Nationalitätenfragen kompromißlos zeigen.
Vom „Mutterland“ im Stich gelassen, im Vaterland ohne Rückhalt, sind die Sachsen einmal mehr auf sich selbst angewiesen. Was man ihnen gelassen hat, sind die Kultureinheit und die zusammenfassende Kraft ihrer wirtschaftlichen Organisationen. Es ist das bewährte Gemeinwesen, das es jetzt um so zäher zu verteidigen gilt: *„Sachs, halte Wacht! / Die Väter, sie haben gerungen, / Sie haben die Feinde bezwungen, / Sie haben für Heimat und Gut / Vergossen ihr teures Blut. / Sachs halte Wacht!“*
Vom „Ausgleich“ führt die direkte Linie zum Stahlbad des Ersten Weltkriegs, in dem sich Deutschtum am Karpatenwall zum Schicksal ballt. Mit dem Tag, an dem Kronstadt über Brassó zu Braşov, Hermannstadt über Nagyszeben zu Sibiu wird, sind die Sachsen, für die Habsburgs Monarchie Heimat gewesen ist, urplötzlich Auslandsdeutsche.
Nach dem Sturz des Doppeladlers wird Siebenbürgen zur Zentralprovinz eines Königreichs România Mare. Das Staatsgebilde, das sich historisch-kulturell, sozial und ethnisch aus recht ungleichen Bestandteilen zusammensetzt, macht Siebenbürgen erneut zum schwierigen Vaterland. Es ist der Krieg zwischen den Kriegen, der Heinrich Zillich, den publizistischen Widerständler aus der Fabriksiedlung Brenndorf, Katastro-

phenprosa reimen läßt: *„Die Finger zu rostigen Krallen gebogen / drehn wir die Kumme dreimal im Dung. / Wir schaffen und sammeln. Die Zeit ist verflogen, / wo unser das Land, wo wir stark noch und jung.“*

Enttäuscht von den nationalen Egoismen der Rumänen, von Agrarreform und Sprachendekret, wenden sich die Sachsen einmal mehr dem „Mutterland“ zu. Von dort kommen Bewegungen zurück, die bei den Deutschen am Karpatenwall auf Widerhall stoßen.

Nach 1945 finden sich die Sachsen dann im kommunistischen Gefängnis wieder. Als Vorhut abendländischer Kultur haben sie 8 Jahrhunderte dem Gedränge der Gegner standgehalten, sich hin und wieder biegen aber nie brechen lassen. Siebenbürgen war ihre Welt geblieben, eine der besten, die sie sich vorstellen konnten. Erst jetzt entschließt sich der Großteil von ihnen, Siebenbürgen, das nach Heinrich Zillich *„eh niemand ohne Not verläßt“*, den Rücken zu kehren, aus der Geschichte auszuwandern und Zuflucht im „Mutterland“ zu suchen.

Nicht unbedingt Kommunismus oder Deutschfeindlichkeit haben ihnen das Rückgrat gebrochen, sondern der Umsturz bürgerlicher Gesellschaftsformen, die geistige Zucht und das allgemeine Elend rumänischer Verhältnisse.

Wer heute über alten Sachsenboden zwischen Orăştie (Broos) und Drăuşeni (Draas) fährt wird das Heimweh verstehen, das die Umgesiedelten plagt. Siebenbürgen, flächenmäßig erheblich größer als die Schweiz, ist an jenen Stellen, wo es sich als Museum zeigt und feiert, eine Sehenswürdigkeit ersten Ranges geblieben. Damit dort, wo der Vergleich zwischen Gewordenem und Gewesenem besonders fasziniert:

Schäßburgs alte Steine, die die Geschichte mit dem Heute verbinden. Die Mauern von Michelsberg als Seelenlage der deutschen Siebenbürger. Kirchenburgen wie Deutsch-Weißkirch bei Reps, Birthälm im Weinland oder Meschen bei Mediasch, die wehrhaft nach außen, mit göttlichem Bezug im Innern bis heute Identifikationsobjekt der Sachsen geblieben sind. Die Gegenwart von Städten wie Kronstadt und Mediasch oder Provinztristesse um Ober- oder Nieder-Eidisch. Berühmte Ziele an den Staatsstraßen 1 und 7 wie die häufig beschriebene, häufig beschossene Sachsenmetropole in der Zibinebene.

Dann das blaßgrün gestrichene „Lyzeum Nr. 1 für Mathematik und Physik“ in Hermannstadt. Für den, der Sinn für historische Gesten hat, die Erinnerung an Meschendörfers *„Siehst du die Wappen am Tore? Längst verwelkte die Hand / Völker kamen und gingen, selbst ihr Name verschwand“*. In der früheren Brukenthalschule am Huetplatz, auf den Grundmauern der Deutschen Schule aus dem 14. Jahrhundert errichtet, wurde einst Latein gesprochen, dann deutsch, dann ungarisch, dann rumänisch und heute wieder deutsch.

Rund 850 Jahre nach der Ansiedlung der „Saxones“, „Flandrenses“ oder „Theutonici“ im Karpatenbogen droht der Stammesname der Siebenbürger Sachsen mehr und mehr zum historischen Begriff zu werden. Epochen und Schicksale verschwinden, wo die rumänische Geschichtsschreibung die Existenz der Sachsen als geschlossene Nation verschweigt, um frühe Blüten Transsilvaniens Rumänen zuzuschreiben. Die Sachsen machen keine Geschichte mehr. Umso erstaunlicher ist es, daß es trotzdem immer noch Leute gibt, die sich ernsthaft Gedanken darüber machen, woher die „lieben Gäste“ der ungarischen Herrscher nun tatsächlich kamen. Auch darüber, was Siebenbürgen zu Siebenbürgen machte.

Bernd G. Längin

Zeittafel

995 Der spätere Kg. Stephan (der Heilige, 997–1038) heiratet Gisela, die Schwester Heinrichs II.
997–1038 Stephan I. begründet die christliche Königsgewalt, Ungarn christlicher Staat.
11. Jh. Transsilvania bei Ungarn.
1141–1143 Ansiedlung der ersten deutschen „Gäste" unter Kg. Geisa (Géza) II. (1141–61).
Um 1150 Deutsche Siedler gründen Villa Hermanni.
1191 Papst Cölestin III. bestätigt die Erhebung der Kirche der deutschen Siedler zur freien Propstei (des heiligen Ladislaus).
Um 1200 Bau der Burgkirche von Michelsberg und der Kirche von Mönchsdorf. Gründung der Kerzer Abtei durch Zisterzienser.
1205–34 Andreas II.
1211–1225 Der Deutsche Ritterorden im Burzenland. Einwanderung deutscher Kolonisten, Ansiedlung in 13 Bauerngemeinden.
Um 1212 Gründung von Kronstadt durch den Ritterorden.
1223 Villa Hermanni (Hermannsdorf) erstmals urkundlich genannt.
1224 Sachsen der Hermannstädter Provinz erhalten von Kg. Andreas II. den Goldenen Freibrief (Andreanum). Der Papst unterstellt das Burzenland seinem persönlichen Schutz.
1241 Vernichtender Tatareneinfall in Ungarn und Siebenbürgen. Hermannstadt, Kronstadt und Klausenburg zerstört.
1267 ff. Mediasch, Kronstadt (1271), Schäßburg (1280) erstmals erwähnt.
1291 Sachsen treten im siebenbürgischen Landtag als Einheit auf.
1292 Hermannstädter Spital erste Wohltätigkeitsanstalt Siebenbürgens.
13./14. Jh. Bildung der Feudalstaaten Walachei und Moldau.
Um 1300 Kronstädter Bürger bauen die Törzburg.

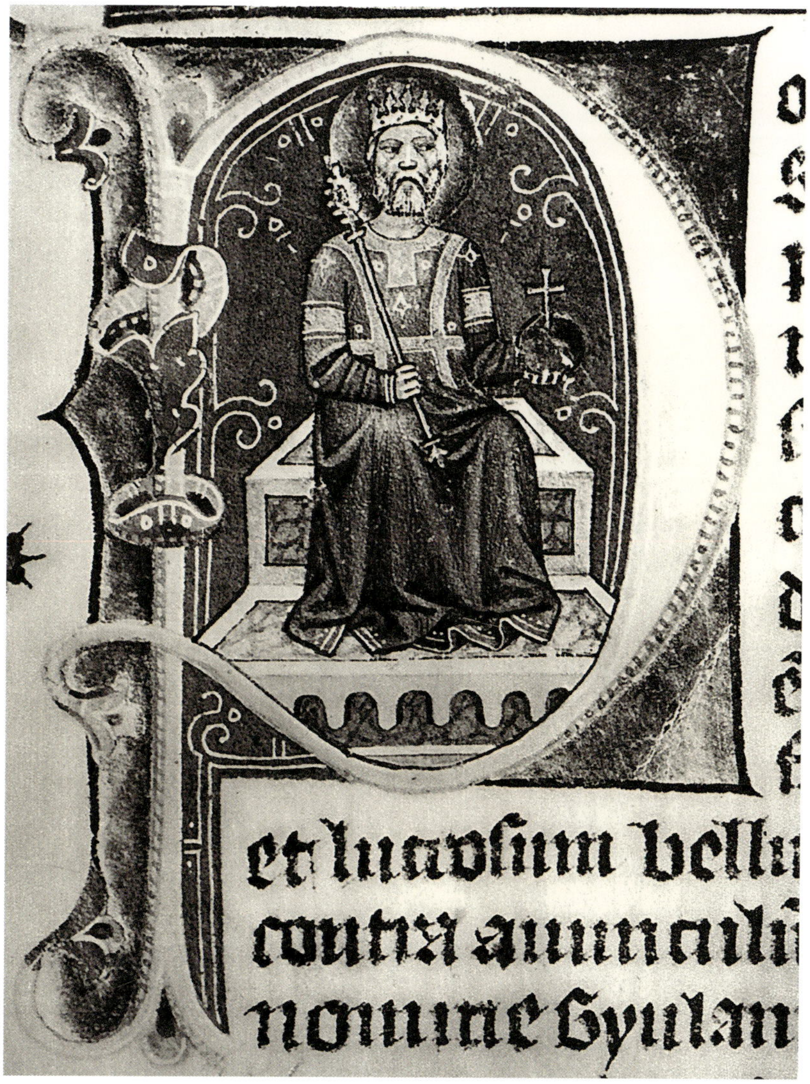

Stephan I. der Heilige. Der Fürst aus der Dynastie der Arpaden setzt sich am Weihnachtstag des Jahres 1000 die vom Papst übersandte Stephanskrone auf und krönt sich zum Apostolischen König.

1300 Die Elisabethkirche in Hermannstadt genannt.
1301 Gründung des Reichs der osmanischen Türken in Kleinasien.
1322 Erwähnung der Hermannstädter Pfarrkirche.
1330 Baubeginn der Kirche von Frauendorf.
1342–82 Kg. Ludwig der Große: „Goldene Zeit" der Sachsen.
1355 Kronstadt widersteht den Tataren.
1366 Privilegium Ludwigs des Großen sichert dem Nösnerland die gleichen Rechte zu wie der Hermannstädter Provinz.
1367 Erwähnung der Hermannstädter Zunft der Rotgerber.

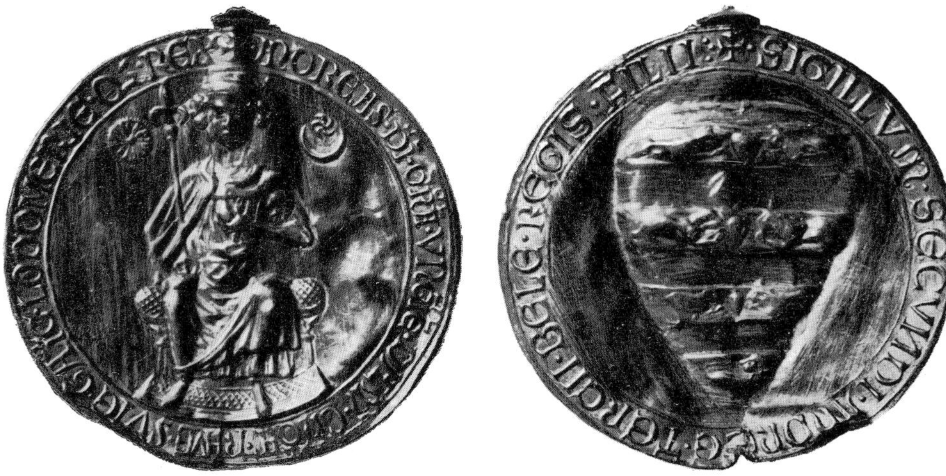

Siegel Andreas II. Das Privilegium Andreanum des ungarischen Königs begründet die rechtliche und politische Sonderstellung der Sachsen.

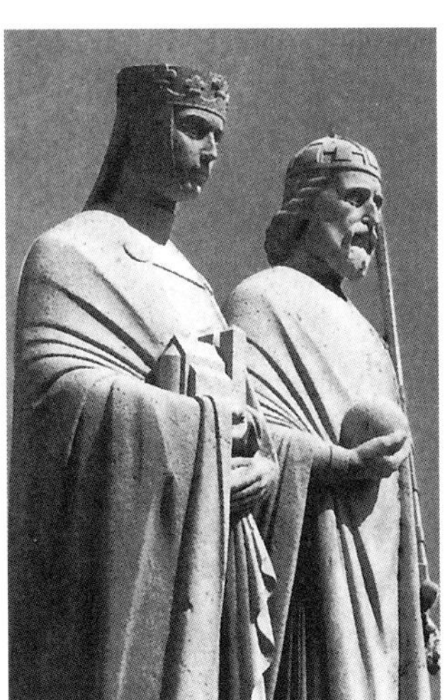

Gisela und Stephan I. der Heilige. 996 heiratet der auf den Namen des Passauer Schutzpatrons getaufte Fürst die bayrische Prinzessin Gisela, die Schwester des späteren Kaisers Heinrich II.

1380 Das kirchliche Kapitel erkennt Kronstadt als Vorort des Burzenlands an.
1382 Fertigstellung des Chors der Kirche in Mühlbach.
1382/83 Aufstand rumänischer Bauern gegen die Sachsen.
1383 Baubeginn der „Schwarzen Kirche“ in Kronstadt.
1388 Erwähnung der Kronstädter Stadtschule.
1395 Türken erstmals im Burzenland.
1396 Schwere Niederlage des europäischen Kreuzheers unter Kg. Sigismund gegen die Türken bei Nikopolis.
1421 Türken stürmen Kronstadt, verschleppen den Stadtrat und zerstören Teile der Marienkirche. Aufstieg und Blüte des Osmanischen Reichs (bis 1566).
1422 Die Burzenländer erhalten das gleiche freie Recht wie die Hermannstädter im Andreanum.
1427 Der römisch-deutsche Ks. Sigismund regiert ein halbes Jahr lang von Kronstadt aus das Reich.
1432 Türken belagern Hermannstadt und Kronstadt.
1437 Königsrichter Trautenberger besiegt die Türken in einer Feldschlacht vor Hermannstadt.
1437 ff. Die 3 siebenbürgischen Stände (Szekler, Adel und Deutsche) treten zu einer Union (Unio trium nationum) im Landtag zusammen. Die Sächsische Nationsuniversität (Universitas saxonum) wird zur politischen Institution der Deutschen auf Königsboden.
1438 Türken zerstören Mühlbach und Weißenburg.
1441 Siebenbürger besiegen die Türken zwischen Weißenburg und Hermannstadt.
1442 Erfolglose Belagerung Hermannstadts durch die Türken.
1457 Vlad der Pfähler führt Strafexpedition gegen Hermannstädter Provinz und Burzenland.
1464 Hermannstadt erhält Münzrecht. Die Hermannstädter Provinz wählt den ersten „Sachsengraf“.
1479 Sieg über die Türken in der Schlacht auf dem Brodfeld.
1484 Kg. Matthias Corvinus bestätigt die Siebenbürgische Nationsuniversität, deren Vorort Hermannstadt 1486 wird.
1493 Die vereinigten Völker Siebenbürgens besiegen die Türken am Nordausgang des Roten-Turm-Passes.
1498–1594 Johannes Honterus, der Reformator Siebenbürgens.
1500 Baubeginn der Kirche von Birthälm.
1507 Freundschaftsvertrag zwischen Hermannstadt und der Walachei.
1515 Erb- und Ehevertrag der Jagellonen mit Habsburg.
1526 Vernichtende Niederlage der Ungarn bei Mohács. Ungarn verliert

Selbständigkeit, die Königskrone geht an Habsburg. Der Fürst Siebenbürgens Johann Zapolya tritt als Gegenkönig auf.
1526–1541 Machtkämpfe zwischen Zapolya und Ferdinand. Zapolya setzt sich in Ostungarn und Siebenbürgen durch.
1529 Türken unter Suleiman II dem Prächtigen belagern vergeblich Wien. Vernichtende Niederlage der Sachsen bei Marienburg durch Zapolyas Parteigänger Peter Rares. In Hermannstadt erscheint die „Lateinische Grammatik" von Thomas Gemmarius, das älteste bekannte Druckwerk Siebenbürgens.
1530 Der Hermannstädter Arzt Pauschner veröffentlicht ein „Pestbüchlein".
1537–1607 Albert Huet.
1538 Friede von Großwardein.
1540 Johann Sigismund Zapolya zum König ausgerufen.
1541 5. Ungarnzug Suleimans. Ungarn für 150 Jahre geteilt: Der Westen und Norden habsburgisch, Zentralungarn türkisches Paschalik, Siebenbürgen autonomes Fürstentum unter türkischer Oberhoheit.
Umgestaltung der Kronstädter Stadtschule in ein humanistisches Gymnasium.
1542 Siebenbürgens Landtag erkennt türkische Oberhoheit an.
1543 Das Reformationsbüchlein „Reformatio ecclesiae Coronensis", und die „Schulordnung" von Honterus erscheinen.
1544 Honterus Stadtpfarrer in Kronstadt, Einrichtung der Honterusdrukkerei.
1545 Die Synode von Mediasch beschließt den geschlossenen Übertritt des sächsischen Volks zur Reformation Luthers.
1551 Zapolyas Witwe tritt Siebenbürgen an Ferdinand von Habsburg ab. Kaiserliche Truppen unter dem spanischen General Castaldo rücken in Siebenbürgen ein. Gymnasium in Bistritz eröffnet.
1552 Der Woiwode der Moldau brennt Honigberg nieder.
1553/54 Pest fordert rund 5000 Opfer in Siebenbürgen.
1556 Schwere Feuerkatastrophe in Hermannstadt.
1557 ff. Beschlüsse des siebenbürgischen Landtags über die freie Religionsausübung für Luthertum, Katholizismus, Unitarismus und Calvinismus.
1563 Älteste Nachricht von den Hermannstädter Nachbarschaften.
1569–1612 Michael Weiß.
1570 Ein Großbrand in Hermannstadt zerstört 1306 Häuser.
1571 Stephan Báthory Fürst von Siebenbürgen.
1572 Die sächsischen Gemeinden nehmen das Augsburgische Bekenntnis an.

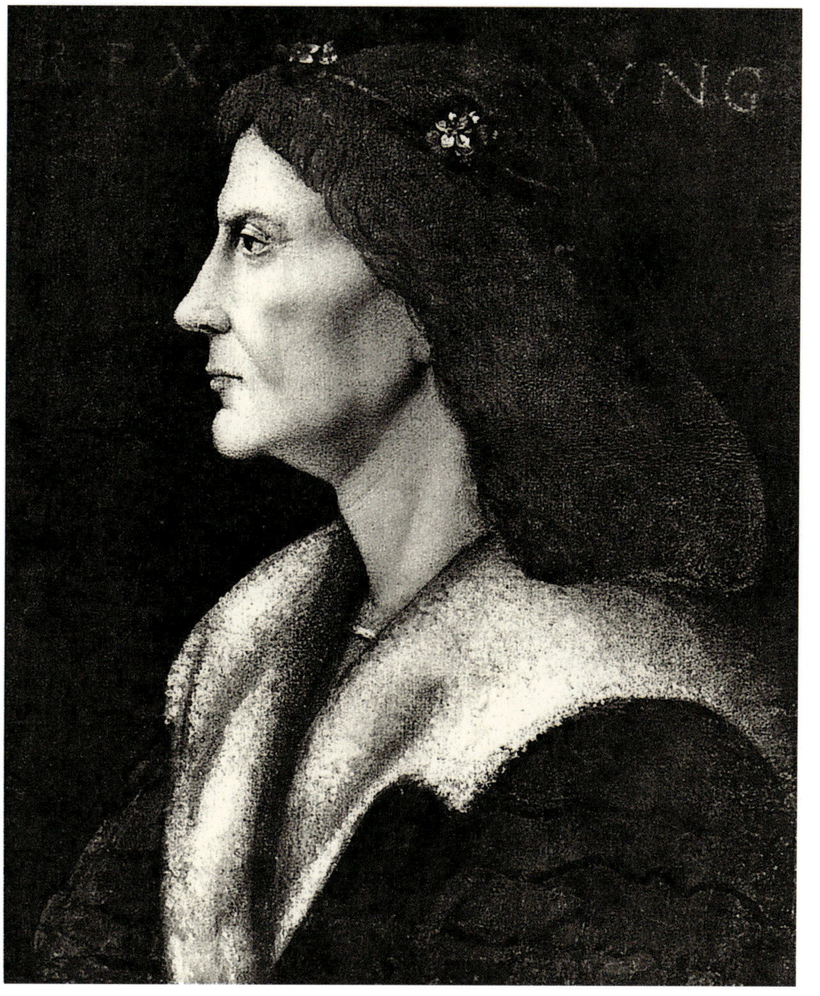

Matthias I. Corvinus. König von Ungarn und Landesherr Siebenbürgens bestätigt Matthias die Siebenbürgische Nationsuniversität, deren Vorort Hermannstadt wird.

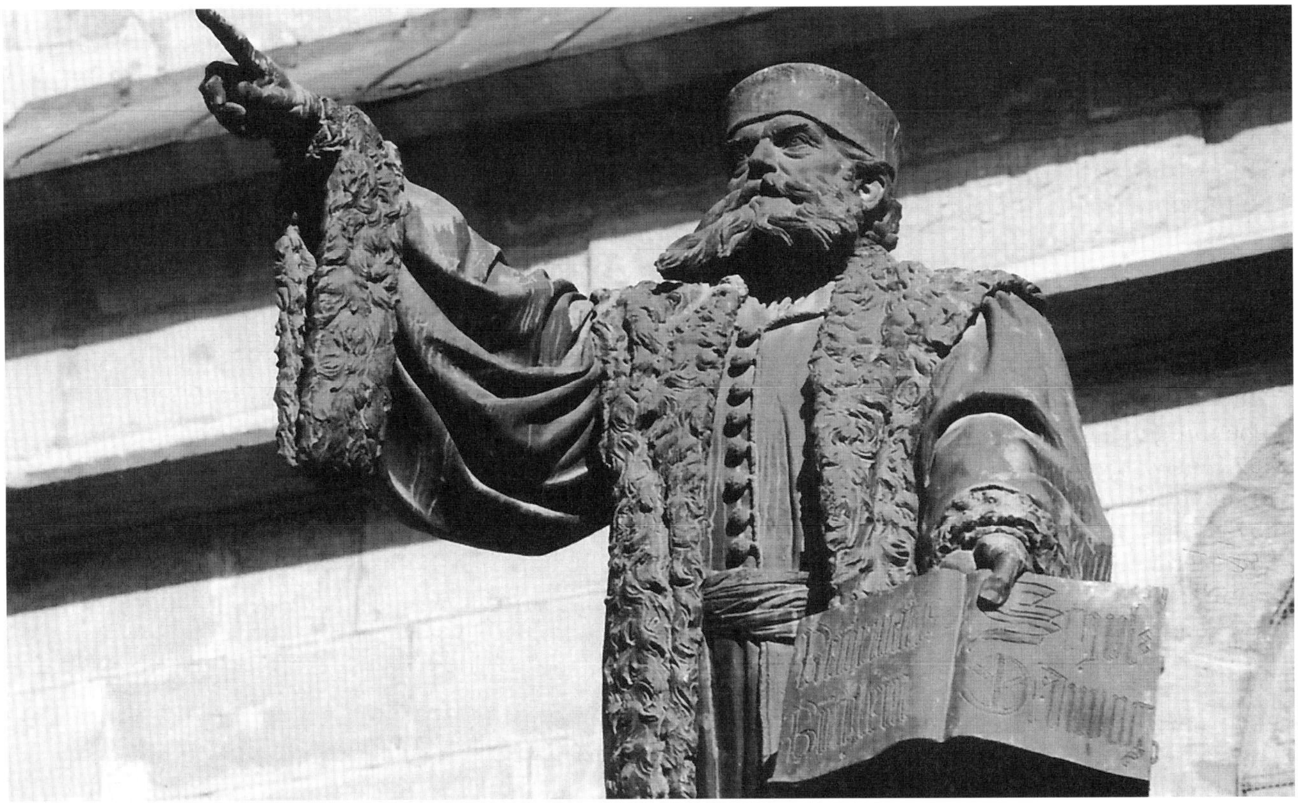

Honterus-Denkmal vor der Schwarzen Kirche in Kronstadt. Bedeutendster Humanist Siebenbürgens, leitet Johannes Honterus als Stadtpfarrer Kronstadts die Reformation Siebenbürgens ein.

1572–1867 Birthälm Sitz der Bischöfe der Evangelischen Landeskirche A.B.
1576 Stephan Báthory wird Kg. von Polen, tritt Siebenbürgen an seinen Bruder Sigismund ab.
1583 „Der Sachsen inn Siebenbürgen Statuta oder eygen Landrecht“ erscheint (erst 1853 ersetzt).
1590 Auf Sachsenboden werden 329 rumänische und 13 446 sächsische Familien gezählt.
1593–1606 Neuer Krieg zwischen dem Osmanischen Reich und Österreich.
1599 Michael der Tapfere besiegt in der Schlacht von Schellenberg das Heer Andreas Báthorys.
1600 Michael der Tapfere läßt sich als Fürst der Walachei, der Moldau und Siebenbürgens ausrufen (wird 1601 auf Befehl des kaiserlichen Generals Basta ermordet). Friede von Wien zwischen Stefan Bocskay von Siebenbürgen und Habsburg.
1601 Hermannstadt huldigt dem Habsburger Ks. Rudolf II.
1602 Nach dem Abzug der kaiserlichen Truppen große Hungersnot in Siebenbürgen.
1605 Türken nehmen die Kirchenburg Schweischer.
1606 Sigismund Rakoczy Fürst Siebenbürgens.
1608 Gabriel Báthory Fürst von Siebenbürgen (1613 ermordet).
1610 Báthory bezichtigt die Hermannstädter des Hochverrats und verbannt den Großteil von ihnen.
1611 Báthory nimmt Mediasch und fällt 1612 ins Burzenland ein.
1613–29 Gabriel Bethlen (Bethlen Gabor) Fürst von Siebenbürgen; europäische Rolle des Fürstentums im Dreißigjährigen Krieg.
1621–1629 Das Gymnasium von Weißenburg (später Karlsburg/Alba Julia) wird protestantische Universität. In Hermannstadt werden 21 Nachbarschaften gezählt.
1622 Hutterische Brüder (Habaner) aus Mähren treffen in Winz ein. Der deutsche Dichter Martin Opitz arbei-

tet als Gymnasialprofessor in Weißenburg.
1630–48 Fürst Georg I. Rakoczy.
1633 Rund 11 000 Siebenbürger erliegen der Pest.
1644 Rakoczy verbündet sich mit Schweden und Frankreich gegen den Kaiser.
1645 Friede von Linz zwischen Georg I. Rakoczy von Siebenbürgen und Ks. Ferdinand III., Bestätigung der Religionsfreiheit.
1648–60 Georg II. Rakoczy Fürst von Siebenbürgen.
1657 Siebenbürgen greift das mit der Türkei verbündete Polen an.
1657–1705 Leopold I.
1658 Hermannstadt kauft sich von den türkischen Belagerern frei, Tartlau widersteht.
1659 Bukarest wird Hauptstadt der Walachei.
1660 Georg II. Rakoczy belagert Hermannstadt 5 Monate lang.
1661–90 Fürst Michael Apafi I.
1662 Johann Kemeny führt ein kaiserliches Heer gegen die Türken, fällt in der Schlacht bei Schäßburg.
1664–1703 Sachs von Harteneck.
1676 Großbrand in Schäßburg zerstört 624 Häuser und einen Teil der Befestigung.
1683 Niederlage der Türken vor Wien.
1686–87 Apafi muß im Wiener, dann im Blasendorfer Vertrag die Oberhoheit Leopolds I. anerkennen und die Hauptplätze Siebenbürgens den Kaiserlichen ausliefern.
1687 Besetzung Siebenbürgens durch kaiserliche Truppen. Dem Kaiser wird vom Landtag zu Preßburg die Erblichkeit der Stephanskrone im Mannesstamm der Habsburger zuerkannt. Personalunion zwischen Österreich und Ungarn (bis 1918).
1688 Siebenbürgen sagt sich von der türkischen Herrschaft los, erkennt dafür die Hoheit der Habsburger an. Anton Graf Caraffa in Hermannstadt.
1689 Habsburgische Truppen brennen Kronstadt nieder.
1690/91 „Diploma Leopoldinum“: Bestätigung der Sonderstellung Siebenbürgens.
1692 Hermannstadt Hauptstadt Siebenbürgens (bis 1790).
1699 Türken verlieren im Frieden von Karlowitz Ungarn und Siebenbürgen an Österreich. Österreich-Ungarn europäische Großmacht. Durch die Schaffung der griechisch-katholischen, mit Rom unierten Kirche in Siebenbürgen entwickelt sich ein eigenes kirchliches Element.
1699–1867 Uneingeschränkte Herrschaft der Habsburger im Fürstentum Siebenbürgen.

Gabriel Bethlen. In den Friedensschlüssen mit Kaiser Ferdinand II. erreicht der mit Katharina von Brandenburg verheiratete Fürst Siebenbürgens die Anerkennung des Landes als unabhängiger Staat.

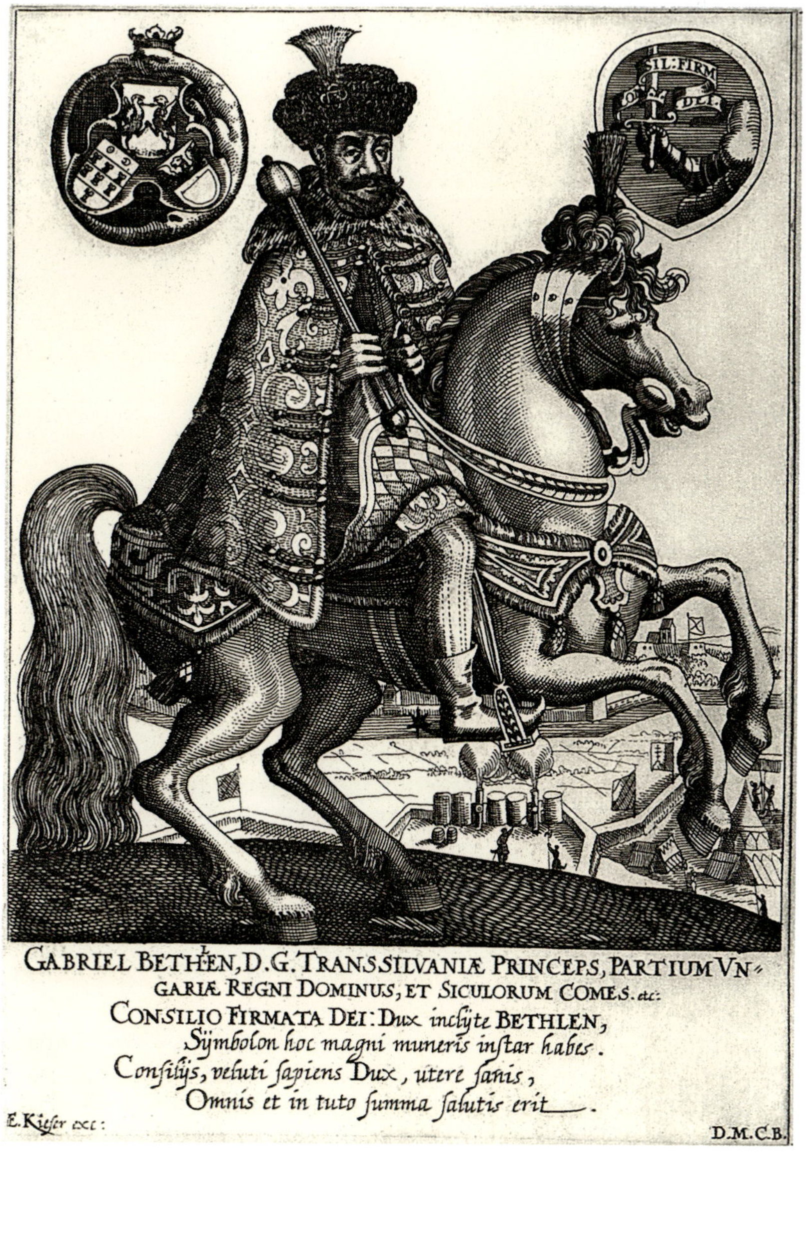

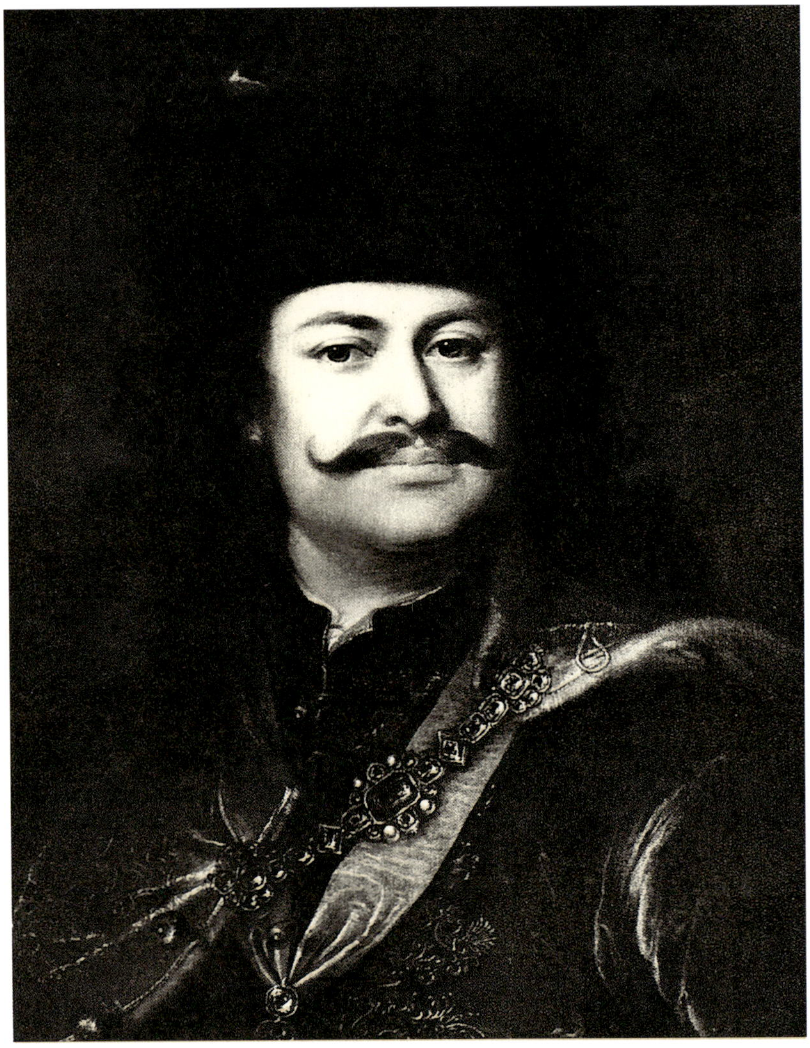

Fürst Franz II. Rakoczy. Mit der österreichischen Herrschaft unzufrieden, führt Rakoczy ab 1703 den Aufstand der Kuruzzen, der auch Siebenbürgen terrorisiert.

Kaiserin Maria Theresia, Großfürstin von Siebenbürgen. Die »Mutter der Völker« versucht ihr vielgestaltiges Reich im Sinne einer aufgeklärten Monarchie zu modernisieren.

1703 Sachs von Harteneck in Hermannstadt enthauptet. Beginn des Aufstands der habsburgfeindlichen Kuruzzen unter Fürst Franz II. Rakoczy.

1704 Vergebliche Belagerung Tartlaus durch aufständische Szekler. Die Horden Rakoczys stürmen Birthälm.

1705–1711 Kuruzzenaufstand durch den Frieden von Sathmar beendet.

1715 Letzte Hexenverbrennung in Hermannstadt.

1717ff. Letzter Tatareneinfall. Im Burzenland sterben über 18000 Personen an der Pest.

1719 In Hermannstadt sind 26 Zünfte organisiert.

1721 Die Schulkomödie „Vermählung des goldenen Zeitalters mit dem Genius von Siebenbürgen“ entsteht.

1721–1803 Samuel von Brukenthal.

1722 Einführung der allgemeinen Schulpflicht.

1733 Siebenbürger Rumänen fordern vom Wiener Hof die gleichen Rechte wie die 3 privilegierten Nationen.

1734–37 Karolingische Transmigration.

1740–80 Maria Theresia Königin von Ungarn.

1744 Familien aus Baden-Durlach lassen sich bei Mühlbach nieder.

1748 Maria Theresia bestätigt die Handelssozietät der Hermannstädter Kaufleute.

1750ff. Niedergang des siebenbürgisch-sächsischen Gewerbes und Handels. Sachsenfamilien wandern nach Bukarest aus.

1752–76 Theresianische Transmigration.

1761 Nach Aufständen rumänischer Bauern ordnet der kaiserliche General Buccow die Zerstörung von rumänischen Kirchen und Klöstern an.

1761–63 Versuch der Ansiedlung preußischer Kriegsgefangener aus dem Siebenjährigen Krieg in Siebenbürgen.

1762 Einrichtung der Militärgrenze.

1765 Siebenbürgen von Maria There-

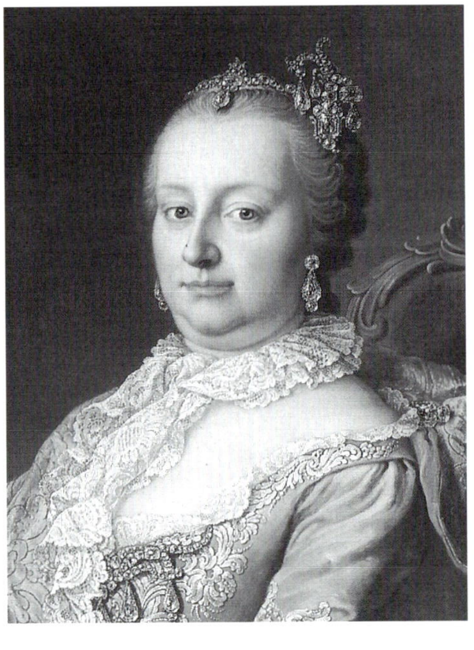

sia zum Großfürstentum erhoben.
1769 Hermannstadt erhält sein erstes Theater.
1773 Der zukünftige Ks. Joseph II. besucht Hermannstadt.
1777–1787 Samuel von Brukenthal Gouverneur von Siebenbürgen.
1778 In Hermannstadt erscheint das „Theatral Wochenblatt". Bau der ersten orthodoxen Kirche in Hermannstadt.
1778–85 Am Großen Ring in Hermannstadt wird das Brukenthalpalais als Residenz des Gouverneurs errichtet, ab 1817 erstes Museum des Landes.
1780–1790 Joseph II. König von Ungarn.
1781 Toleranzedikt Josephs II. Das erste mundartlich gedruckte Gedicht erscheint in einem siebenbürgischen Kalender („Lob des Winters").
1784 Aufstand rumänischer Bauern unter Horia, Closca und Crisan im Siebenbürgischen Erzgebirge. Unterstützung durch sächsische Leibeigene. Die „Siebenbürgische Zeitung" erscheint als erstes politisches Blatt in Hermannstadt.
1788 Eröffnung des Theaters in Hermannstadts „Dickem Turm".
1790 Verlegung der Landesregierung von Hermannstadt nach Klausenburg. Auf Sachsenboden werden 21 324 rumänische und 23 386 sächsische Familien gezählt.
1791 Petition rumänischer Einwohner Siebenbürgens beim Wiener Hof, um als Nation anerkannt zu werden.
1795 August Ludwig von Schlözers „Kritische Sammlungen zur Geschichte der Deutschen in Siebenbürgen" erscheint in 3 Bänden im Göttinger Verlag Vandenhoek und Ruprecht.
1796 Samuel C. F. Hahnemann, der Begründer der Homöopathie, arbeitet als Leibarzt und Bibliothekar Brukenthals in Hermannstadt.
1796–1849 Stephan Ludwig Roth.
1803 Brukenthal hinterläßt seine umfangreichen Sammlungen dem evangelischen Gymnasium von Hermannstadt.
1805 Die „Siebenbürgischen Provinzialblätter" erscheinen.
1817 Eröffnung des Brukenthalmuseums in Hermannstadt.
1817–93 Georg Daniel Teutsch.
1837 In Kronstadt erscheint das „Siebenbürgische Wochenblatt", im Jahr darauf die „Blätter für Geist, Gemüt und Vaterlandskunde".
1839 Gründung des Hermannstädter Musikvereins (HMV).
1840 Schullers „Gedichte siebenbürgisch-sächsischer Mundart" erscheinen. Gründung des Vereins für Siebenbürgische Landeskunde.

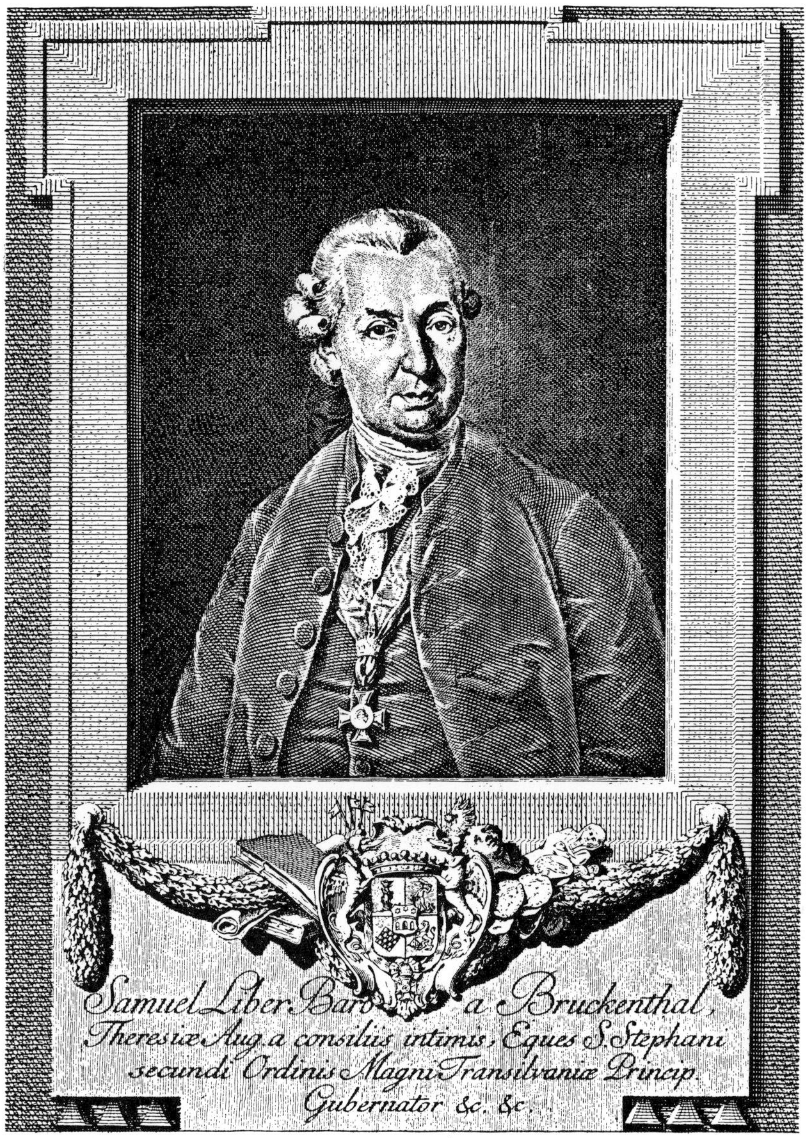

Samuel von Brukenthal. Gouverneur von Siebenbürgen, weist »der größte Sohn der sächsischen Nation« Angriffe auf die bevorzugte Rechtsstellung der Sachsen zurück. Die Ablehnung der Reformen Josephs II. führt zu seiner Absetzung.

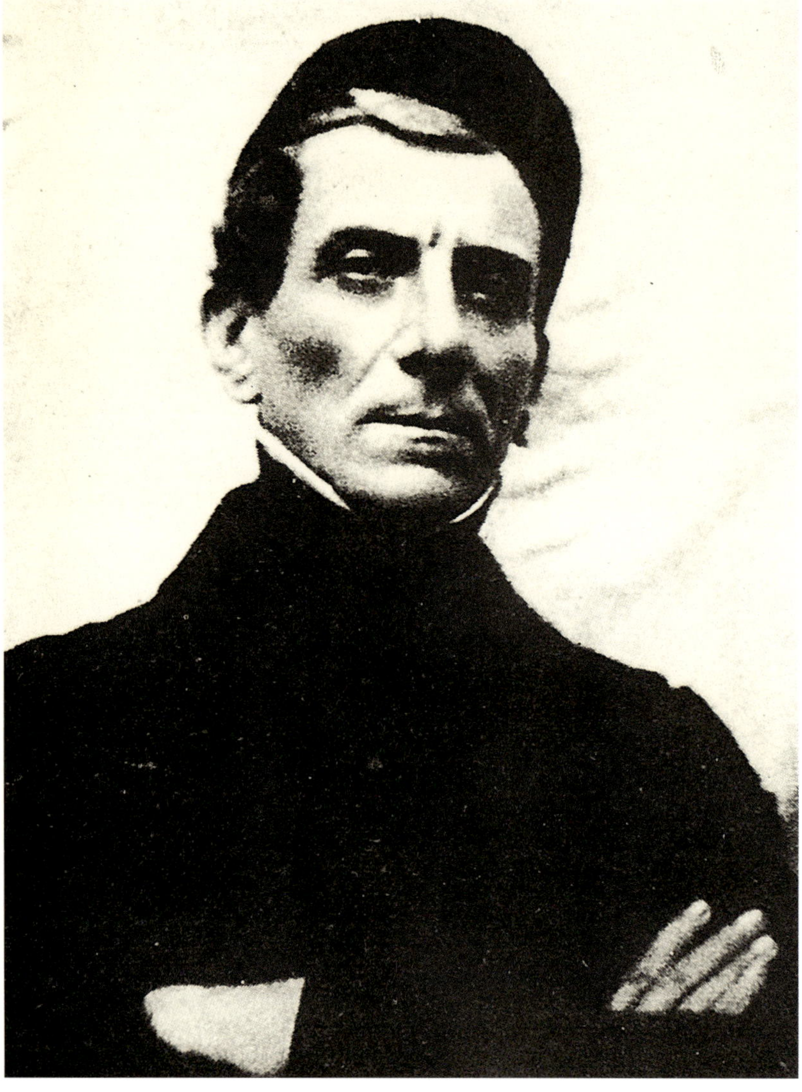

Stephan Ludwig Roth. Geistiger Führer der Sachsen während der ungarischen Revolution wird Theologe, Erzieher und streitbarer Publizist wegen »Vaterlandsverrat« auf dem Klausenburger Schloßberg erschossen.

Gegenüberliegende Seite: Die Schlacht bei Hermannstadt im Bürgerkrieg von 1848/49.

1841 Gründung der ersten deutschen Bank in Hermannstadt.

1842 Stephan Ludwig Roth wendet sich in seiner Schrift „Der Sprachkampf in Siebenbürgen" gegen Madjarisierung.

1843 In Hermannstadt erscheint die Zeitschrift „Archiv des Vereins für siebenbürgische Landeskunde".

1844 Gründung der Sächsischen Rechtsakademie.

Hermannstadt erhält seinen ersten Turnverein.

1845/46 Einwanderung von 407 württembergischen Familien.

1847 Walzerkönig Johann Strauß in Siebenbürgen.

1848 Rund 30 000 Rumänen fordern auf dem Freiheitsfeld in Blasendorf die Gleichberechtigung mit den 3 privilegierten Nationen. Bauernbefreiung auf Komitats- und Szeklerboden.

1848/49 Revolution in Österreich, ungarische Erhebung gegen Wien. Loslösung Ungarns von Österreich unter Ludwig Kossuth und Vereinigung mit Siebenbürgen. Ungarn besetzen Hermannstadt. Niederschlagung der Rebellion mit russischer Hilfe.

1849 Stephan Ludwig Roth in Klausenburg erschossen. Siebenbürgen wieder selbständiges österreichisches Kronland.

1851 Auflösung der siebenbürgischen Militärgrenze. In Bistritz wird der erste „Spar- und Aushilfsverein" gegründet.

1852–58 Georg Daniel Teutschs „Geschichte der Siebenbürger Sachsen für das sächsische Volk" erscheint und wird zum „Volksbuch".

1853 Abschaffung des sächsischen Gesetzbuchs „Eigenlandrecht". Nach der Überführung der Gebeine von Klausenburg wird Stephan Ludwig Roth im Schülergarten zu Mediasch bestattet.

Um 1860 Sachsen verlieren absolute Mehrheit auf Königsboden.

1860 Wiederherstellung der siebenbürgischen Hofkanzlei mit der alten Verfassung. Gründung des Hermannstädter Männergesangvereins (Liedertafel „Hermania").

1861 Gründung des Kronstädter Turnvereins und des Siebenbürgischen Gustav-Adolf-Vereins.

1863 Rumänen erstmals im Hermannstädter Landtag vertreten.

1865 Madjaren gewinnen das Übergewicht im Landtag.

1866 Deutscher Krieg mit Niederlage Österreichs bei Königgrätz. Karl von Hohenzollern-Sigmaringen Fürst, ab 1881 Kg. von Rumänien. Union Siebenbürgens mit Ungarn, 1867 durch königliches Reskript vollzogen. Franz Obert gibt den „Schul- und Kirchenboten für das Sachsenland" heraus (ab 1920 „Schule und Leben".)

1867–93 Georg Daniel Teutsch evangelisch-sächsischer Bischof, Rückverlegung des Bischofssitzes von Birthälm nach Hermannstadt.

1867–1918 Österreich-ungarischer Ausgleich. Ungarn (mit Siebenbürgen) ein bis auf Außenpolitik, Heerwesen und Finanzen selbständiger Reichsteil.

1868 In Klausenburg wird die politische Autonomie der 3 Nationen aufgehoben. Gründung des Schäßburger Turnvereins.

1870 Gründung der Bistritzer, im Jahr darauf der Burzenländer und Mediascher Ackerbauschulen. Aufhebung des Flurzwangs.

1874 In Hermannstadt erscheinen das „Siebenbürgisch-Deutsche Tageblatt" und das „Archiv des Vereins für Siebenbürgische Landeskunde" (ab 1931: „Siebenbürgische Vierteljahresschrift").

1875 Auflösung der Zünfte.

1876 Die ungarische Regierung löst die Sächsische Nationsuniversität auf (seit 1481). Entstehung der Sächsischen Volkspartei.

1877/78 Nach dem russisch-rumänisch-türkischen Krieg wird Rumänien unabhängig.

1878 Großmächte erkennen Rumänien als souveränes Fürstentum an. Sachsen erhalten eigene Lehrerbildungsanstalt.

1879 Johannes Brahms in Hermannstadt.

1880 Gründung des siebenbürgischen Karpatenvereins.

1881 Rumänien Königreich. Richard Strauß in Hermannstadt.

1882 Dreibund Österreich-Ungarn, Deutsches Reich und Italien, dem Rumänien 1883 beitritt.

1883 ff. Erste Auswanderungswelle nach Nordamerika.

1884 Gründung des allgemeinen evangelischen Frauenvereins.

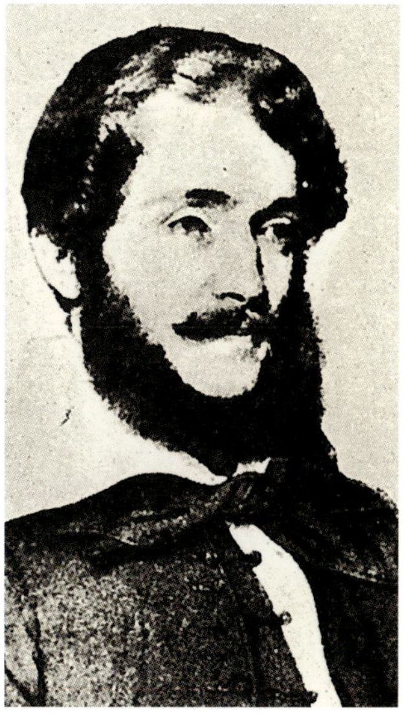

Finanzminister Ludwig (Lajos) Kossuth (1802–1894), die treibende Kraft hinter der ungarischen Erhebung von 1848/49 gegen das Haus Habsburg.

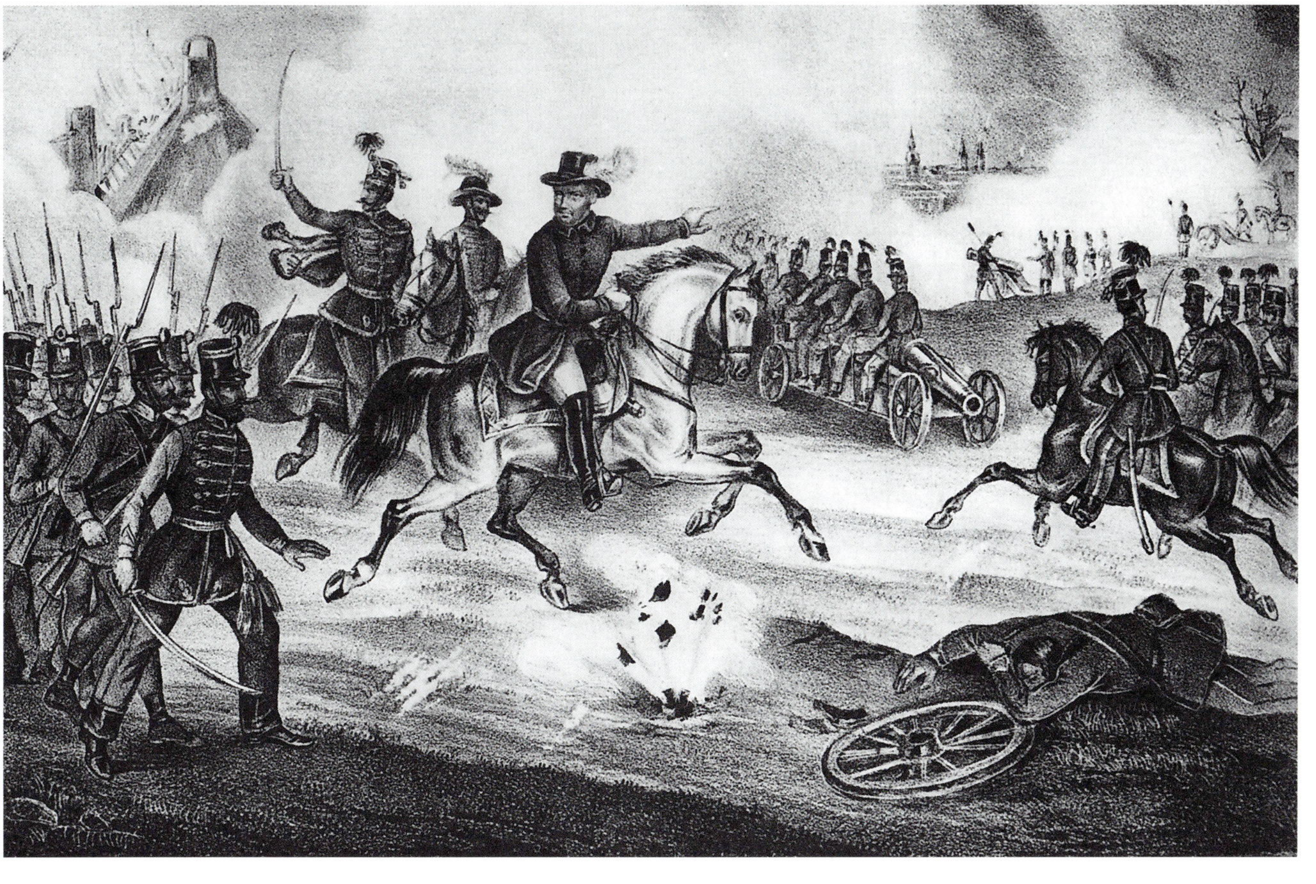

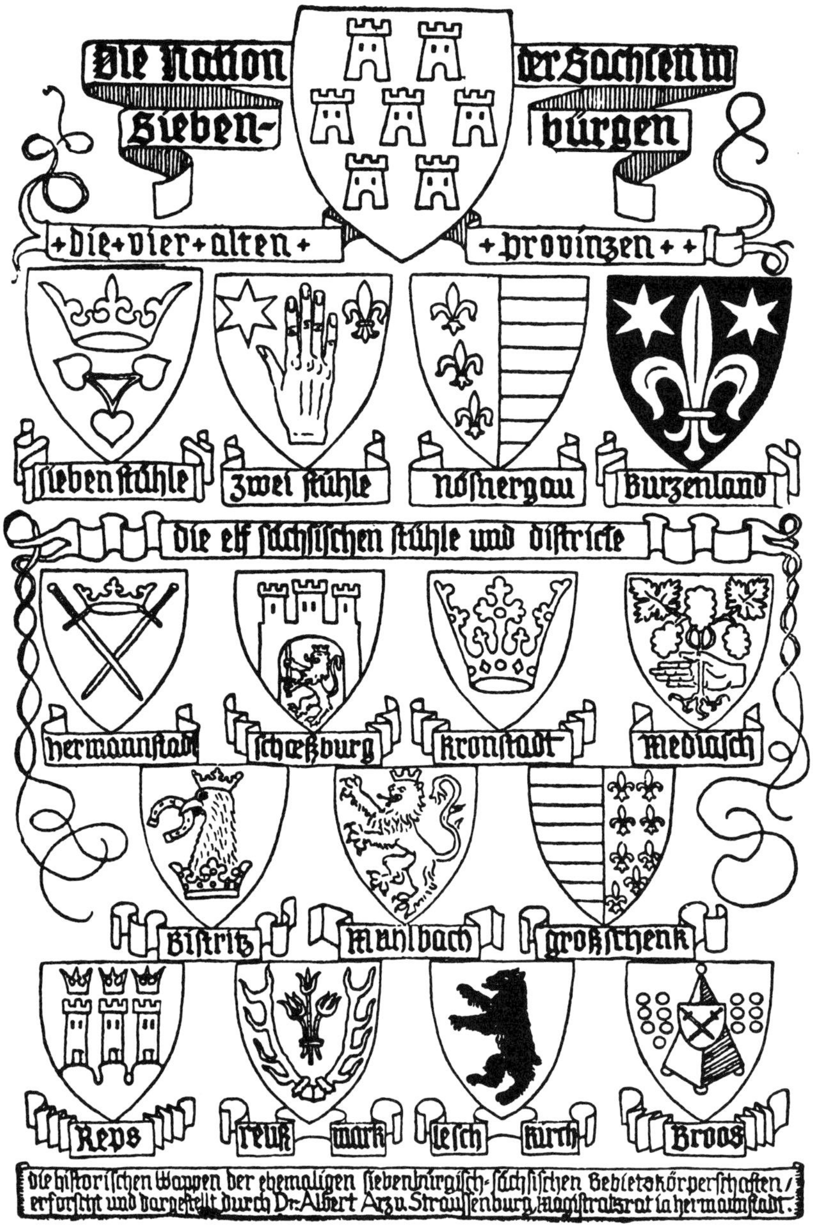

Wappenschild der sächsischen Nation Siebenbürgen.

1891 Gründung der Siebenbürger Vereinsbank durch Karl Wolff.

1894 Der „Vater der Weltraumfahrt" Hermann Oberth in Hermannstadt geboren. Lehrerbildungsanstalt in Hermannstadt nimmt Arbeit auf.

1899 Uraufführung von Hermann Kirchners siebenbürgisch-sächsischer Volksoper „Der Herr der Hann" in Mediasch.

1902 In Hermannstadt erscheint die Wochenschrift für Humor und Satire „Neppendorfer Blätter" (ab 1929 „Lustige Welt"). Die Sachsen in den USA schließen sich zu einem „Zentralverband" zusammen.

1904 Gründung des „Sebastian-Hann-Vereins für heimische Kunstbestrebungen" in Hermannstadt.

1908 Gründung des Burzenländischen Museums in Kronstadt.

1908–1914 Adolf Meschendörfers Halbmonatsschrift für Kultur und Leben „Die Karpathen" erscheint.

1910 In Cleveland/Ohio (USA) wird das erste Sachsenheim eröffnet.

1914 Nach der Ermordung Franz Ferdinands in Sarajewo erklärt Rumänien seine Neutralität. Nach dem Tod von Carol I. wird Ferdinand Kg. von Rumänien (bis 1927).

1916 Kriegseintritt Rumäniens auf seiten der Entente. Bei Hermannstadt erste große Schlacht zwischen Rumänien und Österreich-Ungarn. Eroberung des größten Teils Rumäniens durch die Mittelmächte. Mackensen zieht in Bukarest ein.

1918 Das geschlagene Rumänien gehört zu den Gewinnern des Kriegs. Die Rumänen Siebenbürgens erklären in Karlsburg den Anschluß an Rumänien. In Siebenbürgen leben 234 000 Sachsen.

1918–21 Erste Agrarreform.

1919 Friedensvertrag von St. Germain mit Österreich. Siebenbürger Sachsen votieren für den Anschluß an Rumänien.

1920 Im Vertrag von Trianon verliert Ungarn sieben Zehntel seines Gebiets und zwei Drittel seiner Bevölkerung.

1921 „Kleine Entente" zwischen der Tschechoslowakei, Rumänien und Jugoslawien zur Verhinderung jeder habsburgischen Restauration und Grenzrevision. Auf dem deutschen Tag in Czernowitz wird der „Verband der Deutschen in Großrumänien" ins Leben gerufen. Erneuerung des „Allgemeinen siebenbürgisch-deutschen Jugendbunds".

1922 ff. Zweite Auswanderungswelle nach Nordamerika.

1923 Hermann Oberth veröffentlicht sein aufsehenerregendes Buch „Die Rakete zu den Planetenräumen".

1924 Heinrich Zillich gibt die Zeitschrift „Klingsor" heraus.

1925 Verwaltungsreformen schränken den Gebrauch der deutschen

Sprache bei Behörden ein.
1927 Tod Kg. Ferdinands I.
1930 In Großrumänien leben rund 740 000 Deutsche, darunter rund 250 000 Sachsen.
Carol II. König von Großrumänien (bis 1940).
1933 Ein Rumäne löst den letzten deutschen Bürgermeister von Hermannstadt ab. Das neugegründete „Deutsche Landestheater in Rumänien" spielt im Stadttheater Hermannstadt Schillers „Wilhelm Tell".
1934 Verbot der „Nationalen Erwekkungsbewegung der Deutschen in Rumänien" (NEDR). Erster „Sachsentag" der in die USA ausgewanderten Siebenbürger in Youngstown/Ohio.
1937 Endgültige Auflösung der Nationsuniversität.
1938 ff. Ungarn gewinnt mit Hilfe Berlins einen Teil der in Trianon verlorenen Gebiete zurück. Carol II. schaltet das rumänische Parlament und die Parteien aus.
1939 Rumänien erklärt bei Ausbruch des Kriegs strengste Neutralität. In Rumänien leben – vor der Umsiedlung aus Buchenland, Dobrudscha und Bessarabien – rund 800 000 Deutsche.
1940 Rumänien muß Bessarabien und die Nordbukowina an die Sowjetunion abtreten. Nordsiebenbürgen und der Szeklergipfel gehen nach dem 2. Wiener Schiedsspruch an Ungarn zurück. Carol II. dankt zugunsten seines Sohns Michael I. ab. Einrichtung der Volksgruppenführung, Beginn der nationalsozialistischen Ära der Siebenbürger Sachsen. Das sog. Volksgruppengesetz deklariert die „Deutsche Volksgruppe in Rumänien" als juristische Person öffentlichen Rechts. Schweres Erdbeben im Burzenland. In Siebenbürgen leben rund 248 000 Sachsen.
1940–44 Militärdiktatur unter Marschall Ion Antonescu.
1941 Rumänien beteiligt sich am Krieg gegen die Sowjetunion.
1942–43 Zwischenstaatliche Abkommen erlauben Einberufung der deutschstämmigen Siebenbürger zur Waffen-SS.
1944 Sowjetischer Einmarsch und Umsturz in Rumänien, Bruch des Waffenbündnisses mit Deutschland. Flucht von Teilen der deutschen Bevölkerung in den Westen. Wachsender kommunistischer Einfluß auf die rumänische Regierung.

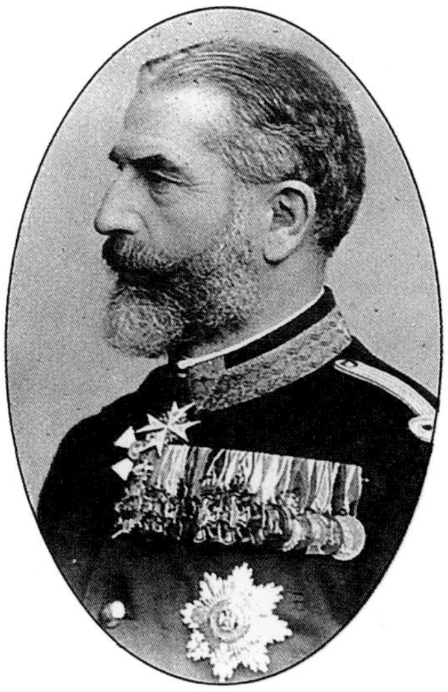

Karl (Carol I.) von Hohenzollern-Sigmaringen, Fürst, nach 1881 König von Rumänien. Nach 47jähriger Herrschaft gilt Carol als Schöpfer des modernen rumänischen Staates.

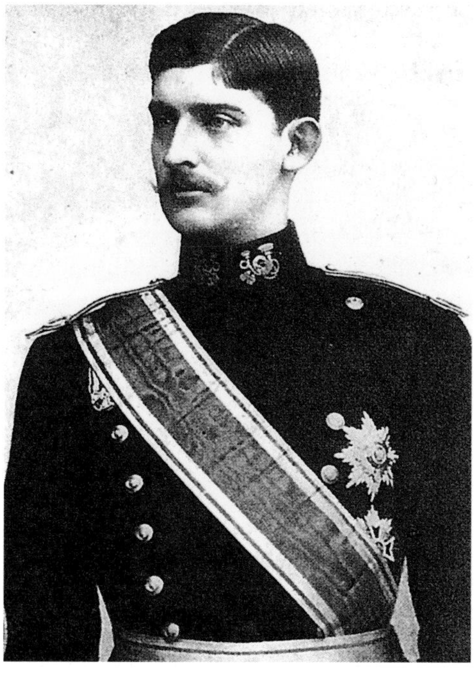

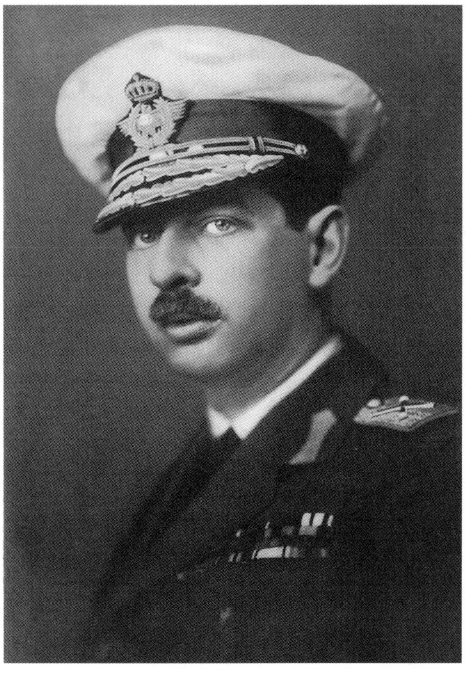

Bild links: Ferdinand I. aus dem Haus Hohenzollern-Sigmaringen, von 1914 bis 1927 König von Rumänien.

Carol II., wegen seiner Abhängigkeit von einer Mätresse das schwarze Schaf des Hauses Hohenzollern-Sigmaringen, von 1930–40 König von Rumänien.

Sanitätswagen der reichsdeutschen Infanterie während des Vormarschs in einem siebenbürgischen Dorf (1916). Die auf Sachsenboden gefallenen deutschen Soldaten werden in Zukunft »die letzten deutschen Einwanderer« Siebenbürgens genannt.

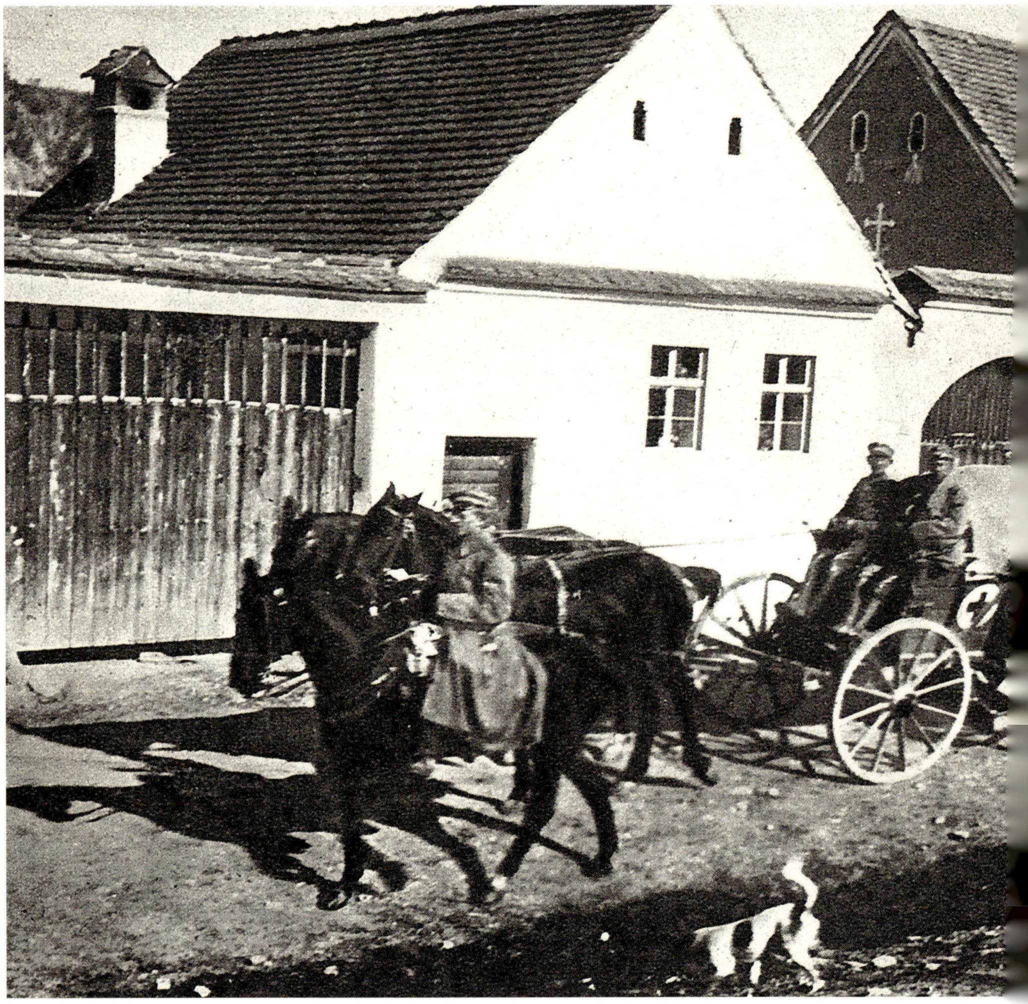

1945 An den Fronten des Zweiten Weltkriegs sind rund 8000 Sachsen gefallen, rund 37 000 werden zur Zwangsarbeit in die Sowjetunion verschickt (das Gros 1951 nach Deutschland zurückgeführt).
1945 ff. Sachsen verlieren alle politischen Rechte und werden durch das 2. Agrarreformgesetz fast ausnahmslos enteignet. Der kommunistische Staat eignet sich das verbliebene Vermögen und das Archiv der Nationsuniversität an. Deutsche aus Rumänien in Deutschland, Aussiedlung und Eingliederung als Hauptprobleme neben der Erhaltung der kulturellen Identität.
1947 Abdankung Michaels I., Ende der Hohenzollernherrschaft.
1948 Errichtung der Volksrepublik Rumänien. Schulwesen und Brukenthalmuseum werden verstaatlicht. 3. Auswanderungswelle nach Nordamerika.
1949 Fritz Heinz Reimesch gründet in Deutschland den „Verband der Siebenbürger Sachsen und Banater Schwaben“, aus dem die heutige Landsmannschaft hervorgeht.
1950 Wahlrecht für die rumänischen Staatsangehörigen deutscher Nationalität. Die „Siebenbürgische Zeitung“ erscheint als Organ der Landsmannschaft in Deutschland.
1955 Das Deutsche und Rumänische Rote Kreuz beginnen mit der Familienzusammenführung.
1956 Die sächsischen Bauern erhalten ihre Höfe (ohne die landwirtschaftlichen Grundstücke) zurück.

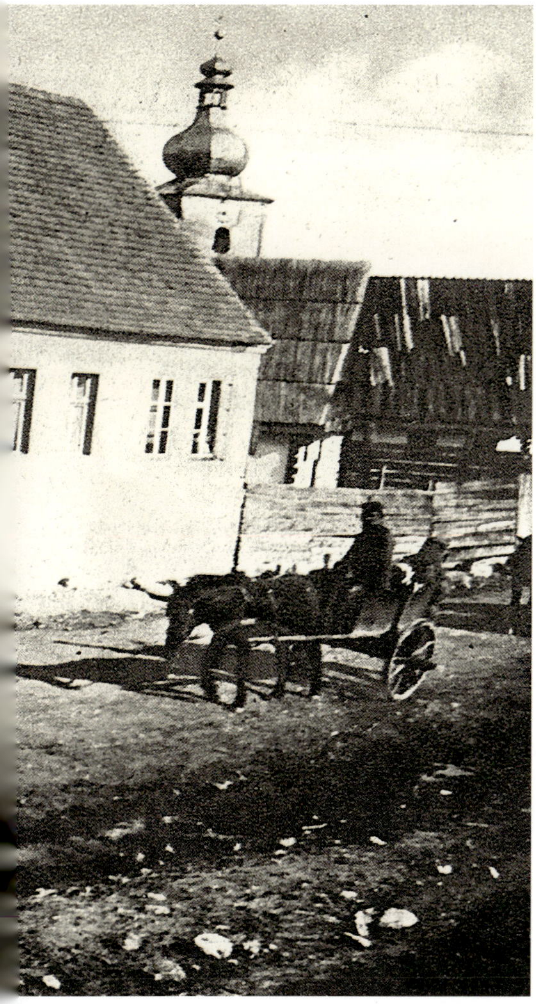

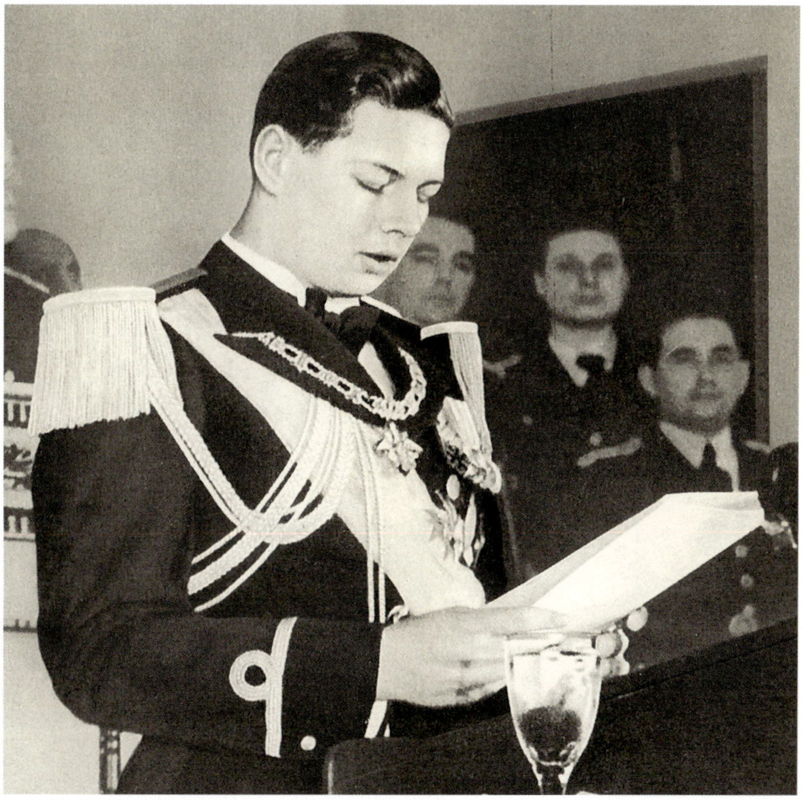

Kronprinz Michael, von 1940 bis 1947 der letzte Hohenzoller auf dem rumänischen Königsthron.

1957 In Kronstadt erscheint die „Volkszeitung" (später: „Karpatenrundschau"). Übernahme der Patenschaft für die Sachsen durch das Land Nordrhein-Westfalen.
1960 Der Hilfsverein der Siebenbürger Sachsen „Johannes Honterus" wird neuer Besitzer von Schloß Horneck/Gundelsheim. Gründung der Landsmannschaft in Kanada.
1968 Die „Hermannstädter Zeitung" erscheint (ab 1971: „Die Woche").
1969 Schaffung des „Rats der Werktätigen deutscher Nationalität". Das rumänische Fernsehen beginnt mit deutschsprachigen Sendungen.
1971 Bundespräsident Heinemann in Siebenbürgen.
1977 In einer Volkszählung bezeichnen sich unter 21,5 Millionen Rumänen 358 732 Personen als Deutsche, Sachsen oder Schwaben (jetzt „Mitwohnende deutscher Nationalität").
1978 Bundesrepublik Deutschland erwirkt Auswanderungsquote, nach der jährlich 10–12 000 rumänische Staatsbürger deutscher Nationalität das Land verlassen dürfen.
1979 In Rumänien erscheinen noch 6 deutschsprachige Presseorgane.
1982 ff. Ernste Energie- und Ernährungskrise in Rumänien.
1985 In Siebenbürgen leben rund 105 000 Deutsche, in der Bundesrepublik Deutschland etwa 115 000, in Österreich 15 000, in USA und Kanada jeweils rund 10 000 Sachsen.
1989 Dezemberrevolution: Volksaufstand gegen Ceaușescu und Grenzöffnung. Gründung des „Demokratischen Forums der Deutschen in Rumänien (DFDR).
1990 ff. Verstärkte Auswanderung der Sachsen.
1992 In Siebenbürgen leben noch rund 25 000 Sachsen.

„Anders rauschen die Brunnen, anders rinnt hier die Zeit ...“

Geschichte und Geschichten aus Siebenbürgen

Es ist die Distanz von Jahrhunderten, aus der Georg Friedrich Marienburg seine – hier stark gekürzte – Skizze „Sachsenadel“ sieht: *„Als an der Mosel grünem Strand / der Ritter Burgen baute / und vor des Eisenmannes Hand / dem frommen Bürger graute, / da zogen viele Wackern aus, / ein neues Land zu finden: / ‚Wir wollen uns ein neues Haus, ein Haus der Freiheit gründen!‘ / Uns winkt des Urwalds freier Schoß / im fernen Ungarnlande / drum reißen wir uns weinend los / vom heimischen Verbande . . .“*

Richtungweisend für die Wackeren vom grünen Strand der Mosel ist ein frisch ausgehandelter Staatsvertrag zwischen den Kanzlern des Stauferkönigs Konrad III. und der Stephanskrone. Die Ungarn haben damit das Recht, im bereits leicht übervölkerten Reich, das kein deutsches, sondern ein heiliges römisches ist, Siedler anzuwerben. Kolonisten, die bereit sind, sich „im fernen Ungarnlande jenseits des Waldes“ niederzulassen. Geographisch etwas detaillierter: in einem knapp 600 Meter über dem Meeresspiegel liegenden Hochland im Südosten Europas, dessen natürliche Grenzen die Süd- und Ostkarpaten und im Westen das durch die Täler von Mieresch und Samosch aufgeschlossene siebenbürgische Erzgebirge bilden. Das Gebiet, obwohl von Resten der Dakoromanen dünn besiedelt, von Hirten durchstreift, gilt als „Desertum“, damit als Ödland oder Wüstenei.

Zwischen 1141 und 1143 ruft Geisa (Géza) II. „allerlay Künstler und Hand-Werksleuthe aus dem römischen Reich“ ins Land jenseits des Waldes. Seine Versicherung ist, sie auf sogenanntem „Fundi Regii“ oder Königsboden zwischen Draas und Broos „in königlicher Freiheit als freiwillig gekommen und sehr angenehme und liebe Gäste mit vielen vortrefflichen Privilegien und Prärogativen“ zu versehen. Darunter die freie Ausübung von Sitten und Bräuchen, die Freiheit des Eigentums, des Bodens und der Manneskraft. Da weder Könige noch Kaiser zu irgendeiner Zeit selbstlos dachten, müssen sich die Siedler dafür verpflichten, Desertumsland zu kultivieren, Steuern zu zahlen, Kriegsknechte zu stellen und den König auf Reisen durchs Siebenbürgische jährlich dreimal zu bewirten. Zusätzlich ist es ihre Aufgabe, noch ungesicherte Karpatenpässe gegen feindliche Reiter und Heere zu verteidigen, wofür die wehrhaften Kolonisten eines Tages das „ad retinendam coronam“ („Zum Schutz der Krone“) im Siegel tragen dürfen.
Vom Sammelpunkt Köln aus zogen die Umsiedler wahrscheinlich zuerst nach Magdeburg, dann über Schlesien und die Zips nach Ost/Südost. Unterwegs dürften sich ihnen Auswanderungswillige aus verschiedenen Landstrichen angeschlossen haben, weitere Trecks folgten ihrer Spur. Die „hospites Theutonici“ wanderten als katholische Christen ins Ungarnland ein und wurden in die katholische Kirche aufgenommen, die im Weißenburger Bistum und Erzbistum Gran eine feste Organisation hatte.
Die erste Niederlassung entsteht auf einem in die Ebene vorgeschobenen Plateau über dem Zibinfluß, damit dort, wo heute die Oberstadt von Hermannstadt liegt. Wichtig für die Dorfanlage sind neben der Nähe des Flusses zwei Fernstraßen, die sich an dieser Stelle seit den Tagen Roms treffen.

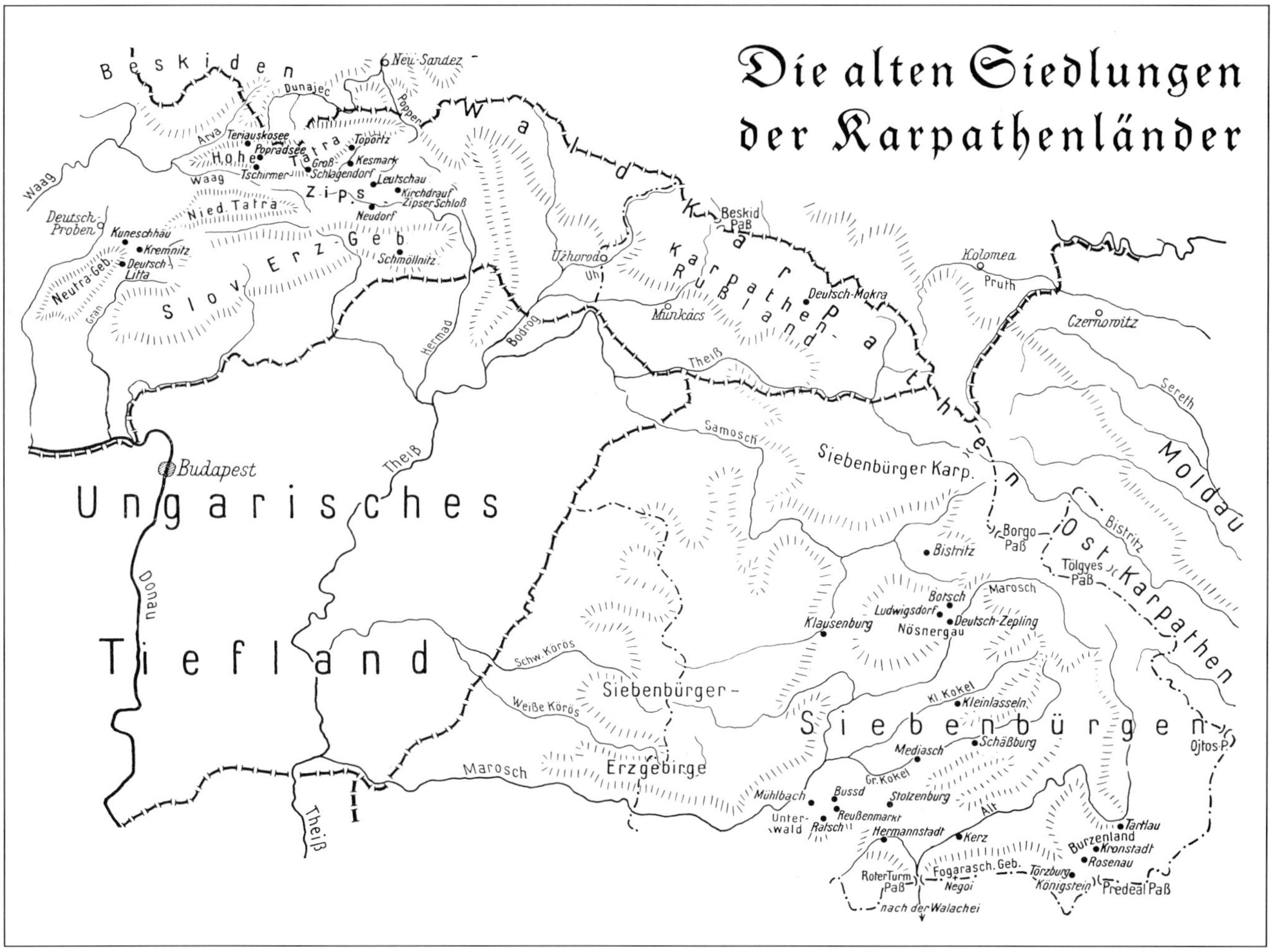

Frühe deutsche Siedlung im Karpatenraum. Aus dem Gebiet um Mittelrhein, Maas und Mosel ins Land gerufen, schützen die Siebenbürger Sachsen die Karpatenpässe gegen Mongolen, Türken und die Steppenvölker der Moldau und Walachei.

Die Sage erzählt, 2 Führer der deutschen Gäste hätten hier ihre Zweihandschwerter derart in den Boden gerammt, daß sich die Klingen kreuzten, und sich dabei geschworen, das Land mit ihrem Blut zu verteidigen. Weiterziehende Gruppen nahmen die Schwerter, die bald im Hermannstädter Wappen zu finden sind, dann zu den Endpunkten des Königsbodens mit.

Unter den Kolonisten der ersten Stunde – mit Heinrich Zillich der „Sauerteig der Zukunft" – überwiegen Familien aus dem heutigen Luxemburg, Belgien und dem westlichen Deutschland. Im Rahmen der allgemeinen deutschen Ostbewegung addieren sich Niedersachsen, Schlesier, Schwaben und Bayern hinzu, die aus wirtschaftlichen wie sozialen Gründen das Reich verlassen. Mit den Bauern kommen die Handwerker, Berg- und Kaufleute, der Geistliche und der Lehrer. Neben dem freien, nur dem König verpflichteten Bauernstand entsteht das Bürgertum, neben dem bäuerlichen Hinterland die aus dem Gemeinwesen als Brennpunkt erwachsene städtische Siedlung. Wer fehlt ist der Ritter, der kampfgeübte Recke.

Der Landstrich jenseits des Waldes ähnelt der alten Heimat an Rhein und Mosel. Die Deutschen werden aufgrund ihrer militärischen Aufgaben allerdings leicht zersiedelt. Das seit Beginn des 12. Jh. kolonisierte Nösnerland mit dem Vorort Bistritz wacht über Ostkarpatenpässe, Hermannstadt, der Vorort des Altlands, verteidigt den Roten-Turm-Paß, das

Siebenbürgen, Land des Segens

Max Moltke

Weise:
Johann Lukas Hedwig
Satz: Anneliese Barthmes

Siebenbürgenlied. Den Text von Leopold Moltke singen die Sachsen nach einer Melodie von Johann Hedwig wie eine Volkshymne.

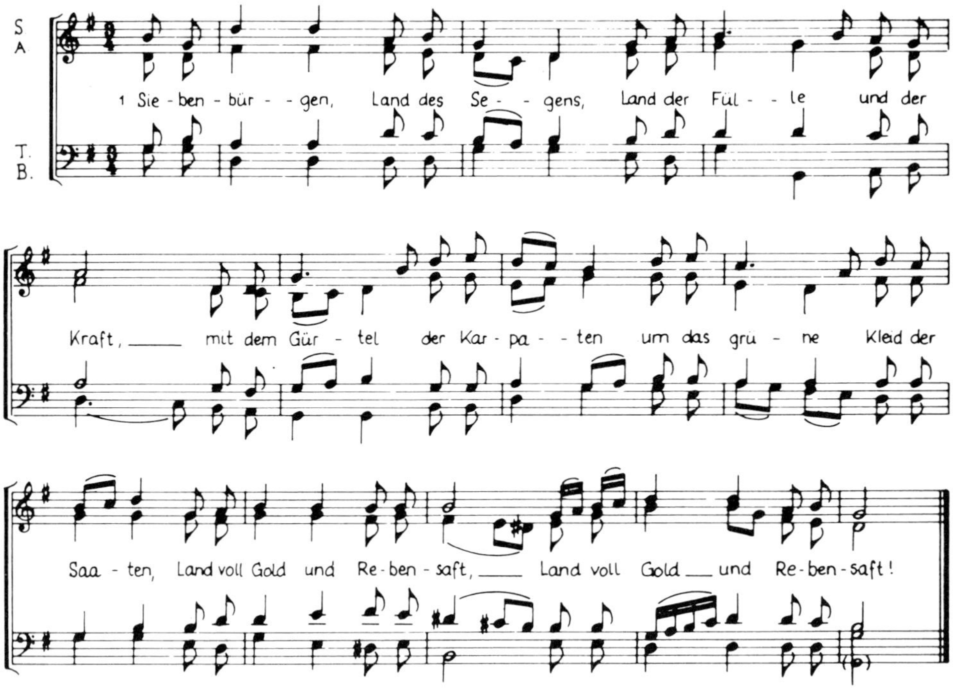

2. Siebenbürgen, Meeresboden
einer längst verfloss'nen Flut!
Nun ein Meer von Ährenwogen,
dessen Ufer waldumzogen
an der Brust des Himmels ruht.

3. Siebenbürgen, Land der Trümmer
einer Vorzeit stark und groß!
Deren tausendjähr'ge Spuren
ruhen noch in deiner Fluren
ungeschwächtem Ackerschoß.

4. Siebenbürgen, grüne Wiege
einer bunten Völkerschar!
Mit dem Klima aller Zonen,
mit dem Kranz von Nationen
um des Vaterlands Altar.

5. Siebenbürgen, grüner Tempel
mit der Berge hohem Chor!
Wo der Andacht Huldigungen
steigen in so vielen Zungen
zu dem einen Gott empor.

6. Siebenbürgen, Land der Duldung,
jedes Glaubens sichrer Hort!
Mögst du bis zu fernen Tagen
als ein Hort der Freiheit ragen
und als Wehr dem treuen Wort!

7. Siebenbürgen, süße Heimat,
unser teures Vaterland!
Sei gegrüßt in deiner Schöne,
und um alle deine Söhne
schlinge sich der Eintracht Band!

Kokelgebiet und das Burzenland sichern die Übergänge zur unteren Donau.
Cölestin III. bestätigt kraft seines Amts als 181. Papst die Erhebung der „ecclesia Theutonicorum Ultrasilvanorum" – womit nichts anderes gemeint ist als die junge Sachsenkirche – zur freien Propstei. St. Ladislaus umfaßt die Kirchenkapitel Hermannstadt, Schenk und Leschkirch. Andreas II., der mit der deutschen Gertrud von Andechs-Meranien verheiratete Ungarnkönig aus dem Haus Arpad, stellt den „Theutonici Ultrasilvani" von Broos am Mieresch bis zum Draaser Gebiet den Goldenen Freibrief aus. Das „Andreanum", bis Mitte des 19. Jh. das rechtliche Fundament der deutschen Ansiedlung, wird zur juristischen Grundlage der „Volkwerdung" der Sachsen. Daneben erweist es sich als ständiger Treibsatz für Konflikte mit Ungarns

Adel und Siebenbürgens Woiwoden, deren Macht damit ein deutscher Gegenpol gesetzt ist. Vorerst nur für den Königsboden, die Hermannstädter Provinz bestimmt, gilt der Freibrief eines Tages auch im Nösnerland, im Kokelgebiet im Bereich der Stühle Mediasch und Schelk und im Burzenland.
Mit dem „Andreanum" ist der rund 30 000 qkm große Königsboden ausschließliches Eigentum der Deutschen, die Ansiedlung anderer Nationen verboten. Einzigartig in Europa bleibt die Hörigkeit der Bauern ausgebürgert, auf Sachsenboden darf ein Adeliger nur seßhaft werden, wenn er auf jedes Vorrecht verzichtet. Die bodenständige Aristokratie ersetzt ein Ortsadel aus Erbrichtern oder Vorstehern, die sogenannten „Gräfen" oder „comes". Allerdings vertreten auch sie die Siedler nur so lange, wie das „Eins sei das Volk" garantiert bleibt. Im Nösnerland ist der gewählte Ortsvorstand bis in unsere Zeit „der ehrbare Mann Gräf" geblieben.
Die Gemeinden haben das Privileg, ihre eigenen Richter, Pfarrer und Beamten zu wählen, für die das überlieferte Gewohnheitsrecht der Siedler gilt. Die Kaufleute dürfen „überall in unserem Königreich frei und ohne Abgaben hin- und herreisen, wobei sie ihr Recht mit der Berufung auf die Königliche Hoheit wirksam geltend machen sollen". Siebenbürgens Sachsen sind damit frei, unabhängig von den Adelsgeschlechtern des Landes und auf ihrem Grund und Boden nur König und Sachsengraf unterstellt, was Friedrich Wilhelm Seraphin einmal reimen läßt: *„Ich bin ein Sachs! Ich sag's mit Stolz, / Vom alten deutschen Sachsenstamm! / Wo gibt's ein adliger Geschlecht, / Da keiner Herr und keiner Knecht? / Nein, Männer, bieder, deutsch und frei! / Mein Sachsenvolk, dir bleib ich treu!"* Was wiederum nicht heißen konnte, daß alle Sachsen gleich waren oder blieben: Eines Tages würde jeder vierte von ihnen keinen Platz mehr auf Königsboden finden und als Höriger, in seltenen Fällen gar Leibeigener auf Adels- oder Komitatsboden leben.
Ein knappes Jahrhundert nach der Einwanderung der Sachsenpioniere kommt es im Zuge einer Verlegung der Grenzverhaue zur Einladung an

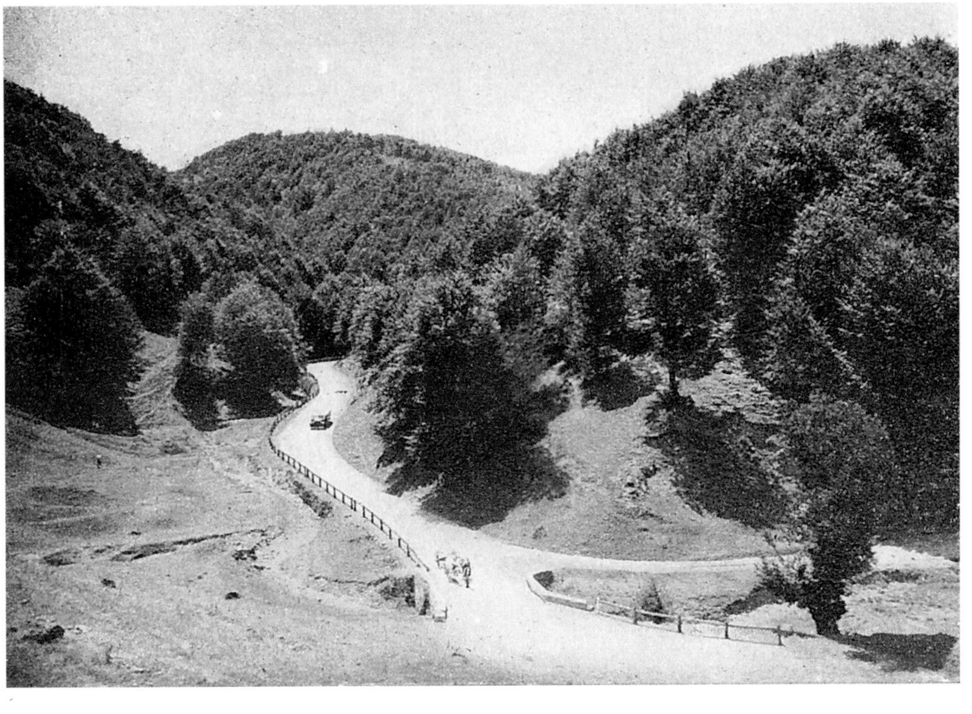

Die Königspaßstraße von Großwardein nach Klausenburg. Siebenbürgens wichtige Verkehrsader folgt dem Flußlauf der Schnellen Körös.

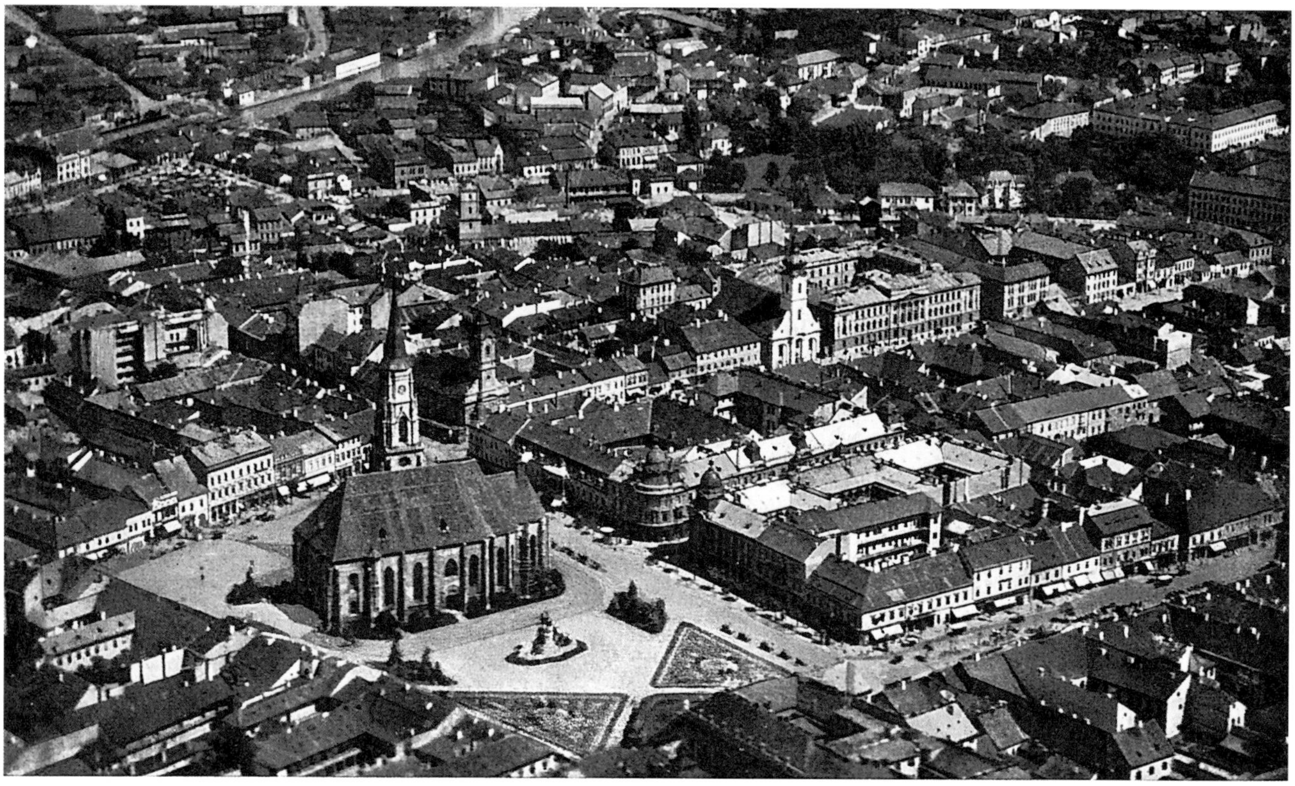

Blick auf Klausenburg, im Zentrum die römisch-katholische St.-Michaels-Kirche. Von deutschen Einwanderern gegründet, erhält Klausenburg 1316 Stadtrechte.

den Deutschen Orden. An arbeitslose Ritter und Reisige, die unter Kaiser Rotbart lobesam während des generell unergiebigen 3. Kreuzzugs versucht hatten, dem ungläubigen Saladin die heiligen Stätten zu entreißen. Andreas II. belehnt den priestlich-ritterlichen Familienverband mit einem verödeten, weitgehend unbewohnten Hochland östlich des Königsbodens, der „terra Barczensis“ (oder Burzenland).

Die Ordensritter in der Rechenschaft der Mönche übernehmen den Grenzschutz gegenüber wenig seßhaften heidnischen Ostvölkern, brennen dabei darauf, mit Schwert, Kreuz und Maurerkelle „Christen zu machen“. Das Haupthaus legen sie am Flußlauf des Alt an und nennen es nach ihrer Schutzpatronin „Castrum Mariae“ (Marienburg). Mit den Rittern kommen von Lokatoren geführte „hospites“ aus dem Reich und Umsiedler aus Siedlungen Siebenbürgens. Dörfer werden planmäßig gebaut. Die Deutschherren fahren dazu auf einen möglichst flachen, von einem Bach durchflossenen Anger, stellen ihre Wagen zu einer runden Burg zusammen und bauen diese aus. Wall und Graben ersetzen die Wagen, in ihrem Mittelpunkt wächst die ummauerte Kirche. Vor der Umwallung entsteht der Markt, werden Straßen in den vier Himmelsrichtungen abgesteckt.

Die Ritter erweisen sich als kampfstarke, kluge Kolonisatoren. Sie überqueren den Grenzkamm der südlichen und östlichen Karpaten, gründen Langenau (Câmpulung) am Südende des Törzburger Passes und die Deutschenburg in der Moldau. Doch die staatsrechtliche Grundlage für ihr Gebiet ist ungesichert geblieben. Im Versuch, einen unabhängigen Ordensstaat zu errichten, sich anstelle der Stephanskrone alleine dem Papst zu unterstellen, will Ungarns Andreas dann auch so etwas wie Hochverrat erkennen. Der Vater der hl. Elisabeth widerruft die Landgabe und vertreibt die Ritter mit Waffengewalt. Auf ein neues Betätigungsfeld ange-

wiesen, legen sie im Kampf gegen heidnische Pruzzen über der Weichsel das Fundament zum preußisch-deutschen Staat.
Die Kolonisten, obwohl Untertanen des Ordens, bleiben als Königsfreie im Burzenland. Sie bauen dort, wo die Karpaten ein wenig zurücktreten, um dem Rest der Burzenländer Ebene Raum zu geben, einen Markt. Die schnell wachsende Siedlung drängt in die Berge, die sie von drei Seiten umgeben. Über ihrem Kern erhebt sich eine fast senkrecht stehende Bergwand, die sogenannte Zinne, mit den Resten einer alten Fliehburg. Die Deutschen nennen den Ort Corona (Kronstadt) ... vielleicht symbolisch dafür, daß sie der ungarischen Krone nach dem Abzug der Ritter die Treue gehalten haben, vielleicht auch nur, weil einem vom Butschetsch her flüchtenden König hier einmal die Krone vom gefürsteten Haupt gefallen war, wie es die Sage erzählt. Ab 1335 mit Stadtprivilegien wird Kronstadt nach einem Wettbewerb mit der Gemeinde Zeiden Vorort des Burzenlands.
Die Stadt unter der Zinne entwickelt sich dank der verkehrsgünstigen Lage an den Karpatenpässen zu einem der wichtigsten Stapelplätze Südosteuropas. Zusammen mit Hermannstadt Mittler zwischen Vorderasien und dem süddeutschen Raum steht sie als Handelszentrum den viel bekannteren Schwestern im Reich kaum nach. Es sind uralte Eigenschaften wie der Wagemut ihrer Unternehmer und der Fleiß der Bürger, die Kronstadt immer wieder aufrichten und in wesentlichen Zügen weiter-, immer weiterleben lassen. Sachsens zweite Metropole, die aufgrund ihrer Lage in vielen guten Büchern beschriebene „Perle“ unter den siebenbürgisch-sächsischen Städten, bereits hier als kommende Industriestadt im geographischen Zentrum Rumäniens zu nennen, mag nicht nur den Naturfreund schrecken.

Die Vormauer der Christenheit

Mitte des 13. Jh. brandet der verheerende Mongolensturm gegen das durch Kaiser und Papst entzweite Abendland. Etwa zur gleichen Zeit, als die Schlesier auf der Wallstadt bei Liegnitz die Waffen strecken, sind auch die sächsischen Siedlungen gegen die aus dem Osten vorstoßenden Reiterhorden unter Batu-Khan ohne jede Chance. Besonders schwer leidet das Burzenland. Honigberg, Heldsdorf, Weidenbach, Wolkendorf, Petersberg, Brenndorf aber auch Kron-

Reiterstandbild des hl. Georg (1373), ein Werk der Klausenburger Bildhauer Georg und Martin. Das berühmte Prager Georgdenkmal steht als Kopie vor Klausenburgs Reformierter Kirche.

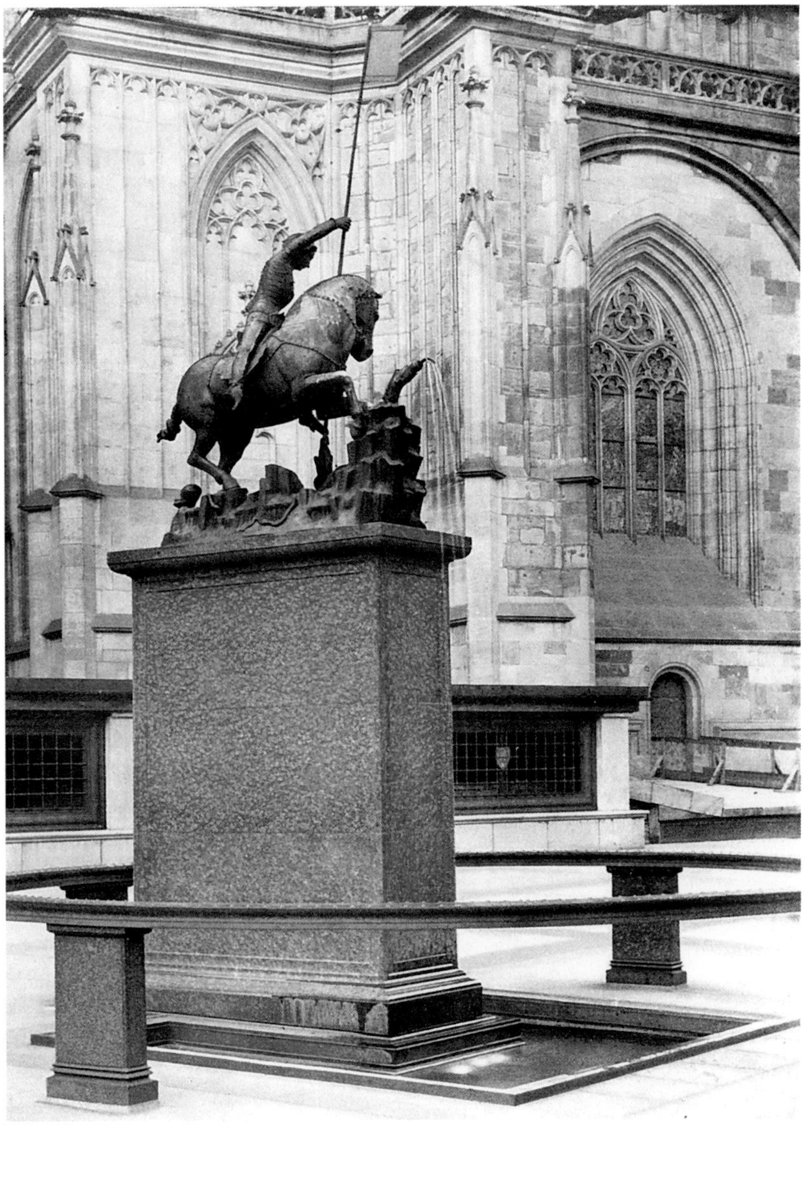

stadt werden zerstört. Wer nicht in die Wälder oder in die Burg auf der Zinne flüchten kann wird erschlagen oder verschleppt.

Bis hierher war mitgebrachtes Know how und Erbgut den kolonisierenden Deutschen durchaus von Vorteil gewesen. Als Asien nach Europa kommt, sollte sich selbst Brauchtum hin und wieder als Schuß in die falsche Richtung erweisen. Besonders die Sachsen von Rodna, die sich gut bewaffnet den Mongolen entgegenwerfen, können in Zukunft ihr Lied davon singen. Nachdem sich der Feind zurückgezogen hat, feiern die Rodnaer wie Deutsche in euphorischer Siegesstimmung eben gerne feiern: Sie betrinken sich. Nun aber greifen die Mongolen erst richtig an. Stimmt die Geschichte, haben Nacherzähler nichts hinzugefügt, dann werden am Ende des Kampfgetümmels hauptsächlich Alkoholleichen gezählt. Daneben erzählt der Volksmund, daß sich mehrere hundert ausgenüchterte Rodnaer – frei nach dem sächsischen Sprichwort *„Ehren kostet Geld, Schande erhält man umsonst“* – jetzt dem feindlichen Heerbann anschließen mußten.

Klausenburg: Die gotische St.-Michaels-Kirche auf dem Hauptmarkt. Im 14. Jh. begonnen, vor der Rekatholisierung von Lutherischen und Unitariern genutzt, ist St. Michael Krönungsstätte siebenbürgischer Fürsten.

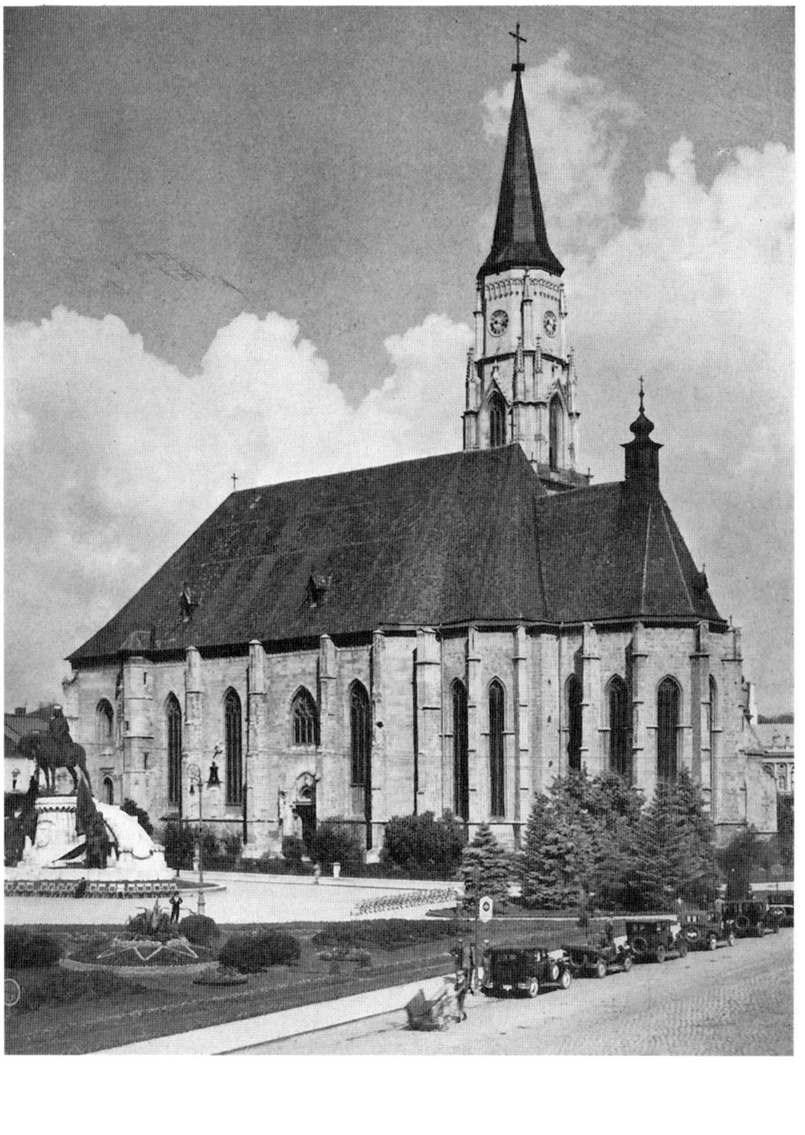

Gegen Ende des 13. Jh. dehnt sich die sächsische Siedlung auf das Gebiet der Großen Kokel aus. Die Umgebung von Schäßburg wird kolonisiert, die Stühle Mediasch und Schelk werden erwähnt. In Siebenbürgen gibt es jetzt rund 200 deutsche Ortschaften, parallel dazu wohl ebensoviele Bauernburgen, Wehrkirchen und Befestigungsanlagen. 1291 treten die Sachsen – eine Stammesbezeichnung, die sich noch im Mittelalter durchsetzt – bereits als Einheit im Landtag auf. Ein paar Jahre später haben sie mit Otto von Bayern, einem Wittelsbacher auf dem ungarischen Thron, erstmals einen „tiutschen Kunic“. Doch erst unter Karl I. Robert und Ludwig dem Großen, den ungarischen Herrschern aus dem französisch-italienischen Haus Anjou-Neapel, erlebt die Volksgruppe ihre „goldene Zeit“.

Die deutsche Kolonisation Siebenbürgens ist weitgehend abgeschlossen, das Hauptsiedlungsgebiet militärisch-strategisch gefestigt, der Handel floriert. Bauer und Städter sind zum „totalen Volk“ zusammengewachsen, zum Stamm, der sich auf sich selbst verlassen kann. Die größte Verwaltungseinheit auf Sachsenboden bildet die neben der Hauptstadt in „septem sedes“, 7 (Gerichts-) Stühle unterteilte Hermannstädter Provinz mit den Gemeinden Schenk, Schäßburg, Reußmarkt, Reps, Mühlbach, Leschkirch und Broos. Jedem Stuhl steht ein vom König ernannter Richter vor, höchste Autorität kommt dem Hermannstädter Sachsengraf zu.

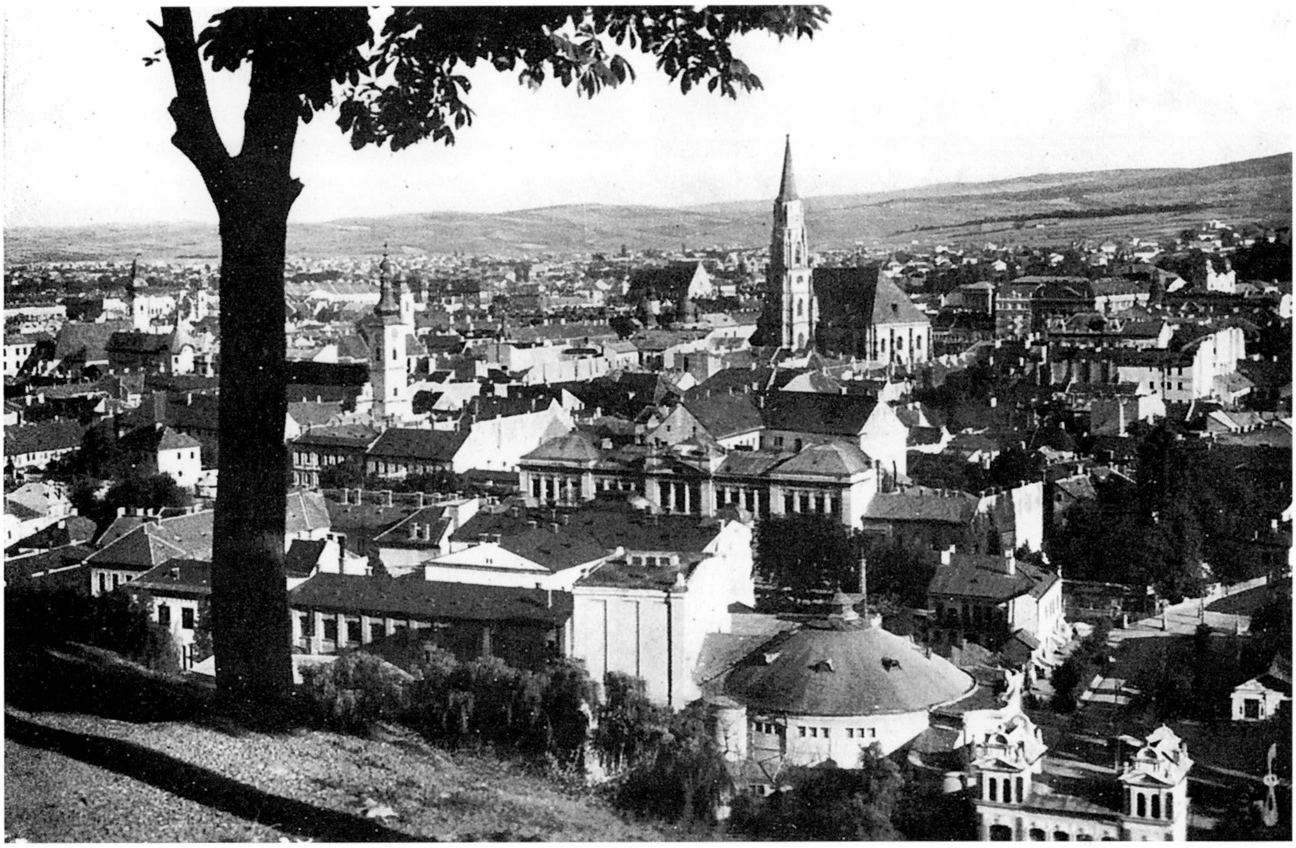

Klausenburg, von 1790 bis 1867 Hauptstadt des Großfürstentums Siebenbürgen. Außerhalb des Königsbodens gelegen, wird die zweitgrößte Stadt Siebenbürgens zum kulturellen und politischen Zentrum der Madjaren und Rumänen.

Das sakrale Bauwesen hat einen Aufschwung genommen, frommer Baueifer zeichnet besonders den Orden der Dominikaner aus. Die Spätgotik dringt in den Tälern Siebenbürgens vor und kann sich rund 2 Jahrhunderte lang behaupten. Die Hermannstädter, Bistritzer und Klausenburger arbeiten an gewaltigen Gotteshäusern, deren Steinmetzkunst bis heute fasziniert. In Kronstadt wird an der Stelle eines Zisterzienserklosters mit der Anlage von Sankt Marien begonnen, dem größten Bauwerk, das Sachsenhände je schaffen sollten, auch wenn es in Hermannstadt oder Bistritz höhere Kirchtürme gibt.

Doch wer sein Haus in wachsender Rodung baut, kann nicht auf bleibenden Segen hoffen. 1395 fallen die osmanischen Türken zum erstenmal im Burzenland ein, Auftakt zu einer rund 300 Jahre dauernden blutigen Fehde zwischen Christentum und Islam. Alleine im 15. Jh. ziehen „Renner und Brenner" der türkischen Horden 15mal durch das Land. Die Sachsensöhne, die ihre Ritter an Mosel und Rhein zurückgelassen haben, verteidigen sich mit wechselndem Erfolg, die Korbflechter neben den Zimmerleuten, der Bäcker neben dem Wortknecht, was den Mühlbacher Georg Friedrich Marienburg im „Sachsenadel" strophenselig loben läßt: *„Ja, Feinde rings! – Doch unverzagt / sieht man die deutschen Gäste; / die Freiheit hält bei ihnen Wacht, / und Mut heißt ihre Feste. / Nicht ließen sie am Rhein das Schwert, / des freien Mannes Wehre; / treu schirmt es nun den neuen Herd, / der neuen Heimat Ehre! / Wer Axt und Hammer schwingen kann, / schwingt auch das Schwert als Krieger / der Bürger wird zum Rittersmann, / zum Rittersmann der Pflüger ..."*

Ungarns König Sigismund schließt in Kronstadt mit dem Woiwoden der

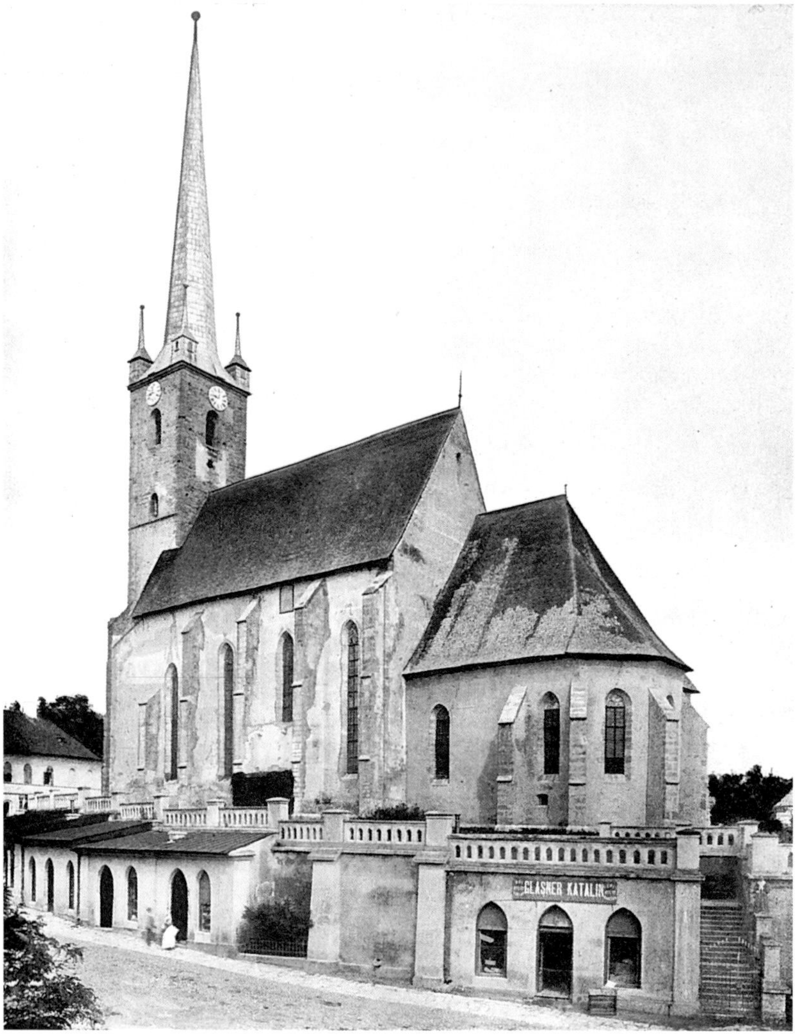

Die Reformierte Kirche von Deesch, im 15. Jh. als gotische Saalkirche erbaut. Am Zusammenfluß des Großen und Kleinen Samosch verdankt Deesch die frühe Bedeutung dem Salzbergbau. Bereits um 1240 sind hier deutsche Salzhauer nachgewiesen.

Walachei ein Bündnis gegen die Türken. Dem europäischen Kreuzheer bringt Sultan Bajesid bei Nikopolis trotzdem eine vernichtende Niederlage bei: *„Als der chönig sach, das sein panir unter was gangen und das er nymmer mocht pleyben, do gob er die flucht."* Den patriotischen Kronstädtern bestätigt Sigismund allerdings im Nachhinein, daß sie „vom hohen Geist der Ahnen getrieben in den schweren Nöten des Reichs Gut und Blut, Leib und Leben nie gescheut" hätten, so daß an ihrer Treue kein Makel hafte. Das Lob müssen sie sich verdient haben.

Trotz verzweifelter Gegenwehr, dem Beistand europäischer Kreuzherren und der Fürstentümer Walachei und Moldau, werden jetzt „viele ältere Christen zerhaut", Dörfer und Wehrburgen zerstört. Die Türken, die Kronstadt 1421 stürmen, verschleppen die „Giauren", die ihnen die Hände fallen. Darunter der Stadtrichter Weyrauch und alle Stadträte, die als Handelsware auf einem türkischen Sklavenmarkt landen, danach für immer verschollen bleiben. Nach jeder Verheerung erfolgt der fieberhafte Neubeginn. 1427 überwacht Sigismund persönlich den Ausbau der Wehranlagen, ein halbes Jahr lang regiert er das Reich von Kronstadt aus. In der Wehrordnung der Stadt ist in Zukunft für den immer wieder einmal eintretenden Notfall zwingend vorgeschrieben: *„Jeder Turm in der Ringmauer muß mit wenigstens 6 streitbaren Männern mit gutem Gewehr und anderen Rüstungen besetzt sein. Die Zwischenräume und Mauern sollen mit genügend und stark bewaffneten Männern mit gutem Gewehr zum Schutz des Vaterlandes besetzt sein, über die andere Wehr soll jeder eine große Axt bereit haben."*

1438, als Sultan Murad II. nach Siebenbürgen vorstößt und Mühlbach stürmt, notiert ein Student, der im Volksmund auch als „Mühlbächer Namenlos" fortlebt: „Alles, das ihm entgegenkam, zerfleischet er greulich und legt es gewaltig zu Erden, in dem ihm niemand kein Widerstand tät". Als 18jähriger in Ketten in die Türkei verschleppt, arbeitet Namenlos 20 Jahre als Sklave. Dabei muß er sich so gelehrig erwiesen haben, daß ihm sein Herr erlaubt, das Land für weitere Studien zu verlassen. Namenlos kommt nach Rom, wird Dominikanermönch und schreibt als Klosterbruder Georg mit der „Abhandlung über die Sitten, Lebensbedingungen und Nichtswürdigkeiten der Türken" die erste abendländische Geschichte des osmanischen Reichs, ein Standardwerk für kommende Zeiten.

Nachdem ein bewährter siebenbürgischer Kriegsmann die „Heiden" an der Einnahme der festen Stadt Belgrad gehindert hat, geht vom Papst die Weisung an die Christenheit aus, in Erinnerung an den Sieg zukünftig jeweils zur Mittagszeit die Kirchenglocken zu läuten, was bis in unsere Zeit befolgt wird. Den Türkenbezwinger Johannes Corvinus Hunyadi sollten die Ungarn zukünftig als János, die Rumänen als Iancu de Hunedoara für sich reklamieren. Um allen 3 Nationen Siebenbürgens gerecht zu werden, sieht die Volkssage in dem überragenden Feldherrntalent auch einen unehelichen Sohn Sigismunds, des letzten Luxemburgers, der die Kaiserkrone des Heiligen Römischen Reichs Deutscher Nation als höchste Würde der Christenheit tragen sollte, und einer Elisabeth Morzsinai.

Die Türkenstürme zwingen die Sachsenstädte zur Verstärkung ihrer Mauergürtel und Basteien. Die Dörfler bauen ihre Kirchen zu Kastellen und Fliehburgen für Mensch und Vieh um, legen Korn- und Speckkammern für die Vorratshaltung in Krieg und Frieden an: *„Da stiegen stolze Burgen auf / im Tal und auf den Höhen; / die haben in der Zeiten Lauf / manch harten Strauß gesehen."*

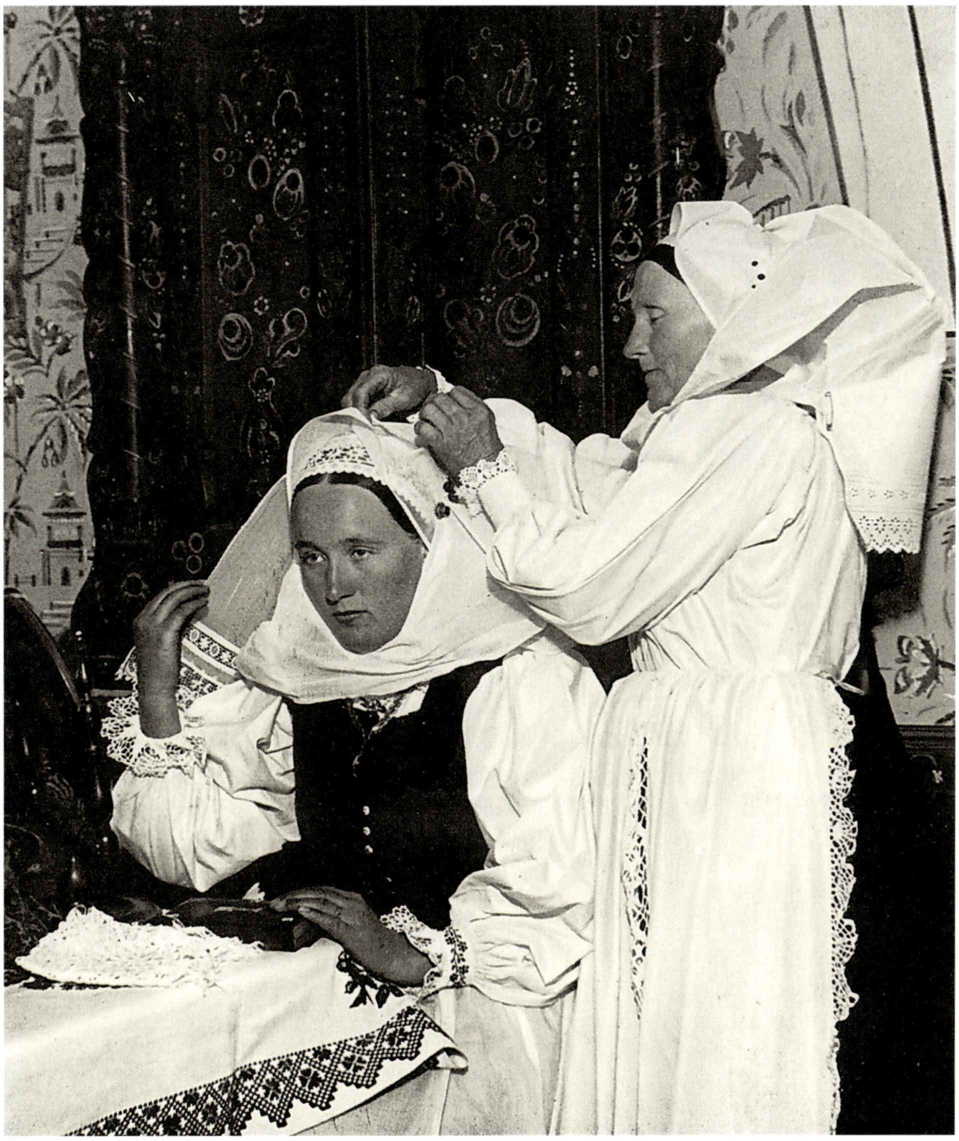

Bäuerinnen aus Treppen beim Anlegen des Festtagschleiers. Die Kunst, mit der sich die Sächsinnen gegenseitig den Kopfputz herrichten, wird im Treppener Raum »Schleggern« oder »Buckeln« genannt.

Treppen im Nösnerland: Auf dem Weg zur Feldarbeit. Der wichtigste Erwerbszweig der Sachsen ist die Agrarwirtschaft. Rund 80 Prozent der Bevölkerung gehören dem Bauernstand an.

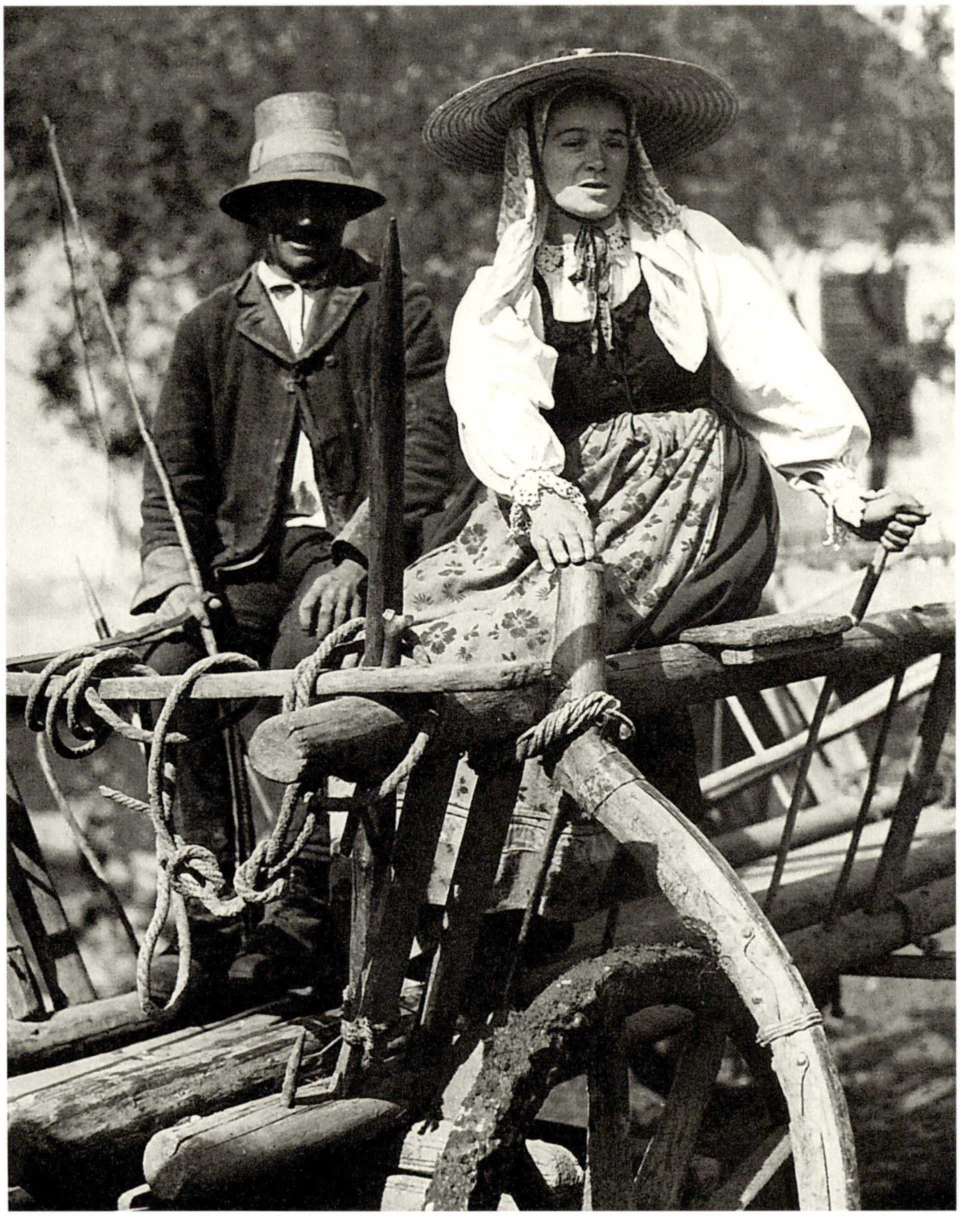

Noch aus der Urheimat an Rhein und Mosel stammt der Brauch, Kirche und Friedhof in der Dorfmitte als natürlichen Zufluchtsort und Träger des Heimatgefühls zu nutzen. Im Siebenbürgischen wird die Wehrkirche durch die Ringmauer zur Kirchenburg. Es ist der einfache Bauer, der den Kirchturm zum „Luginsland" hochzieht, Wassergräben aushebt, Wehrgänge aufzimmert und mit Schießscharten und Pechnasen versieht. Im 16. Jh. überzieht Siebenbürgen Europas engmaschigstes Burgennetz, nur Südtirol ausgenommen. Nicht alle Anlagen sind Kirchenburgen, doch das friedliche Gotteshaus als wehrhafte Festung, im Frieden zur Ehre Gottes, im Krieg zum Schutz der Bauern, symbolisiert den Wehrwillen der deutschen Siebenbürger am besten. Hans Wühr, dem Kunsthistoriker aus Sächsisch-Regen, fallen dazu die Worte ein: *„Die siebenbürgischen Kirchenburgen sind die östlichen Wehrbauten Europas, ergreifende Symbole einer gemeinsamen Gesittung, geprägt als Maß und Ebenmaß,*

als Gesetz, Ordnung, Persönlichkeit und Kosmos, Ehrfurcht und Zucht. Gegen all dies brandet der Osten mit seinen Widersprüchen: Maßlosigkeit, Zuchtlosigkeit, Willkür, Tyrannei und Sklaverei. Der deutsche Siedler stand immer an der Grenze und Wende jener Welten. Die geschichtlichen Begebenheiten, die in 800 Jahren um die Burgen herum geschahen, sind von derselben Gleichniskraft wie eine bewehrte Kirche. Ihr einfaches kubisches Gefüge im Aufbau, ihre Wehrhaftigkeit nach außen, ihr göttlicher Bezug im Innern, alles macht auf seine besondere Weise erkennbar, wie die Geschichte zugleich mit ihrem metaphysischen Auftrag auch der Erde verhaftet ist, auf der sie geschieht."

Zusätzlich bauen die Sachsen hin und wieder auch auf recht sonderbare Kreuz- und Querverbindungen. Darunter jene Koalition mit einem nur scheinbar legendären Grafen Dracula, den der Volksglaube mit behaglichem Gruseln als den berühmtesten aller Vampire bis heute weiterreicht. Pech

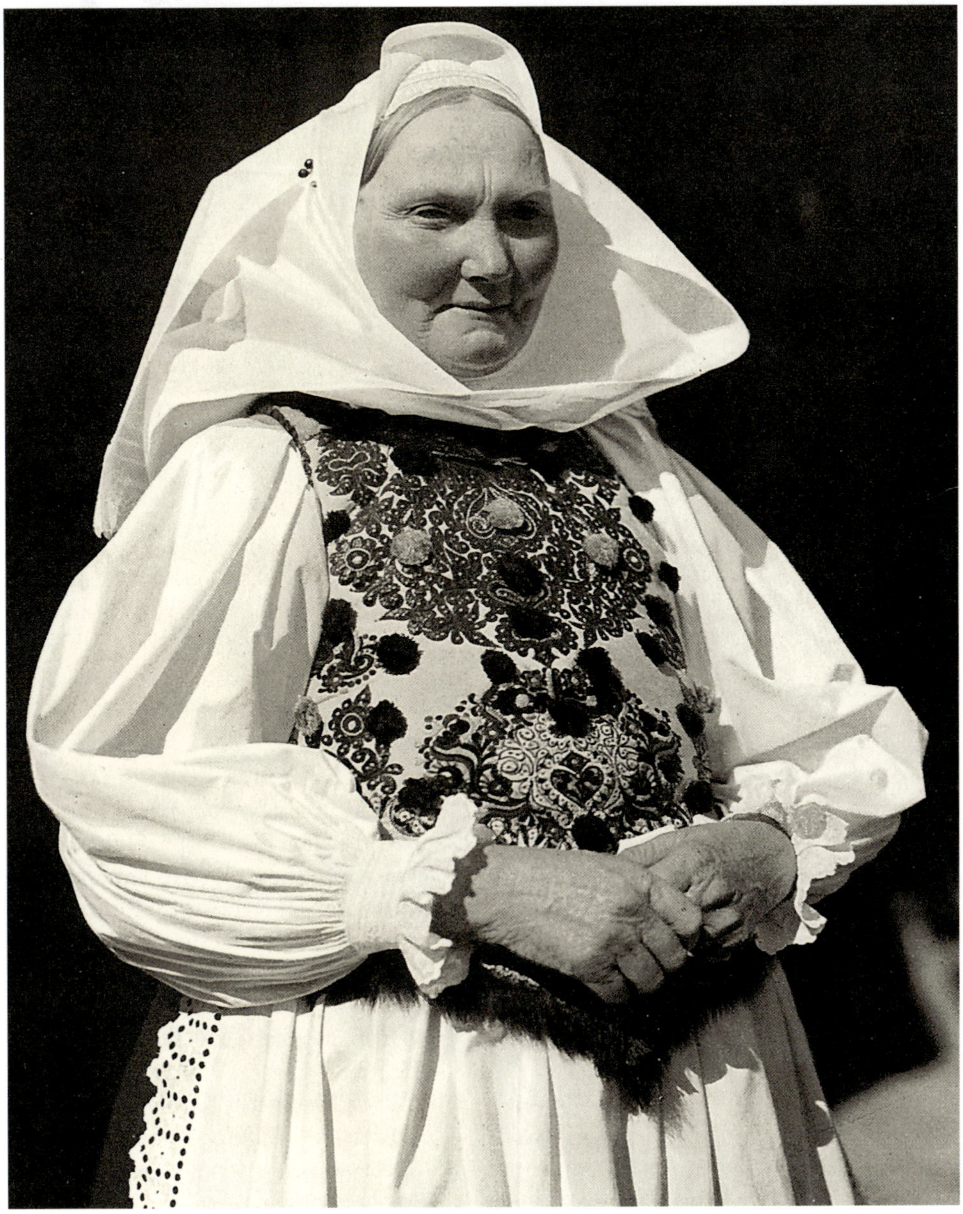

Geschleggerte Bäuerin in Treppen. Typisch für die Tracht Nordsiebenbürgens ist der reich bestickte Brustlatz, einzigartig dagegen wie die Frauen von Treppen das aufgebauschte Kopftuch tragen.

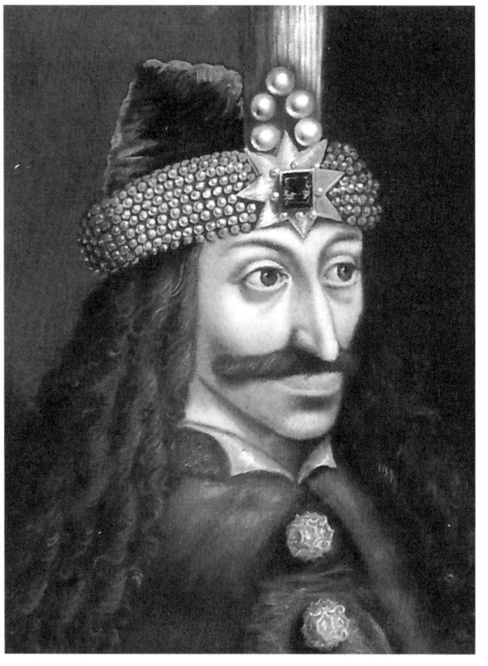

Vlad der Pfähler, auch als Draculea bekannt. Obwohl besser als sein Ruf, dient der Fürst der Walachei der Nachwelt als Vorbild des blutrünstigen Grafen Dracula.

für die Siebenbürger, daß ein Fürst der Walachei, den Zeitgenossen Vlad den Pfähler, der sich selbst jedoch Draculea nennt, historisch belegt ist. Und „Dracu" heißt nun einmal soviel wie Teufel.
Kaum der Rede wert, daß Vlad wie zu seiner Zeit durchaus üblich Verbrecher pfählen ließ. Unfair allerdings, daß er die Praxis auch an Gegnern ausübte, die ihm lebend in die Hände fielen, Sachsen eingeschlossen. Dabei verbanden Draculea und die Siebenbürger eine Reihe wichtiger Bündnisse, die sich gegen den gemeinsamen Feind, die Türken richteten. Den Unmut des Pfählers – im Prinzip viel besser als sein Ruf – zogen sich die Sachsen erst zu, als sie Sympathien gegenüber einem von Vlads höchst persönlichen Gegnern zeigten. Der Strafexpedition fielen sächsische Siedlungen zum Opfer, aus Siebenbürgen sollten eines Tages jene Drucke kommen, die den Fürsten bei seiner blutigen Arbeit mit dem zugespitzten Pfahl zeigten. Die Nachwelt mochte Einzelschicksale längst vergessen haben ... genaugenommen sind es jedoch gepfählte Sachsen, die Draculea unsterblich machten.

Eine Hansa im Kleinen

In der Koordination des Abwehrkampfs gegen die Türken formen die 3 privilegierten, weitgehend autonomen Nationen Siebenbürgens eine „brüderliche Union". In ihr sind die deutschen Sachsen, ein Verband freier Siedler, als gleichberechtigter Landstand neben dem Adel und den freien ungarischen Szeklern vertreten.
Das Privileg von König Matthias Corvinus, womit die Deutschen den Hermannstädter Königsrichter in Zukunft selbst wählen können, führt zu einem im Mittelalter seltenen Beispiel demokratischer Volksvertretung. Dem Königsrichter, der zugleich „Comes saxonum" (Sachsengraf) ist, obliegt die oberste Rechtssprechung, er führt den sächsischen Heerbann. Matthias erkennt die aus der Gauversammlung gewachsene „Universitas saxonum" (die sächsische Nationsuniversität) an, die höchste politische, administrative, gerichtliche und eines Tages auch geistliche Institution der Sachsen auf Königsboden. In ihr wachsen die Hermannstädter Provinz, die Stühle der Mediascher Siedlung, die Stühle des Nösnerlands, die nördliche Gruppe um Bistritz, das Burzenland und die Landschaft um Kronstadt zusammen. Für den Weißkircher Karl Kurt Klein ist die Nationsuniversität dann „die stärkste politische Leistung der Sachsen", da sie sich aus Ansiedlerhaufen verschiedener Herkunft, verschiedenen Rechts und verschiedener Sprechweise zu einem geschlossenen deutschen Volksstamm einheitlicher Prägung entwickeln konnte. Der Göttinger Historiker Schlözer vergleicht die Einrichtung mit einer „Hansa im Kleinen", da sie das Ziel „viele und glückliche Menschen zu erschaffen" in hohem Grad erreicht habe.

Naturgemäß waren nie alle Sachsen für dieses Glück geschaffen. Galten die Sitten doch als streng, die Strafen der Zeit entsprechend als recht drakonisch. Auch in Siebenbürgen wurde bis zum Jahr 1778 mit Hilfe der Folter „Recht" gesprochen, woran etwa in Hermannstadt bis heute Martergärtchen und Stinkende Kammer erinnern. Huren wurden ertränkt, Diebe gehenkt, Ehebrecher enthauptet, Blutschänder lebendig begraben, Brandstifter verbrannt und Gotteslästerer gesteinigt. Wer seinen Acker nicht richtig düngte, konnte mit 20 Prügel bestraft werden, wer sein Haus nicht instand hielt, konnte es verlieren, notorischen Trinkern drohte das entehrende Eselsbegräbnis vor der Stadtmauer. Zu den überlieferten Denkwürdigkeiten dieser Art gehört daneben, daß die Sachsen jene Sächsinnen, hinter denen sie Hexen vermuteten, zur Probe „auf das Wasser brachten". Konnten sie im Teich nicht bestehen, wurden sie zuerst geköpft und dann verbrannt ... Hexenprozesse, wie sie in Hermannstadt bis 1715 durchaus üblich, jedoch alles andere als eine sächsische Erfindung waren. Danach brachen humanere Zeiten an, was nicht bedeutete, daß der Sachse seine Angst vor Hexen und -zauber vollständig verloren hätte: Bis in unsere Zeit sagte der Bauer beim Sähen über grober Scholle noch sein „Im Namen Gottes des Vaters" herunter, stellte die Bäuerin *„Palmitzker"* (Palmkätzchen) ans Fenster, um neben Unwetter und Hagelschlag ganz gezielt auch sächsischen „Gemeindehexen" das schlimme Handwerk zu legen.

Dem Sachsenglück stand daneben der abendländische Auftrag entgegen, mit dem das eine oder andere Privileg

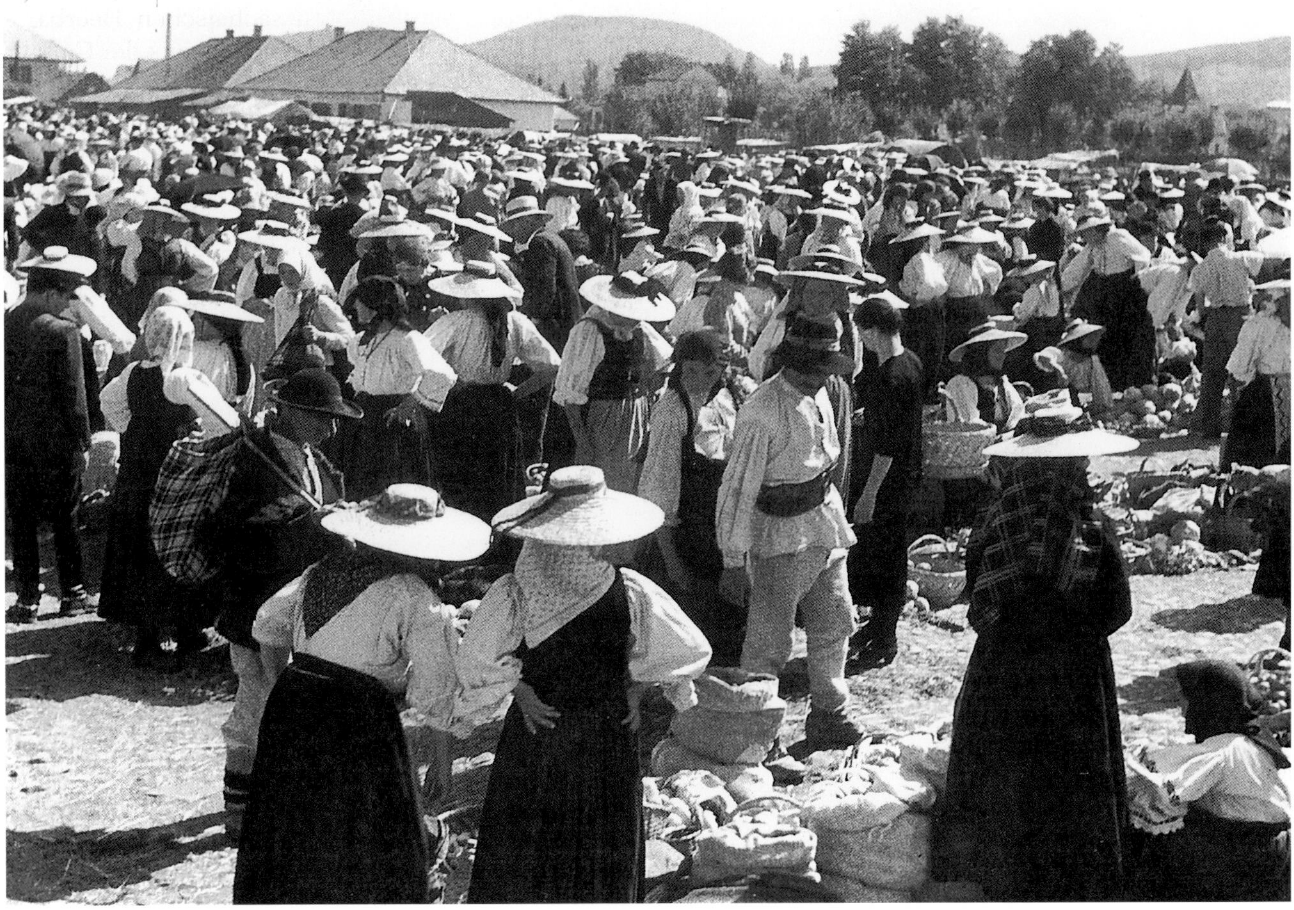

Sächsische Bauern auf dem Wochemarkt in Bistritz. Aus einer Siedlung des 13. Jh. entstanden, ist Bistritz – das alte Nösen – schon im Mittelalter ein wichtiges Handelszentrum.

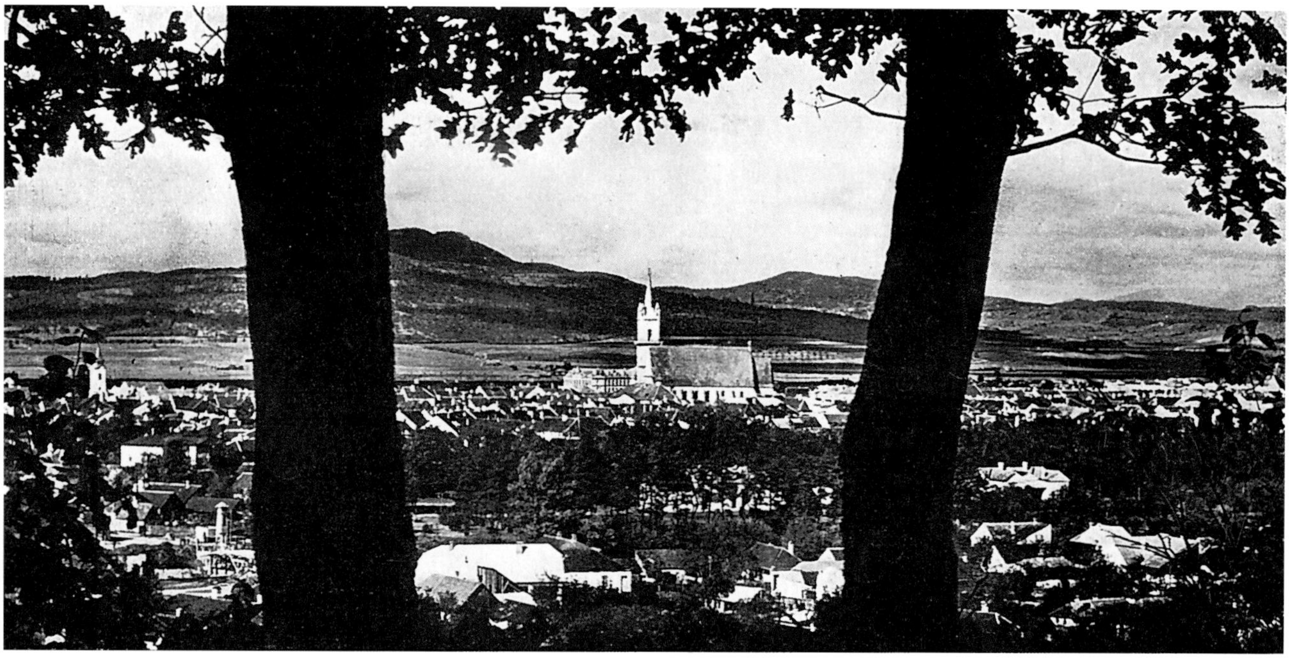

Blick auf Bistritz, den Vorort des Nösnerlands. Durch den 2. Wiener Schiedsspruch, der das Nösnerland 1940 Ungarn zuspricht, wird Siebenbürgen erstmals in seiner Geschichte geteilt. Im August 1944 flieht die deutsche Stadtbevölkerung vor der vorrückenden Front westwärts zur Reichsgrenze.

teuer vergolten werden mußte. Das Vertrauen der Stephanskrone in ihre Gäste trug reiche Dividende: Anno 1479, in der Schlacht auf dem Brodfeld nordöstlich von Broos, besiegten die vereinten Völker Siebenbürgens die mittelalterliche türkische Weltmacht, wobei sich Georg Hecht, der spätere Bürgermeister von Hermannstadt, mit seinen Sachsen auszeichnen konnte. 14 Jahre später wurden die Türken am Nordausgang des Roten-Turm-Passes geschlagen. Wieder hatten deutsche Bauern und Bürger, für die Nachwelt in Traugott Teutschs historischem Roman „Georg Hecht" aufgezeichnet, in der ersten Schlachtordnung gestanden.

Zurück an Rhein oder Mosel ist die Erinnerung an die Ausgezogenen dann längst verblaßt, als die verängstigten Deutschen die Nachricht erreicht, wie sich tief im Südosten Europas unbekannte deutsche Städte und Dörfer gegen die An- und Übergriffe der „Ungläubigen" stemmten. Das Abendland reagiert darauf, wie Christen zu reagieren pflegen: Nach der Schlacht auf dem Brodfeld werden in Köln und Aachen Messen für die rund 30 000 Toten gelesen ...

Im 14. und 15. Jh. haben sich Handwerk und Gewerbe trotz der ständigen Bedrohung von draußen zu blühenden Zünften zusammengeschlossen, die gemeinsame Interessen von Arbeitgebern und -nehmern wahren, die Qualität der Erzeugnisse überwachen und die Ausbildungsfrage regeln. Handel und Unternehmergeist florieren, greifen weit über die Enge der sächsischen Heimat hinaus. Siebenbürgens Erde ist *„reich an Gold und Silber, wie auch Stahl, Eisen, Spießglas, Schwefel, Kupfer und köstlichem Berg-Salz"* (Happelio). Der Wohlstand der Sachsenstädte kann auch daran abgelesen werden, daß sie sich jetzt als die ersten im Land unter dem Karpatenbogen „Donner- und Handbüchsen" leisten können.

Es ist die Stadt, die die kulturelle Höhe deutschen Lebens aufrecht hält, dem Umland Impulse geistiger und moralischer Art gibt. Es ist ihr Kapital, das Schulen unterhält, die das Volkstum stützen und zur Entwicklung eigenständiger, in Siebenbürgen gewachsener Kulturgüter beitragen. Hier sammeln sich die Sachsen nach besonders schweren Kämpfen. Von hier ziehen ihre Kaufleute, Handwer-

ker und Studenten nach Westen, um die Verbindung zum „Mutterland" nie abreißen zu lassen.
Um die Stadt liegt ein Kranz geschlossener Siedlungen. Das typische Sachsendorf wird nicht selten von einer einzigen Gasse gebildet, die bogenförmig den Dorfanger und die öffentlichen Gebäude umgeht. Am Straßenrand steht das Bauernhaus, das den fränkischen Einfluß erkennen läßt. Die schmale Schau- und Giebelseite ist der Gasse, die Längsseite mit Haustür und Laube dem Hof zugewendet (nur bei den reichsten Dorfbewohnern ist es gerade umgekehrt). Die sächsischen Bauern bauen anders als die Volksgruppen, mit denen sie sich Siebenbürgen teilen. Ihr Haus ist gemauert, der Sockel aus schwerem Bruchstein, der Oberbau aus Backstein und mit Ziegel oder Schindel gedeckt. Ställe und Scheunen haben ihr eigenes Dach. Die Gemeinde ist lange Eigentümer von Grund und Boden, der Gemeinerde, von der der Bauer durch Zuteilung die Hofstelle erhält. Jeder Hauswirt verfügt frei über seinen Hof, dessen *„Frieden"* (Umzäunung) nicht gestört werden

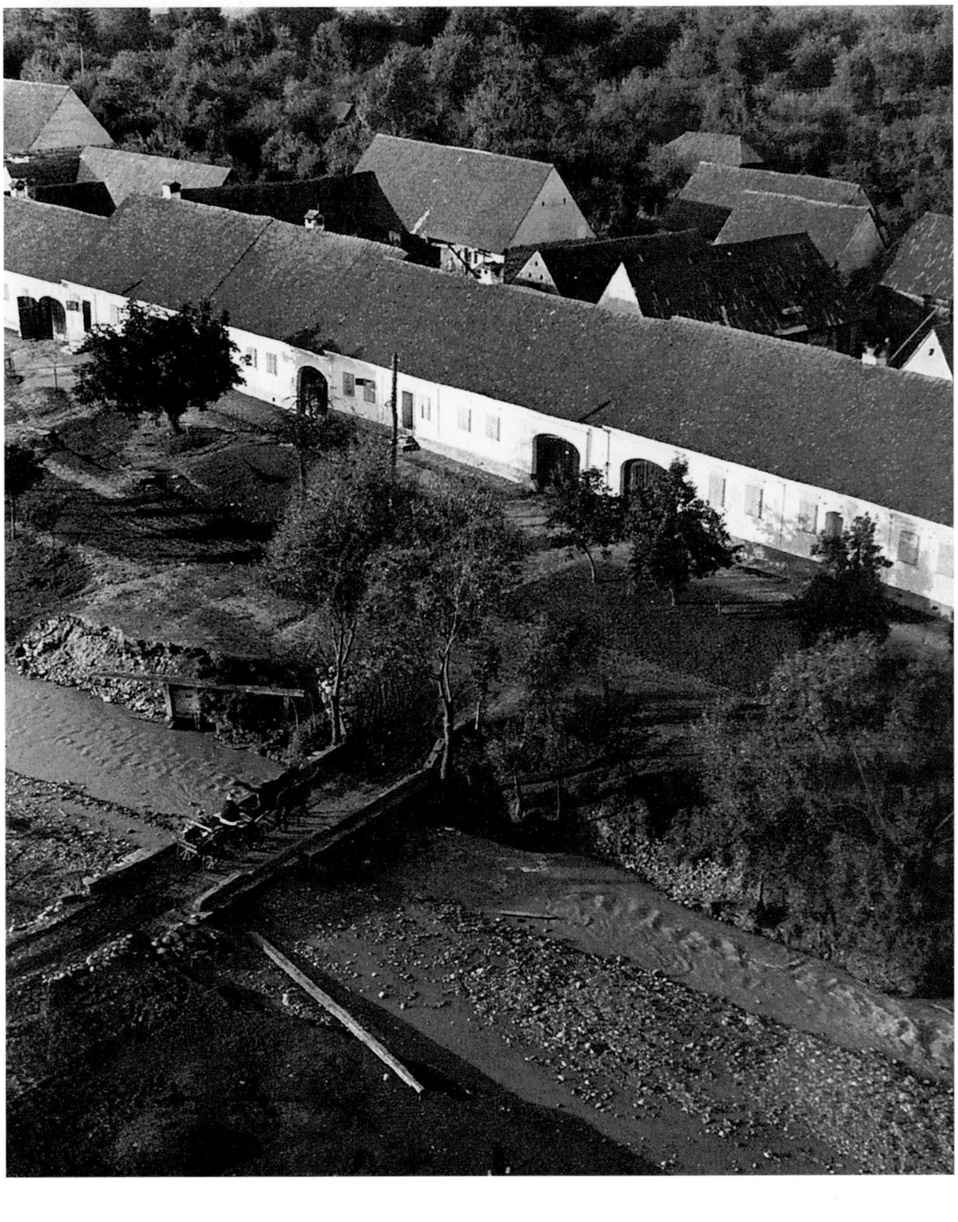

Bauernhöfe in Kleinbistritz. 1332 erstmals genannt, ist Kleinbistritz besonders für seine Gespenstergeschichten bekannt. Untypisch für das Sachsenland hier mit ihrer Breitseite zur Straße.

darf. Die Erinnerung an die Bedeutung des Hofs lebt dann im sächsischen Volksmund fort, wenn sich alles im Dorf auf „dem Hof" abspielt ... wenn der Bauer etwa „auf den Hof" heiratet oder die Bäuerin zum Pfarrhof, nicht zum Pfarrhaus geht.

Das Zeitalter der Reformation

Nach der vernichtenden Niederlage der Ungarn gegen die Türken bei Mohaćs erweist sich der Erb- und Ehevertrag der Jagellonen mit Habsburg schnell als Makulatur. Mit dem Zerfall des mächtigen mittelalterlichen ungarischen Reichs – Ludwig II. kommt auf der Flucht in den Sümpfen des Csepel-Bachs ums Leben – steht die hl. Stephanskrone laut Erbvertrag Erzherzog Ferdinand zu. Für den christlichen Bruderkampf stellt sich ihm jedoch der Woiwode Johann Zapolya als Gegenkönig. Beide lassen sich in Stuhlweißenburg krönen. Während Ungarn und Türken auf Zapolya setzen, unterstützt der Großteil der Sachsen die deutsche Seite der Habsburger. Zumindest so lange, bis eine besonders deutliche Niederlage bei Marienburg durch Zapolyas Parteigänger die politische Landschaft Siebenbürgens verändert. Da weder Ferdinand noch Zapolya siegen oder verlieren können, kommt es zum Frieden von Großwardein. Ferdinand erhält Ober-, Zapolya Ostungarn, eingeschlossen das Fürstentum Siebenbürgen.

Anno 1541 bricht Suleimann II der Prächtige zum 5. Ungarnfeldzug auf, der das Land für 150 Jahre teilen sollte. Während der Westen und Norden habsburgisch bleiben, wird Zentralungarn türkisches Paschalik. Siebenbürgen steht damit unter der Oberhoheit der Hohen Pforte, für das Haus Habsburg Grund genug, um ein Heer Richtung Hermannstadt zu schicken. Dort können die Kriegs-

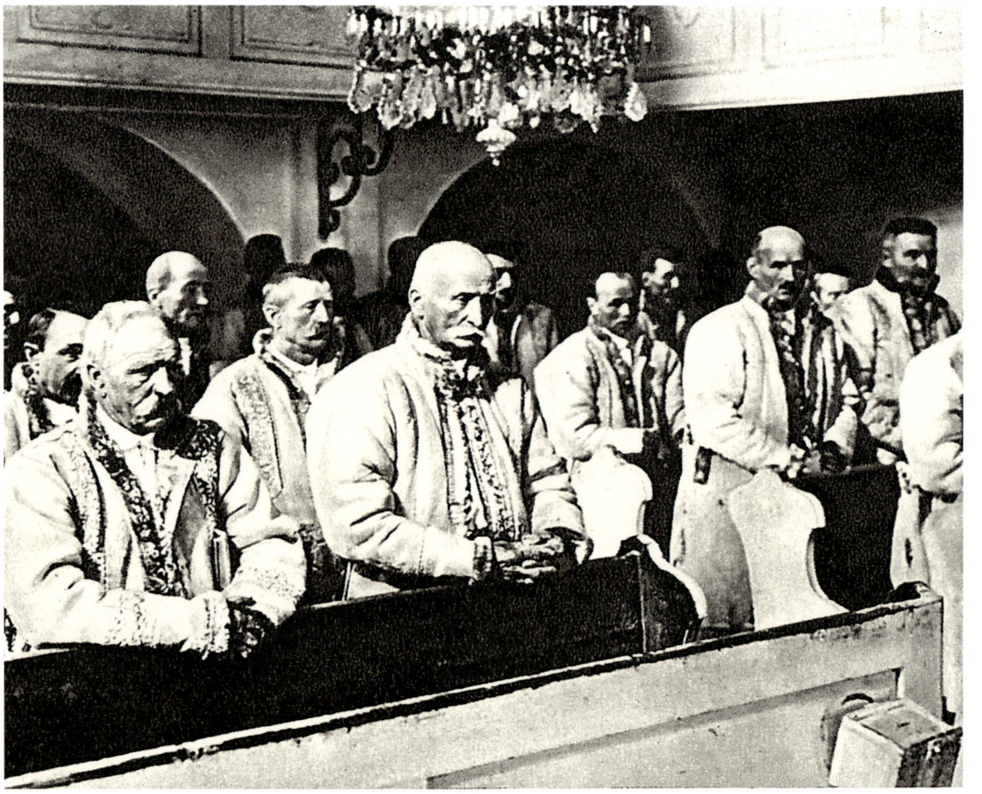

Sachsenbauern in der Kirche von Windau. Bis zum Ersten Weltkrieg gehören in den meisten Dörfern Siebenbürgens Trachtenstücke wie der bäuerliche Kirchenpelz zum Gottesdienst.

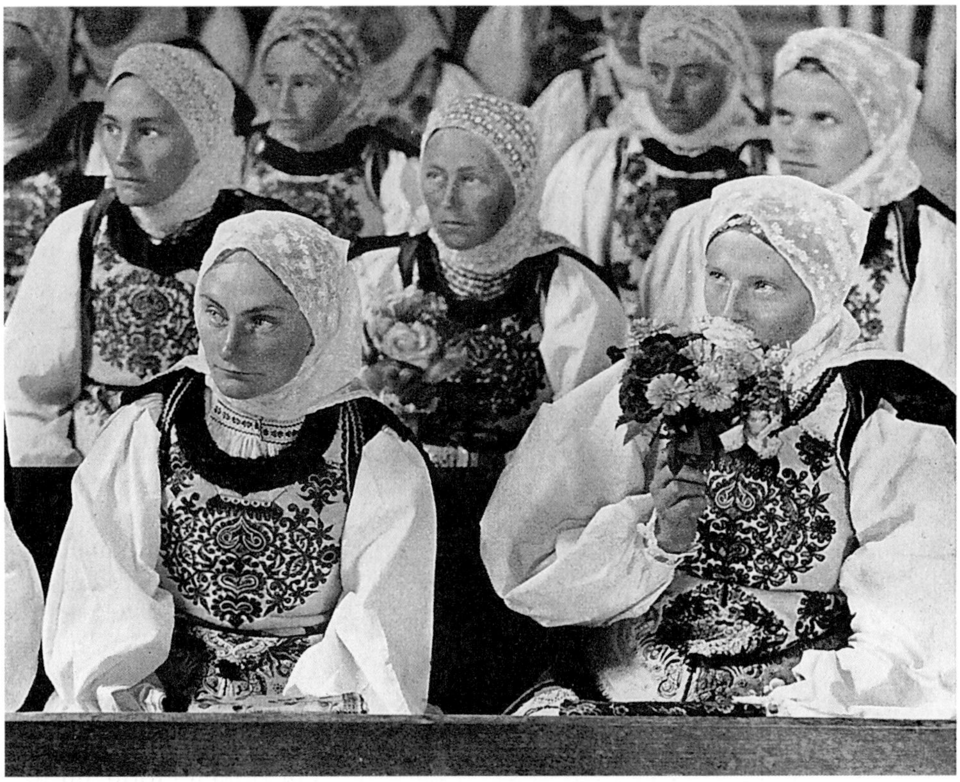

Bäuerinnen aus Windau beim Gottesdienst. Fast jedes sächsische Dorf hat seine eigene Tracht, die sich zumindest in Detaildingen von der des Nachbarn unterscheidet.

leute allerdings kaum wie Befreier vom Joch des türkischen Erbfeinds aufgetreten sein. Im Gegenteil. Vom Kronstädter Chronisten Paul Sutoris ist überliefert, daß sich die Truppe so schlecht benahm, daß *„man darum zum Türken um Hilfe schickte, weil vom römischen Kaiser ... keine Hilfe könnte kommen"*.

Im Zeitalter der Reformation entfalten die Sachsen ein reiches kulturelles Leben. Das Schulwesen, die vom Humanismus neubelebten klassischen Wissenschaften und das kunstvolle Handwerk blühen auf. Am Karpatenwall steht eine der ersten Gutenbergschen Druckpressen, das deutsche Geistesleben erhält die Bücher, zu deren Verbreitung es durch die moderne Technik kommt. Siebenbürger studieren an den Universitäten von Heidelberg und Prag, in Wien, Basel und Paris und bringen von dort neue, von den Fesseln mittelalterlicher Philosophie und Theologie befreite Geistesrichtungen ins Land jenseits des Waldes zurück.

Auch Sachsens Reformator Johannes Honterus hat im Westen studiert. Er war in Wien, ist in Basel, einer Hochburg des Humanismus, mit der Reformation bekanntgeworden. Ein Mann vieler Fähigkeiten, hat er sich einen Ruf als Kartenzeichner und Holzschnitzer erworben, seine Kosmographie – „Den teuren Siebenbürgern" gewidmet – erscheint in 30 Auflagen in den Hauptstädten Europas. Trotzdem ist vieles aus seinem Leben unbekannt geblieben. Schon zur Deutung des Namens muß aufgrund der geringen Aussagekraft alter Chroniken die Lokalsage herangezogen werden: Angeblich hatte ein Hollunderstrauch (Hontert) den Johannes, Sohn des Georg Grass aus der Kronstädter Schwarzgasse, einmal vor dem Ertrinken gerettet. Aus Dankbarkeit sollte er sich fortan Honterus nennen.

Honterus richtet in Kronstadt eine Druckerei ein, in der sein Reformationsbüchlein „Reformatio ecclesiae Coronensis" gedruckt wird. Zu Großem berufen fesselt ihn Großes: Er

Suleimann II der Prächtige. Unter seinem bedeutendsten Herrscher erreicht das Osmanische Reich die größte Ausdehnung. Siebenbürgen steht unter der Oberhoheit der Hohen Pforte.

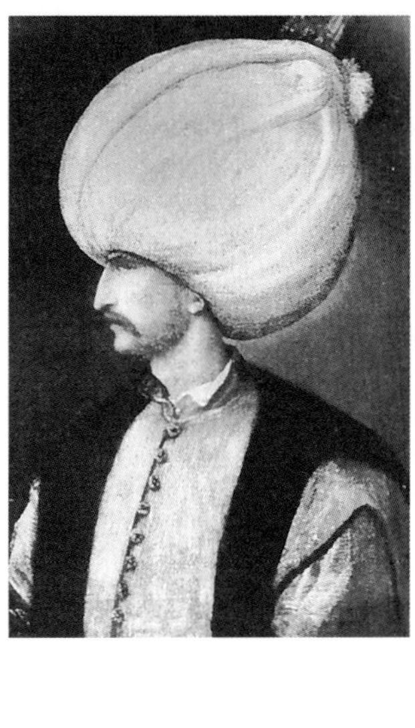

Konfirmandinnen beim Gottesdienst in Windau. Eigenartig der Kopfaufsatz der Tracht, der sogenannte »Borten«, eine zylinderähnliche, oben offene Röhre aus schwarzem Samt.

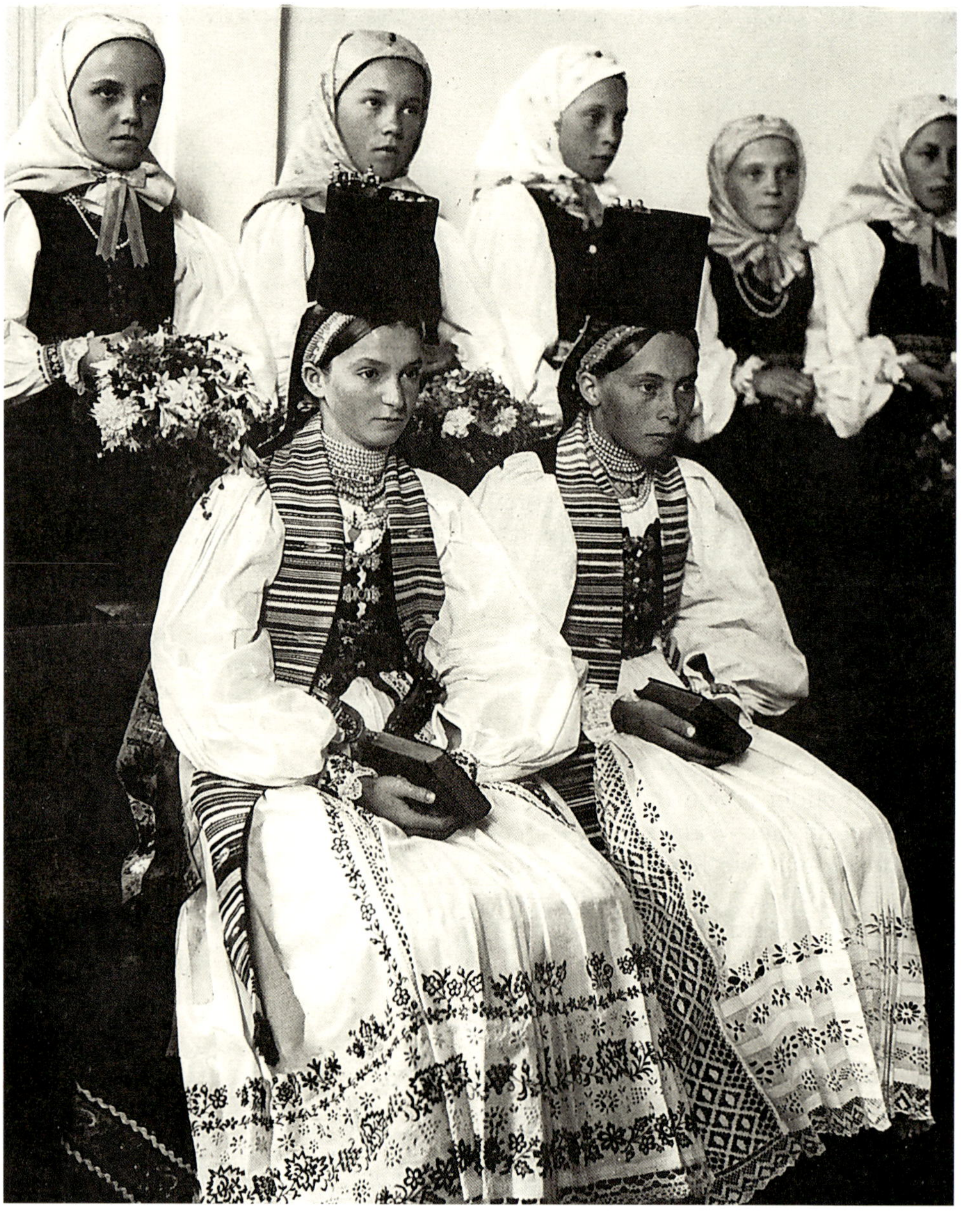

engagiert sich im Unterrichtswesen, verlegt ein „Handbuch des Rechts" und öffnet sich als Stadtpfarrer – tatsächlich ohne jemals die Weihen erhalten zu haben – der lutherischen Reformation. Was dem „Ketzer" und seiner rechten Hand, dem Doktor der Weltweisheit Valentin Wagner, jetzt zugute kommt ist einmal, daß sich die Persönlichkeiten Kronstadts hinter sie stellen. Daneben droht dem Land die Türkengefahr, was das Augenmerk von Herrschern wie Beherrschten auf die Karpatenpässe bannt.

Zur Erhaltung der Geschlossenheit treten die Sachsen ohne jeden Bildersturm der neuen Lehre bei. Die Nationsuniversität beschließt die Durchführung der lutherischen Reformation, die „Kirchenordnung aller Deutschen in Siebenbürgen" wird im Sachsenland und auf Komitatsboden zum Gesetz erhoben. Konfession und Sprache, damit Volkstum, sind fortan Kriterien der neuen evangelischen Kirche, die das Augsburger Bekenntnis annimmt. Dadurch wird die Reformation zur deutschen Angelegenheit, zum Band, das das traditionelle Leben der Sachsen in Zukunft umschließen und erhalten sollte. Die Kirche als „Zeitliches wie Ewiges umfassendes Schutz- und Schatzhaus des Volkes“ ... woraus Stephan Ludwig Roth eines Tages schließt: *„Das Dasein unserer Nationalität knüpft sich, wie vielleicht bei keinem anderen Volk auf der Welt, so nahe an Kirchen und Schulen.“*

Der Pfarrer bleibt Hauptträger der sächsischen Geistesbildung. Er ist es allerdings auch, der die Sachsen in einen neuen Gegensatz zu ihren Nachbarn, zu griechisch-katholischen Rumänen, römisch-katholischen, unitarischen oder kalvinischen Ungarn bringt ... schließlich auch zum österreichischen Katholizismus, der im Rahmen der Gegenreformation imperiale Züge annimmt. Gerade den Rumänen kommt das sächsische Luthertum trotzdem einen entscheidenden Schritt entgegen: Während in der Walachei religiöse Schriften auf Kirchenslawisch gedruckt werden, erscheint in Hermannstadt ein lutherischer Katechismus als erstes Buch in rumänischer Sprache.

Mit der Kirche aufs engste verbunden ist die Schule. Die Sachsen hatten die erste Schulpflicht im deutschen Bildungswesen, bereits im 14. Jh. gab es in Hermannstadt eine Lehranstalt, die der öffentlichen Hand unterstand. Die Schulordnung des Honterus gibt dem Bildungswesen ein Fundament nach deutschem Vorbild. Daraus entwickelt sich ein hervorragendes Schulsystem, dem die Sachsen ihr kulturelles Niveau verdanken: eine Voraussetzung, daß man an der Grenze zum Orient deutsch bleiben konnte.

Nachdem Zapolyas Witwe Siebenbürgen an den Habsburger Ferdinand abgetreten hat, besetzt der kaiserliche General Castaldo das Land. Einmal mehr kommen den Sachsen dabei Zweifel, ob sie als Freunde Habsburgs zusätzlich noch Feinde brauchten. In einer Zeit, in der Angriffe auf die überlieferten Autonomierechte bereits zum politischen Alltag gehören, wird Hans Huet Königsrichter und Sachsengraf. Huet geißelt vor dem Landtag in Weißenburg die Forderung der Adeligen, die die Selbstverwaltung einschränken, das sächsische Volk der Bauern und Bürger als ihr „Eigentum“ betrachten wollen: *„Ihr seid nur Gäste, sagen sie, Eindringlinge und Fremde, nicht Einheimische und Bürger, nur Schuster, Schneider und Kürschner, nicht Kriegsleut und Verteidiger des Reichs. Darauf entgegne ich also: Es ist wahr, wir sind Gäste gewesen, ge-*

Schulkinder aus Jaad mit alten deutschen Fibeln. Auf dem alten Königsboden ist Jaad im Bistritztal eine der letzten deutschen Gemeinden.

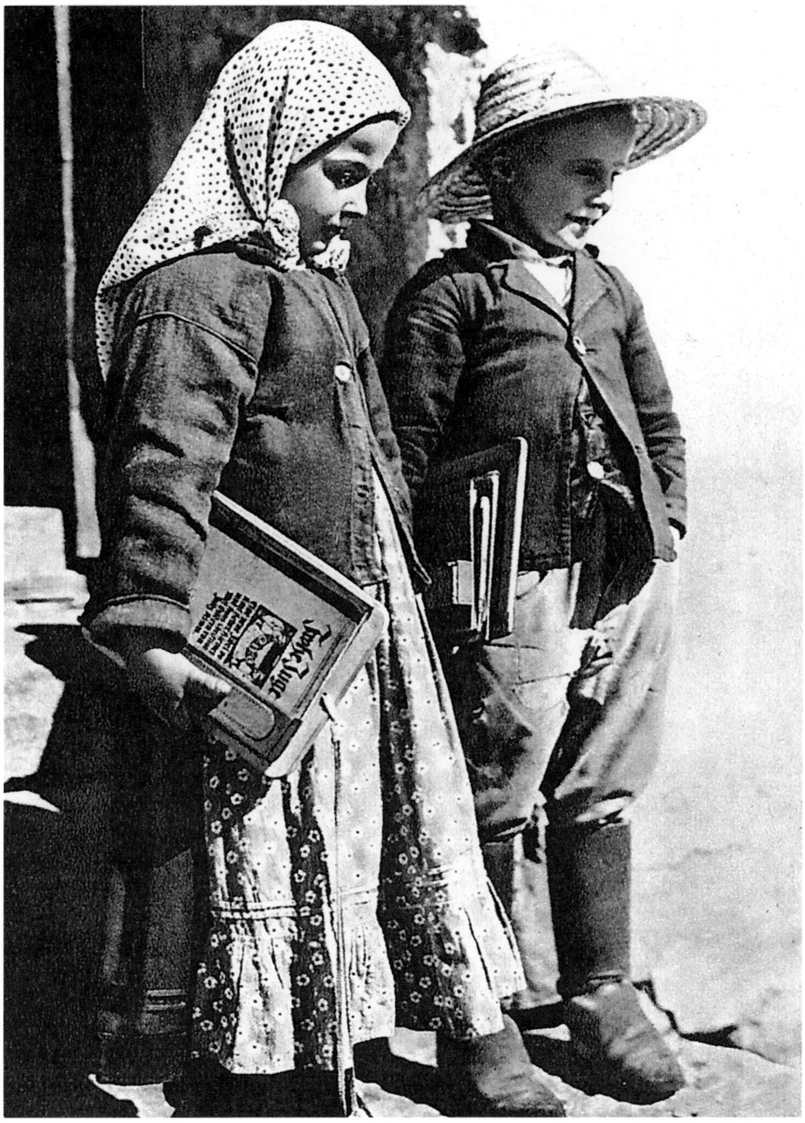

rade das aber rechnen wir uns zur Ehre, denn wir sind eingeladen worden von König Geisa. Darum sind unsere Väter nicht Fremdlinge, sondern bestätigte Bürger, nicht Hörige, sondern Untertanen und liebe Getreue gewesen … Dafür aber, daß Schuster und Schneider Zunftleute sind, sei Gott gelobt, der uns diese Sicherheit gegeben hat.“

Das vom Kronstädter Ratsherrn Fronius geschriebene „Der Sachssen inn Siebenbürgen Statuta oder eygen Landrecht“ wird von Stefan Báthory, König von Polen und edler Fürst Siebenbürgens, bestätigt. Noch einmal erkennt damit der Landesherr die „ewig währenden Rechte aller unserer Sachsen, ihrer Erben und Nachkömmlinge“ an. Mit dem eigenen Ge-

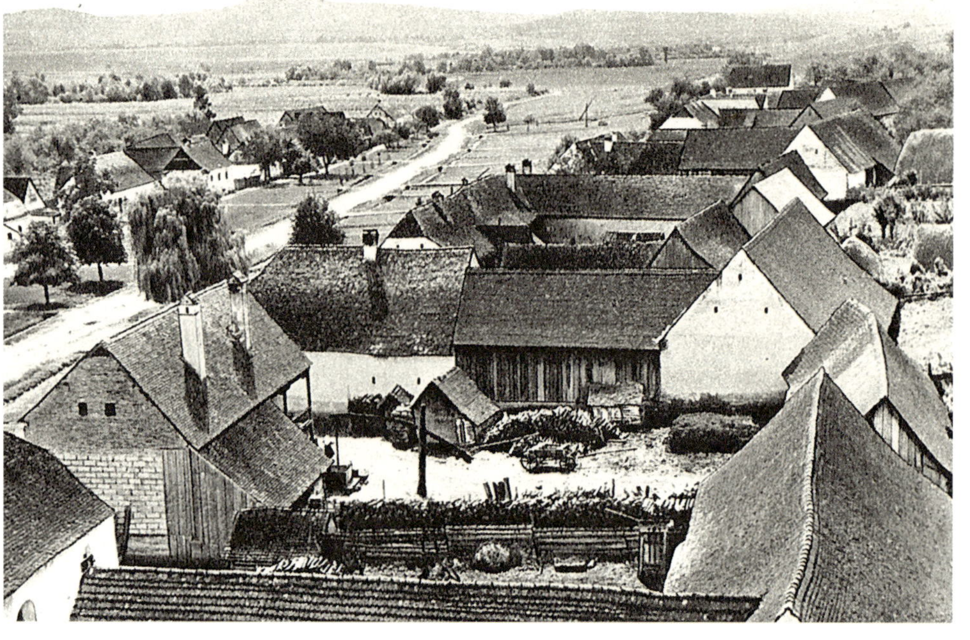

Senndorf bei Bistritz. Die Siedlung im Budaktal wird bereits Mitte des 13. Jh. genannt. 1940 noch weitgehend sächsisch besiedelt, stirbt das Deutschtum hier nach dem Zweiten Weltkrieg allmählich aus.

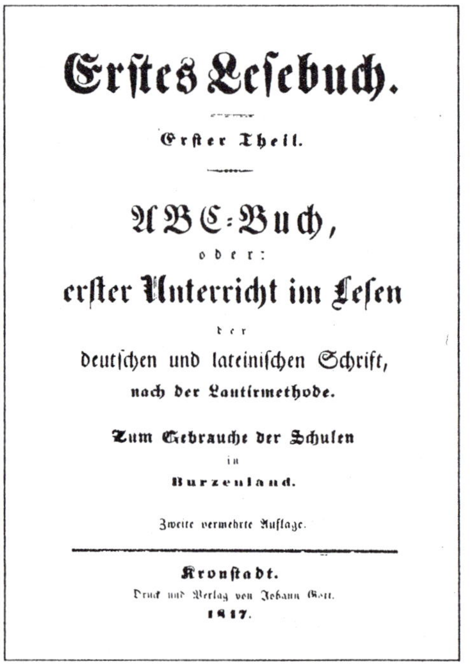

Erstes Lesebuch.

Erster Theil.

ABC-Buch,

oder:

erster Unterricht im Lesen

der

deutschen und lateinischen Schrift,

nach der Lautirmethode.

Zum Gebrauche der Schulen

in

Burzenland.

Zweite vermehrte Auflage.

Kronstadt.

Druck und Verlag von Johann Gött.

1847.

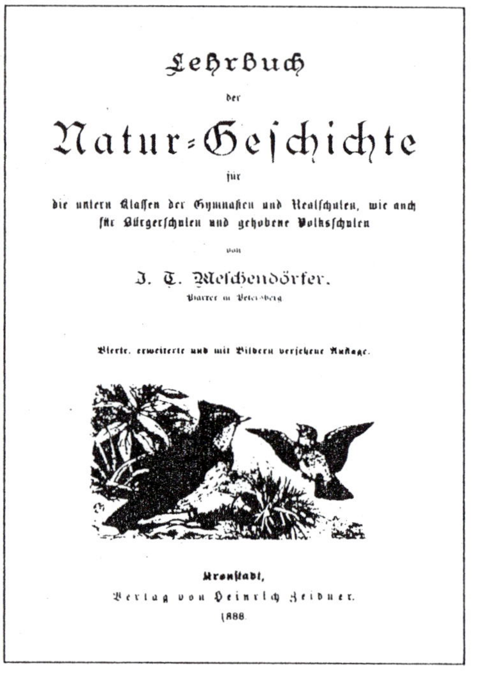

Lehrbuch

der

Natur-Geschichte

für

die untern Klassen der Gymnasien und Realschulen, wie auch für Bürgerschulen und gehobene Volksschulen

von

J. T. Meschendörfer.

Pfarrer in Petersberg

Vierte, erweiterte und mit Bildern versehene Auflage.

Kronstadt,

Verlag von Heinrich Zeidner.

1888.

Schulbücher für den deutschen Unterricht aus Kronstädter Verlagshäusern.

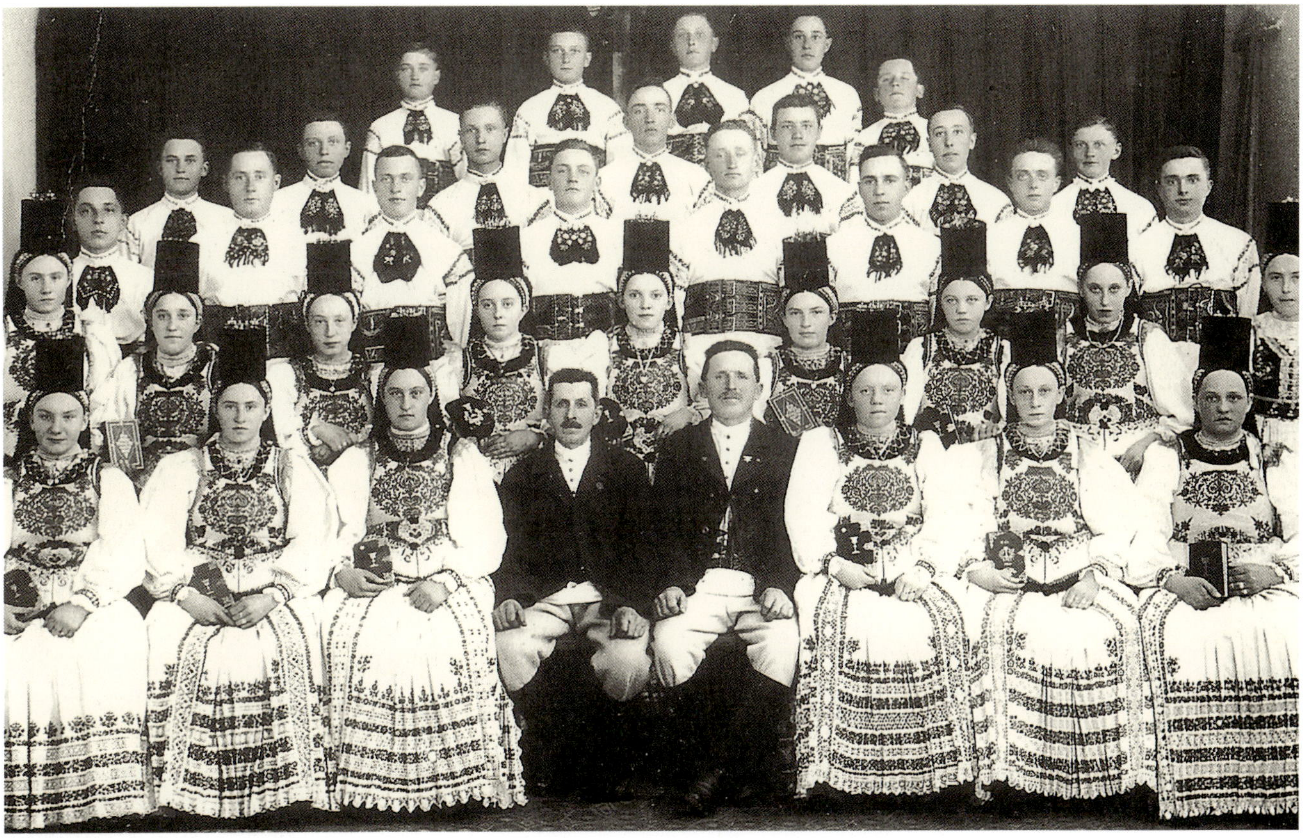

Altknechte, Schwester- und Bruderschaft. In vielen Sachsensiedlungen wie Senndorf ist die Jugend mit der Konfirmation die Verpflichtung eingegangen, in die kirchlichen Verbände der Bruder- oder Schwesterschaft einzutreten.

setzbuch, das die Rechtsprechung auf Königsboden rund 270 Jahre bestimmen sollte, haben die Siebenbürger ein Höchstmaß an Eigenständigkeit erreicht.

Das sterbende Siebenbürgen

Das 17. Jh. fordert von den Sachsen und ihren Nachbarn einen so furchtbaren Aderlaß, daß Kanzler Nikolaus Bethlen seine Denkschrift auf das Jahr 1688 mit „Das sterbende Siebenbürgen" überschreibt. Kriege, Plünderungen und innere Unruhen verwüsten das Land, Seuchen und Hungersnöte dezimieren die Bevölkerung. Städte und Dörfer werden vom kaiserlichen General Basta so stark drangsaliert, daß – mit G. D. Teutsch – *„die Sprache zu erzählen sich scheut und wie sie von Türken und Tataren nie erhört waren ... Das Wüten der zuchtlosen Truppen machte den Namen Bastas zum Fluch im Munde des Volkes"*. Dazu kommen hohe Tributzahlungen und Abgaben, die türkische Würdenträger von ihren Vasallen fordern. Die Siebenbürger sind verpflichtet, die Kriegshändel des Sultans mit Hilfstruppen, Heufuhren, Weizen- und Haferkübeln, mit Hühnern und geräuchertem Fleisch zu unterstützen. Ihre Nationen sind zerstritten, der Regierungsapparat gilt als korrupt, der Fürst ist schwach, was auf einen Nenner gebracht das Leben rundherum *„maeselig"* (sächs. für mühselig) macht. Und als wäre es nicht genug, notiert Happelio jetzt im Nösnerland: „Lufft und Wasser sind ungesund, darum findet man hier viel kröpfichte, taube, stumme und närrische Leuth ..."
Es ist die Zeit, in der die drangsalierten wie dezimierten Katzendorfer an

Bauernstube in Waltersdorf. Mittelpunkt des Hauses ist die Große Stube mit dem Himmelbett, das nur von hohem Besuch benutzt wird. An den Wänden der »Rahmen« mit regelrechten Kunstsammlungen von Ziergeschirr, Ton- und Zinnkrügen.

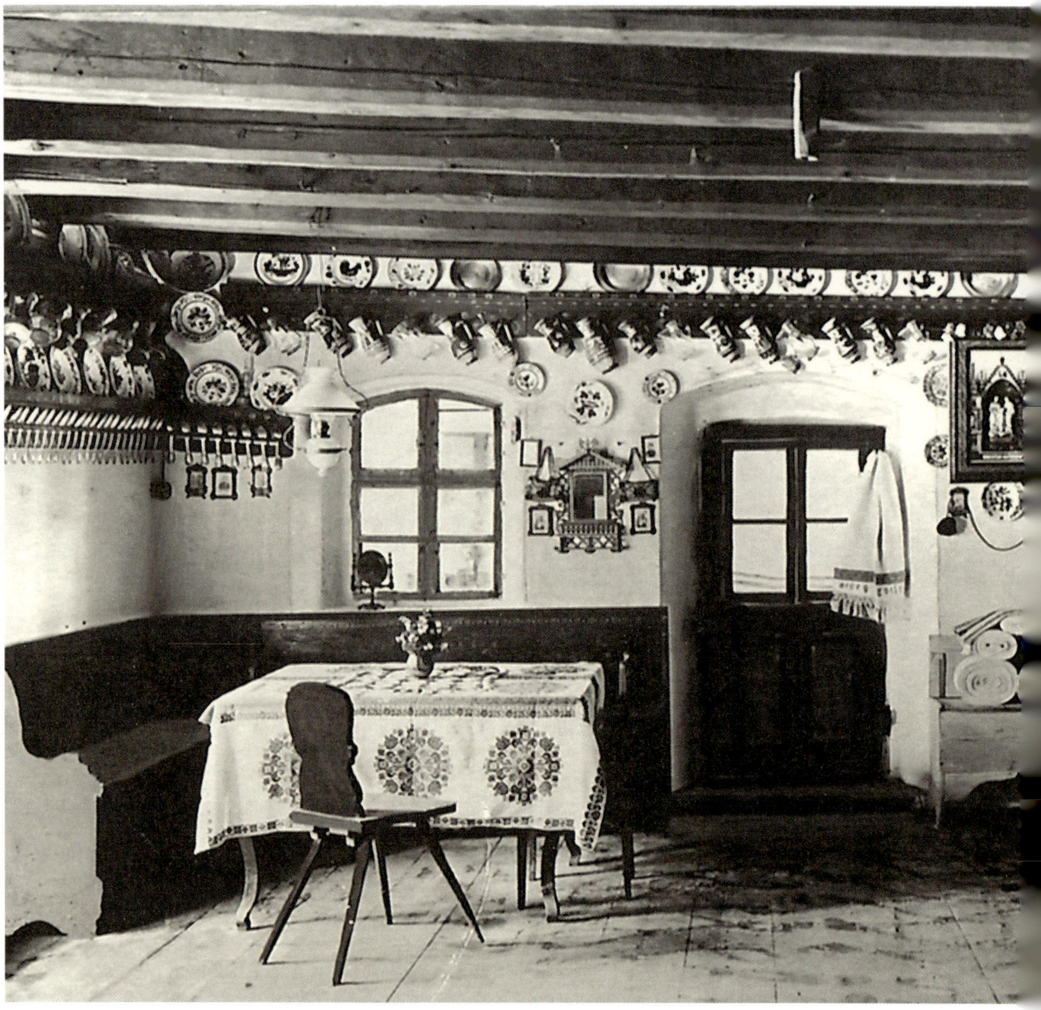

ihrer Kirchenburg die Inschrift anbringen: *„Herr kehre Dich doch wieder zu uns und sey deinen Knechten gnädig“*. Schwer leiden die Sachsen besonders unter der Herrschaft des Fürsten Gabriel aus dem altadeligen Haus Báthory, das der Tradition nach von einem deutschen Ritter abstammt, im Laufe der Zeit dann nationalisiert wurde. Gabriel, schon im jugendlichen Alter von 18 Jahren auf dem Thron, ist ein „schöner, heldenhaft aussehender Mann, der die Gabe hat, mit seinen Worten die Herzen der Menschen zu betören“. Daneben ist er allerdings auch ein *„geweddert Kont“*, worunter man im Sächsischen einen recht verteufelten Kerl versteht. Seine ungezügelte Herrschsucht läßt Báthory zu den rumänischen Fürstentümern blicken, seine Hoffnung ist, eines Tages den polnischen Thron zu besteigen. Im Weg sind ihm dabei die Sachsen, die ihre Spieße lieber als Pflugscharen sehen, ihre Städte verschlossen halten. Da der Adel keine Steuern zahlt, die nichtdeutschen Bauern in der Regel Hörige sind, ist jeder Herrscher Siebenbürgens wirtschaftlich auf sie angewiesen. Daneben spielen die Deutschen im Landtag eine entscheidende Rolle. Beides stärkt ihre Stellung, setzt sie gleichzeitig aber auch zusätzlicher Beanspruchung aus.

Anno 1619 beruft Báthory den Landtag nach Hermannstadt, gegen jeden Brauch zieht er mit einem Heer vor der Sachsenmetropole auf. Nach 3 Tagen überredet der Fürst den Her-

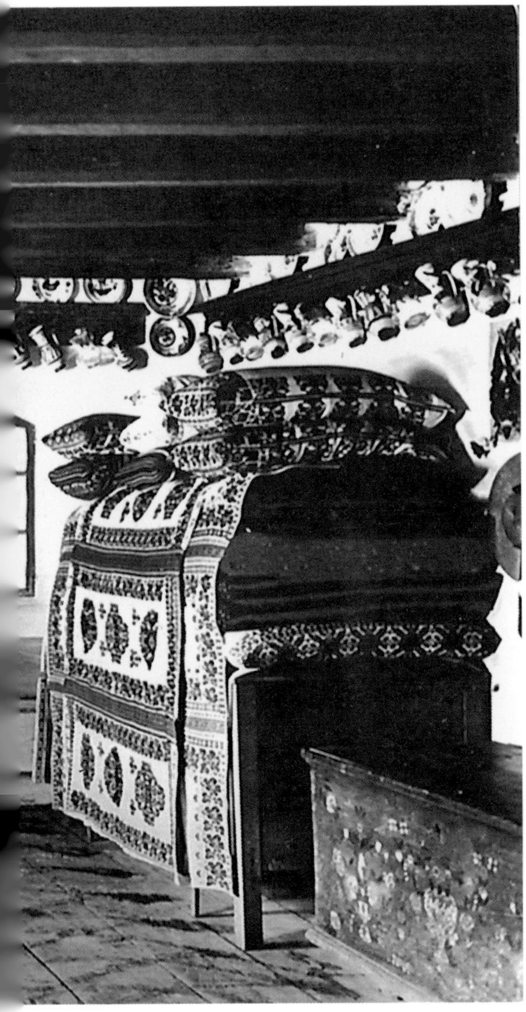

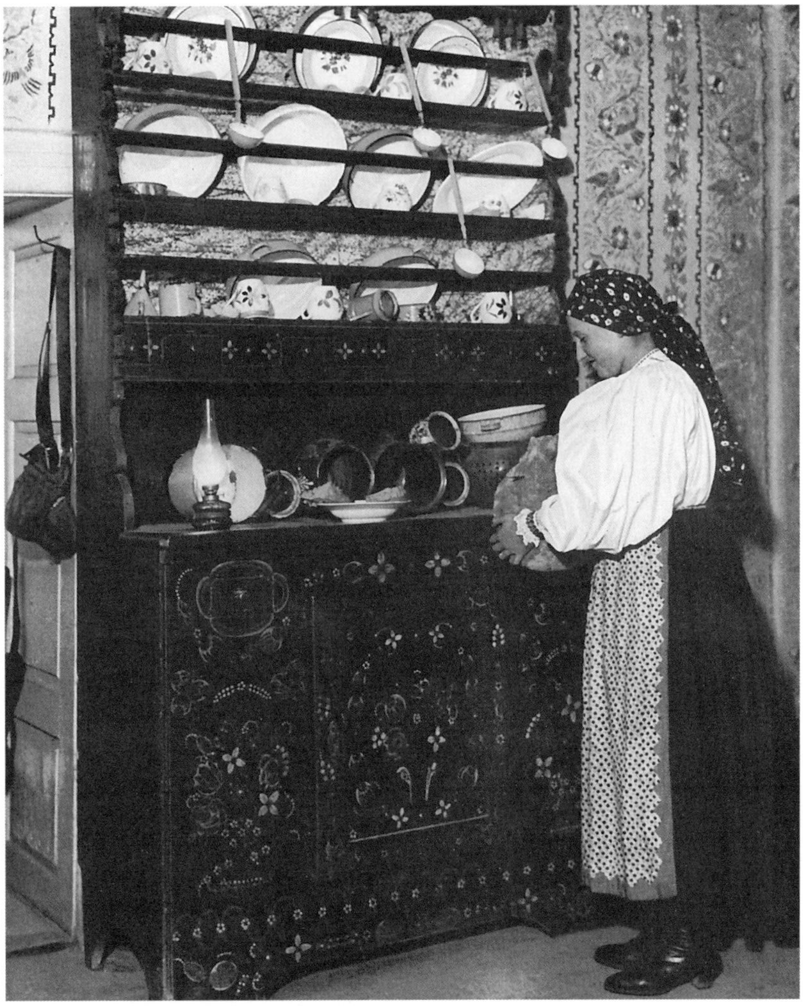

mannstädter Rat, ihm die Schlüssel der Tore zu übergeben. Sein gutes Wort hält er jedoch „wie der Hund die Fasten". Er klagt die Bürger pauschal wegen Landesverrats an, worauf die Todesstrafe steht. Báthory begnadigt zwar gegen hohes Lösegeld, läßt die Stadt jedoch zusätzlich plündern. Den Sachsen werden am Großen Ring die Waffen abgenommen, ein paar Tage später werden sie unter dem Beifall des Adels und der Szekler aus ihrer Stadt gewiesen.
Von Hermannstadt aus fällt Báthory ins Burzenland ein, in der Kirchenburg von Wolkendorf sterben 300 Männer, Frauen und Kinder den Flammentod. Mit List reagieren die Zeidner, deren Burg der Fürst mit guten Worten genommen hatte. Um ihn wieder loszuwerden, mischen sie Schlafpulver in den Wein der Besatzer. Danach soll es verhältnismäßig leicht gewesen sein, die Landsknechte Gabriel Báthorys zu fesseln oder kurzerhand gleich zu erschlagen: Ein Streich, wie er in Zeiden bis in unsere Tage gern erzählt wird. Mit List und Tücke können auch die Honigberger dem Tyrannen widerstehen. Während der Belagerung ihrer Kirchenburg hängen sie ein gut gemästetes Burzenländer *„Schweng"* (Schwein) über den äußeren der zwei Mauerringe. Die Belagerer schließen daraus, daß die Gemeinde nicht auszuhungern ist und ziehen mit knurrenden Mägen ab ... zumindest ein Grund, warum Honigberg bis heute eine der besterhaltenen Kirchenbur-

Mit Blumenmotiven reich verzierter Küchenschrank und Gebrauchsgeschirr, der Stolz der Jaader Bäuerin.

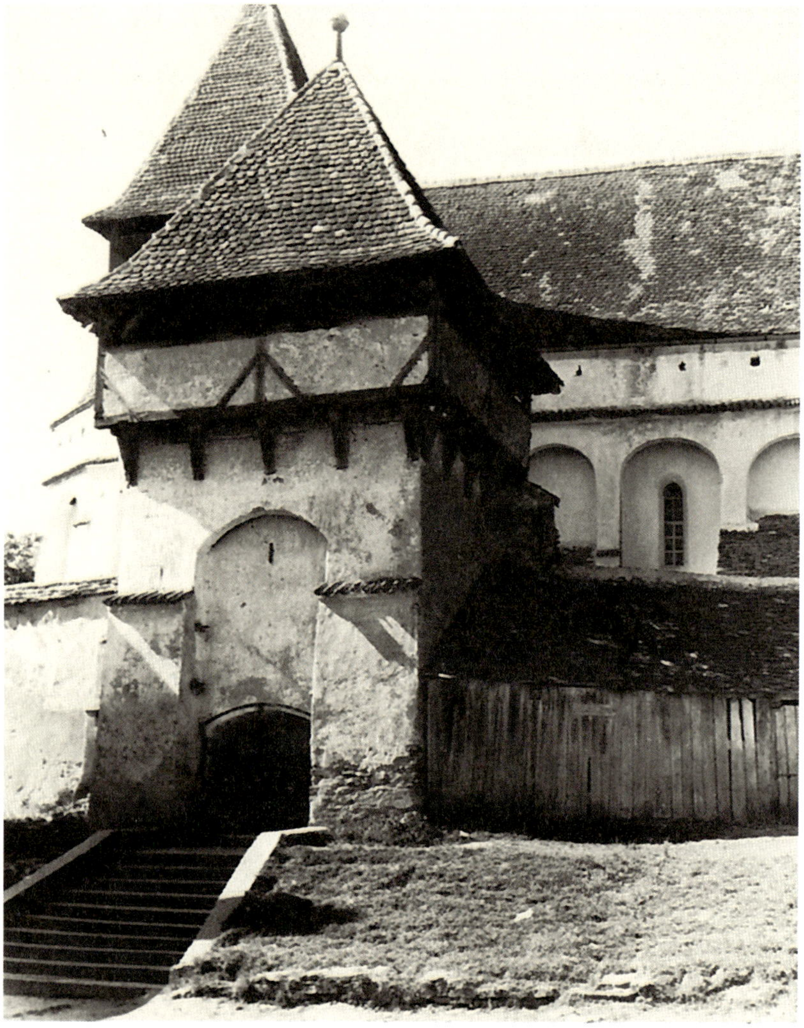

Kirchenburg Jakobsdorf bei Agnetheln: Portal mit darüberliegendem Wehrgang. Noch im 15. Jh. bauen die Jakobsdorfer ihre gotische Saalkirche zu einer besonders gelungenen Verbindung von friedlichem Gotteshaus und wehrhafter Festung aus.

gen Siebenbürgens geblieben ist.
Báthorys Versuch, Kronstadt in seine Gewalt zu bringen, gipfelt im Zusammenstoß mit einem sächsischen Ratsherrn, dem Adolf Meschendörfer mit dem Drama „Michael Weiß, Stadtrichter von Kronstadt" das „Dinkmohl" setzte. Weiß, dessen Vater als lutherischer Exulant aus Eger vertrieben und nach Mediasch eingewandert war, hat in der Kanzlei Kaiser Rudolfs II. die Führung von Staatsgeschäften kennengelernt, war nach seiner Rückkehr nach Siebenbürgen von den Kronstädtern in den Rat gewählt und ihr Vertreter im Landtag geworden. Als der Stadtrichter von Kronstadt die Pläne seines Fürsten Báthory durchschaut, kündigt er ihm den untertänigen Gehorsam.

Bevor es zum offenen Kampf gegen Báthory kommt, prägt Kronstadt Münzen mit der Aufschrift: *„Er* (Báthory – d. A.) *verläßt sich auf Wagen und Rosse, wir auf den Namen des Herrn"*, was allerdings nicht ausreicht, um den Tyrannen zu besiegen. Da Kronstadt lediglich über 800 Söldner verfügt, rekrutiert Weiß alle waffenfähigen Männer der Stadt, darunter Studenten des Gymnasiums und Bauern der Umgebung, die allesamt „lieber frei leben oder frei sterben wollen". Das Kronstädter Heer, ein bunt zusammengewürfelter Haufen ohne Erfahrung in der Feldschlacht, rückt aus, erobert Marienburg, erliegt dem Feind jedoch zwischen Alt und Burzen. Michael Weiß wird von Haiducken erschlagen, sein Kopf Gabriel Báthory nach Hermannstadt geschickt.
Als sich Kronstadt trotz der Niederlage nicht ergibt, zieht Báthory seine Söldner ab. Kurze Zeit später wird der Fürst ermordet. Die Kronstädter prägen Weiß, der Seele ihres Widerstands, jetzt eine Münze mit der Aufschrift: „Er tat die Pflicht, die er dem Vaterland schuldig war". Der Mühlbacher Dichter Friedrich Wilhelm Schuster würde den Toten eines Tages besingen: *„Bei Marienburg, bei Marienburg / Im leichenvollen Feld, / Da nahm manch guter Sachse / Abschied von der Welt. / Bei Marienburg, bei Marienburg / Fiel Weiß im Kampf so schwer; / Sein Name ist unvergessen, / Sein Grab kennt keiner mehr."* Die vaterländischen Sachsen versprachen jetzt bei ihrer Sachsenehre, sich in Zukunft gegenseitig „den Freunden Freund und Feinden Feind" zu sein. Hatte während der blutigen Händel mit dem Fürsten doch die Existenz ihrer Nationsuniversität erstmals ernsthaft auf dem Spiel gestanden.
Besonders die leergeraubten Haupt- und Hermannstädter schienen geheilt. Als Báthorys Nachfolger, der mit der deutschen Katharina verhei-

ratete Gabriel Bethlen, eines schönen Tags dem Markgrafen von Brandenburg die Stadt zeigen, dort lediglich „ein gutes sächsisches Kraut" essen wollte, wurde ihm der Zutritt verwehrt. Ob Bethlen beim Vorgeschmack auf „Sachsenkraut" an „Kampest" (Weißkohl) oder „Gech" (Krautsuppe) dachte, ist bis heute Geheimnis geblieben. Nicht von der Hand zu weisen wäre auch eine fürstliche Vorliebe für die mit geräuchertem Schweinefleisch angereicherte sächsische Spezialität „Gefülltes Kraut". Kocht die Sächsin doch ausgerechnet dann mit viel Liebe und Phantasie, wenn es um Krautgerichte geht. Wer dazu noch Rindfleisch schätzt, „Saksesch Bachfliisch" etwa oder „Tokana", das beliebte Gulasch, ist bei ihr kulinarisch in allerbesten Händen. Natürlich serviert sie einiges mehr, was niemand so serviert, im Sachsenalltag jedoch von einiger Bedeutung ist: „Kächen" etwa, jene Fleischsuppe, die dem norddeutschen Durcheinander ähnelt, „Geschiddenich", die Suppe für den Sonn- und Festtag, „Dachziegel", Brot mit Schmalz und Knoblauch, oder „Gefüllte Ardee", zu deutsch „die Brennende". Und zum Nachtisch „Klotsch", „Baumstriezel" oder „Hanklich".

Am Tellerrand notiert: Kronstadt, der Vorort des Burzenlands, sollte sich Gabriel Bethlen gegenüber wesentlich gastfreundlicher zeigen als Hermannstadt, wenn auch mit dem deutlichen Hinweis „nur der Fürstin wegen, als eines teutschen Geblüts". Was dem Paar dort serviert wurde ist nicht überliefert ...

Unter den Fürsten Gabriel Bethlen und Georg I. Rakoczy gönnt sich das Land eine Zeit des Wiederaufbaus. Die beiden rivalisierenden Großmächte haben sich anderweitig engagiert. Habsburg hat seinen Dreißigjährigen Krieg, das Osmanische Reich kämpft gegen Persien. Bethlens ehrgeiziger Plan, sich als König von Ungarn krönen zu lassen, ist trotzdem weder mit Waffengewalt noch am Verhandlungstisch zu realisieren. In den Friedensschlüssen mit Kaiser Ferdinand II. erreicht er dafür die Anerkennung Siebenbürgens als unabhängiger Staat. Der Fürst begünstigt Wissenschaften und Künste, ruft Handwerker, Künstler und Gelehrte nach Siebenbürgen, der Theoretiker der deutschen Sprache Martin Opitz wirkt in Weißenburg ... wofür der Chronist Georg Kraus Bethlen eines Tages bestätigen sollte, daß er das Land besser verlassen als zuvor angetroffen habe.

Ärger haben die Sachsen mit ihren „brüderlichen" Nachbarn, dem Adel und den Szeklern. War es beiden Nationen 1625 auf dem Landtag zu Wei-

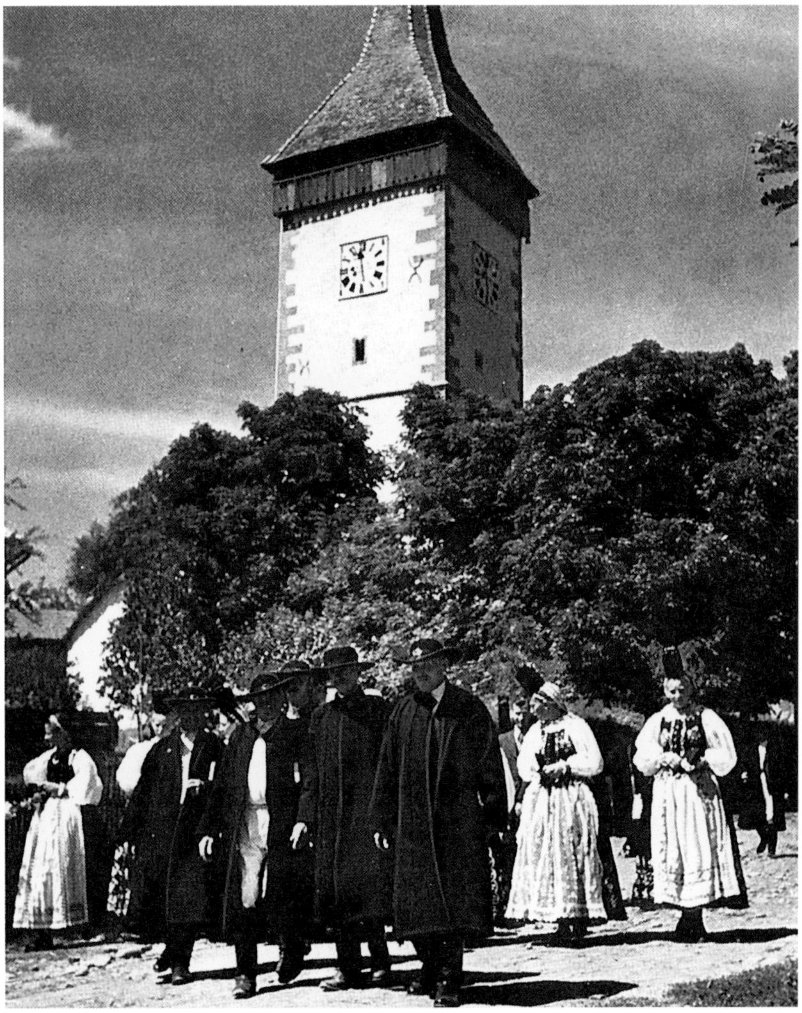

Kirchgang in Lechnitz. Nachdem die Sachsen in ethnischer Geschlossenheit die lutherische Reformation angenommen haben, ist die evangelische Kirche das Band, das ihr traditionelles Leben umschließt und erhält.

ßenburg doch gelungen, einen Artikel einzubringen, der es ihnen in Zukunft freistellen sollte, Häuser in den bisher streng verschlossenen Sachsenstädten zu kaufen. Als sich die Sachsen daraufhin verschworen, „gutt, blutt und alles" einzusetzen, um die „Ungerechtigkeit" rückgängig zu machen, gibt Bethlen nach. Siebenbürgens Deutsche danken es ihm, indem sie eine Bastei zur Befestigung des Fürstensitzes Weißenburg bauen.

Wie eine Laune der Geschichte wirkt jetzt die Zuwanderung einer Gruppe von Hutterischen Brüdern (Habanern) aus Mähren und der Slowakei, denen Bethlen Schutz vor Rekatholisierungsversuchen des Hauses Habsburg zugesichert hatte. Diese Täufergruppe (Anabaptisten) – geographisch etwas ungenau „Österreichs Beitrag zur Reformation" genannt – pflegt mit biblischem Radikalismus eine der apostolischen Urform nachgebildete Gemeinschaft. Mitte des 17. Jh. leben bereits rund 1000 Bruderhöfler in Winz, die es dank hervorragender handwerklicher Fähigkeiten zu einigem Wohlstand gebracht haben. Zeitzeugen heben die Keramikerzeugung der Winzer Habaner lobend hervor. Besonders bei den Türken sind ihre Waren recht beliebt, vergleicht der Chronist Evlia Tschelebi Habaner-Fayencen doch mit den Früchten des Paradieses, „schöner als jene im Besitz des Kaisers von China".

Der neuerliche *„Kräch"* (sächs. für Krieg) zwischen der habsburgischen

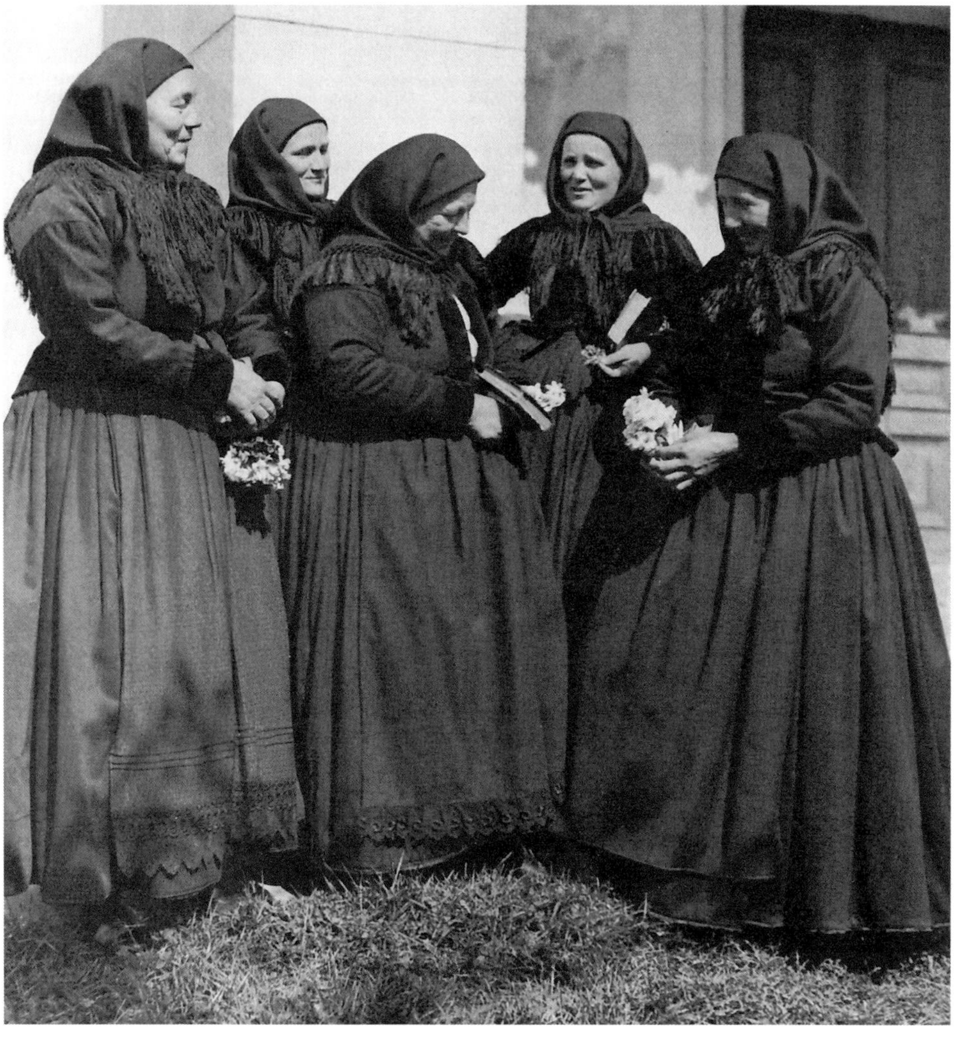

Sächsinnen aus Lechnitz. 1335 erstmals erwähnt, hat die Siedlung im Nösnerland 1453 das Marktrecht erhalten. Im Arbeitsleben der Lechnitzer spielt dann besonders der Weinbau eine bevorzugte Rolle.

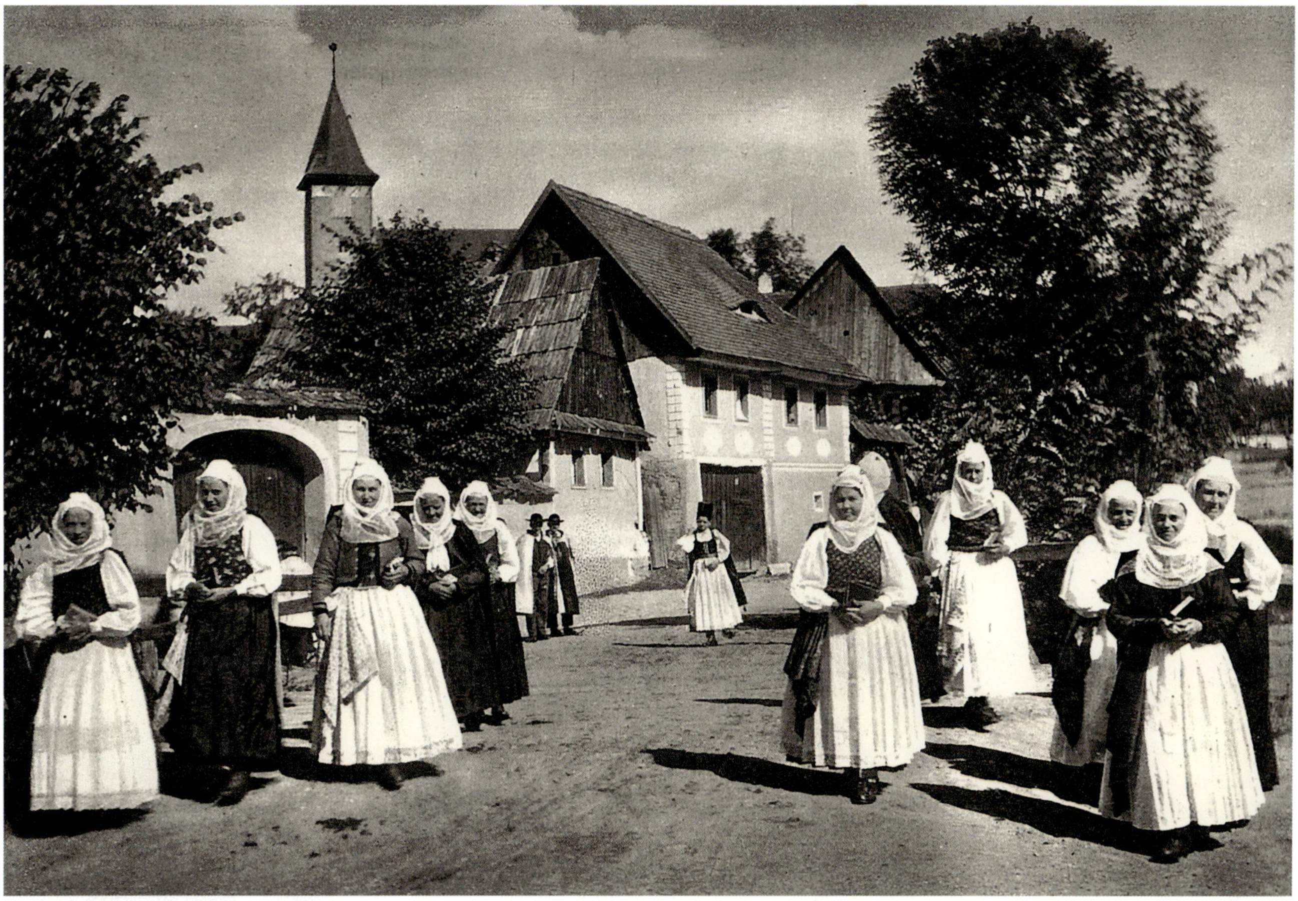

Kirchgang in Siebenbürgen. Der Reichtum des Trachtenangebots entfaltet sich besonders an Sonn- und Festtagen, was den Kirchgang der Sachsen zur Sehenswürdigkeit macht. Auf dem Land geht das Dorf geschlossen, in feierlicher Ordnung zum Gottesdienst.

und türkischen Großmacht sieht Siebenbürgen in seiner strategisch wichtigen Lage als Pufferzone. Wie es zuging, wenn die Türken schrecklich wie das Jüngste Gericht ins Land einbrachen, schildert Georg Kraus, der Schäßburger Zeitgenosse: *„Den 5. August 1658 kamen auf zweimal hunderttausend stark, durch die Buszau nach Siebenbürgen, verwüsteten mit Rauben, Brennen und Morden die drei Stühle im Burzenland, daß kein einzig Dorf unversehrt blieb, sondern alle in Brandt gesteckt, voraus die Gemeinde und Festung Weydenbach, so alles zerstört und geschleift und alle Leute gefangen und mit großem Jammer niedergehauen worden.“*
Ohne das Kriegsgeschehen, das tief im geschichtlichen Bewußtsein der Sachsen verwurzelt bleiben sollte, hier chronologisch weiterzuführen: Um den Wehrturm der Großauer Kirchenburg, in den sich die Bewohner geflüchtet haben, schichten die Türken Holz und zünden es an. Besser davon kommen die Heltauer, die sich vom Feind loskaufen können, indem die Männer ihr Erspartes, die Frauen ihr Geschmeide als Lösegeld zahlen. Hamruden dagegen läßt sich auf keinen Handel ein, seine Kirchenburg widersteht. Bleibendes Opfer der Türkeneinfälle sollte die siebenbürgisch-sächsische Gans sein, deren Vettern und Cousinen mit ihrem Geschnatter den Feind auf ein Versteck geflüchteter Dorfbewohner aufmerksam machten. Aus Rache – so jedenfalls die Sage – wurde unter Sachsen dafür das beliebte Gesellschaftsspiel des „Gansabreitens“ eingeführt, das sich bis in unsere Zeit erhalten konnte: Noch 1905 waren es lebend aufgehängte Gänse, denen vorbeireitende Burschen die Köpfe abschlagen mußten.

Die Kämpfe auf Siebenbürger Boden drängen sich in die Literatur, besonders in die mundartliche Dichtung, um Türkenmacht und Kaisergewalt webt sich ein reicher Sagenkranz. Erschütternd dabei besonders jene „Waisenlieder", die das schlimme Schicksal der elternlos zurückgelassenen Kinder weitergeben: *„Meine Schuchcher sind zerissen, / mein Hemdchen ist zerschlissen, / Mein Haar verfilzt gar, / Meine Augen weh von der Zähre; / Flieh schönes Vöglein, Flieg ins goldn'e Himmelreich, / bring meiner Mutter einen guten Tag und sag mir dann, was macht sie noch."* Ergreifend auch das Spiel vom König und dem Tod, die Gegen-

Junge Bäuerinnen aus Lechnitz. Kaum ein anderer deutsch besiedelter Landstrich hat einen ähnlichen Trachtenreichtum anzubieten wie Siebenbürgen. Besonders in der Frauentracht spiegeln sich Bürger- und Bauernstolz in ihrer ganzen Eigenart.

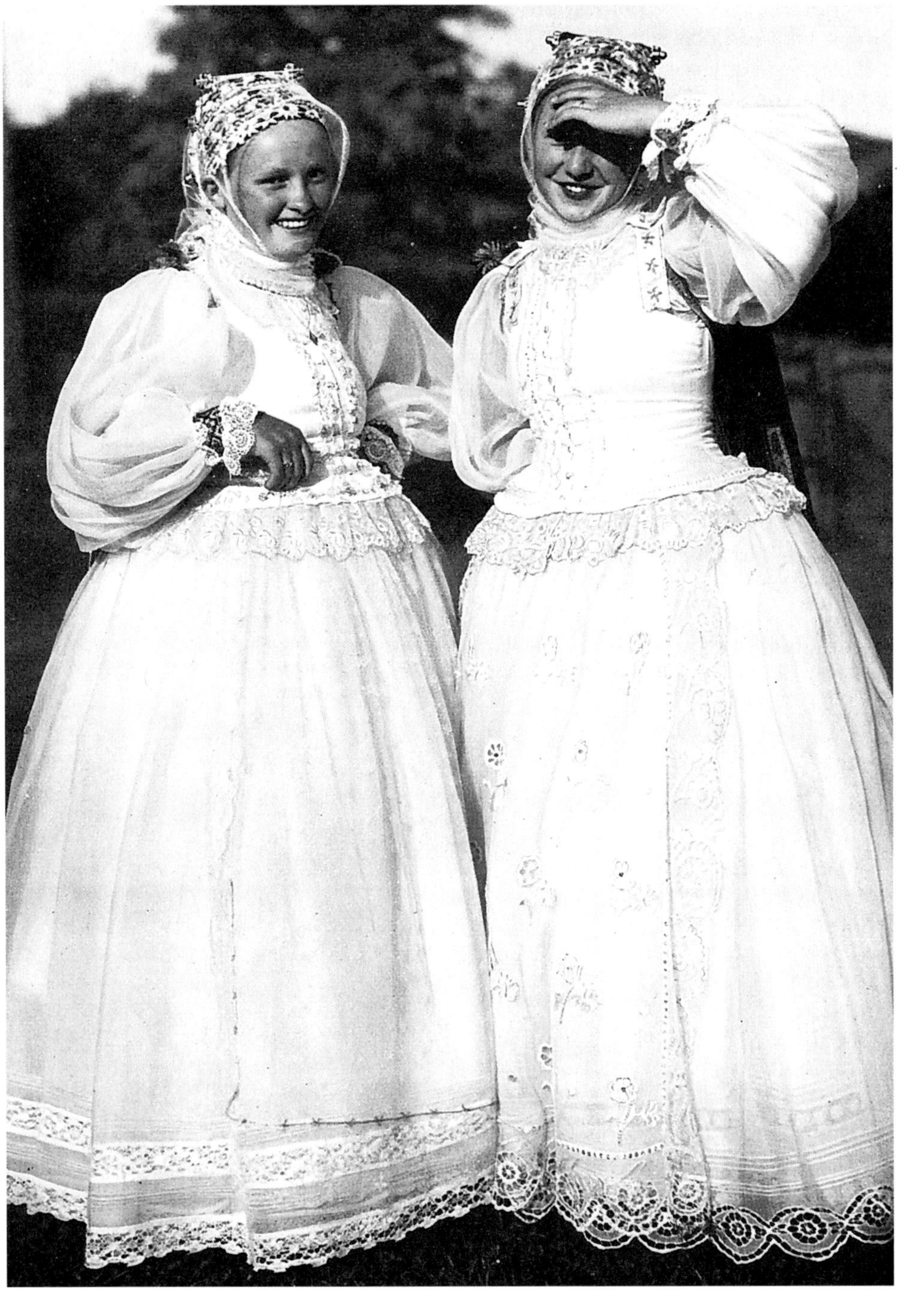

überstellung von irdischer Macht und Vergänglichkeit im recht dramatischen „Königslied“, das nicht ohne Charakteristik für Land und Leute von den Sachsen dann selbst bei lustigsten Anlässen gesungen und gesprochen wird, damit Bauern und Bürger im Zeitlichen nicht das Zeitlose vergessen.

Erst die Niederlage des ehrgeizigen türkischen Großwesirs Kara Mustapha, dem Allah vor Wien die Gnade entzieht, ordnet Europas Machtverhältnisse neu. 1686 stehen kaiserliche Truppen vor Hermannstadt, im Jahr darauf beginnt die planmäßige Besetzung Siebenbürgens unter Führung Karls von Lothringen. Der Landtag sagt sich von der Türkenherrschaft los, worauf Antonio Graf von Caraffa, ein wegen seiner Grausamkeit berüchtigter Feldmarschall, in Hermannstadt einmarschiert. Als Vertreter des Kaisers „caput Germanum“ genannt, erreicht er in wenigen Wochen, daß die durchaus noch skeptischen Stände Kaiser Leopold I. als Oberlehnsherrn huldigen. Die Sachsen verpflichten sich zur Waffenhilfe gegen den Halbmond, worauf Caraffa dem Wiener Hof empfiehlt, die kaiserliche Herrschaft auf die Deutschen als „Lebenskraft und Zierde von Siebenbürgen“ oder „nervus Transsylvaniae“ zu stützen (Latein war bis 1848 „Geschäftssprache“).

Im großen Türkenkrieg hatte sich Happelio notiert: *„Cronstadt ist die andere Stadt der Teutschen, sie ist volckreicher als die erste* (Hermannstadt – d. A.), *aber nicht so veste, doch eben so zierlich gebauet; es ist hier eine berühmte Schul und die fürnehmste Bibliothec in gantz Ungarn und Siebenbürgen, vor der Stadt sind 3 große Vorstädte, deren eine die Ungarn, die andere die Bulgarn, und die dritte die Sachsen und Zäckler bewohnen. Sie liegt in der letzten Gegend deß Landes, Burtzland genandt, an den Moldauischen Gräntzen, der Boden allhier ist sehr fruchtbar.“*

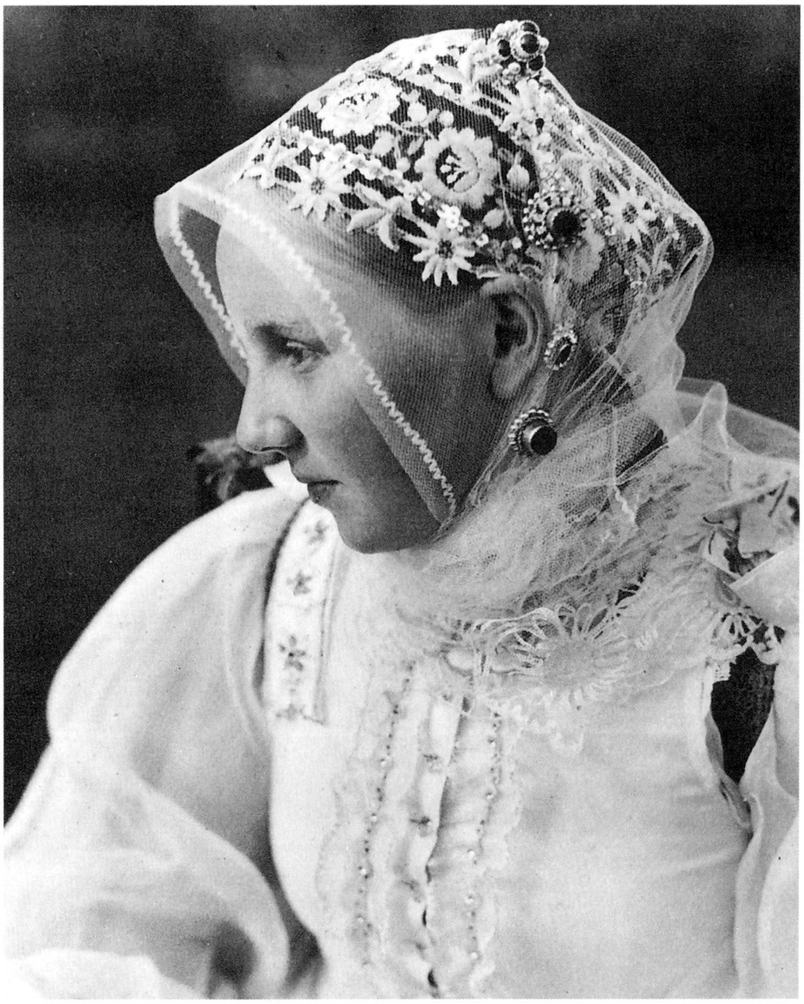

Sächsin aus den Nösnerland in ihrer Festtagstracht. Der weiße Schleier ist mit reich verzierten Bockelnadeln festgesteckt.

Wenig später trifft die Sachsenstadt der wohl härteste Schicksalschlag ihrer Geschichte: Die Kaiserlichen schießen mit neuartigen, weittragenden Geschützen einen von der lokalen Schusterzunft angezettelten Aufstand nieder. Rachsüchtig wie sie sind, enthaupten sie den im Greisenalter stehenden Zunftmeister Steiner auf dem Marktplatz und zünden dann die Stadt gleich an mehreren Stellen an. Kronstadt brennt praktisch bis auf das letzte Haus nieder, von der Marienkirche bleiben nur die rußgeschwärzten Mauern stehen. Es sollte rund 100 Jahre dauern, bis das spätgotische Gotteshaus, im Volksmund von nun an „Schwarze Kirche“ genannt, wiederhergestellt ist. Viktor Kästner, der bedeutendste Mundartdichter der

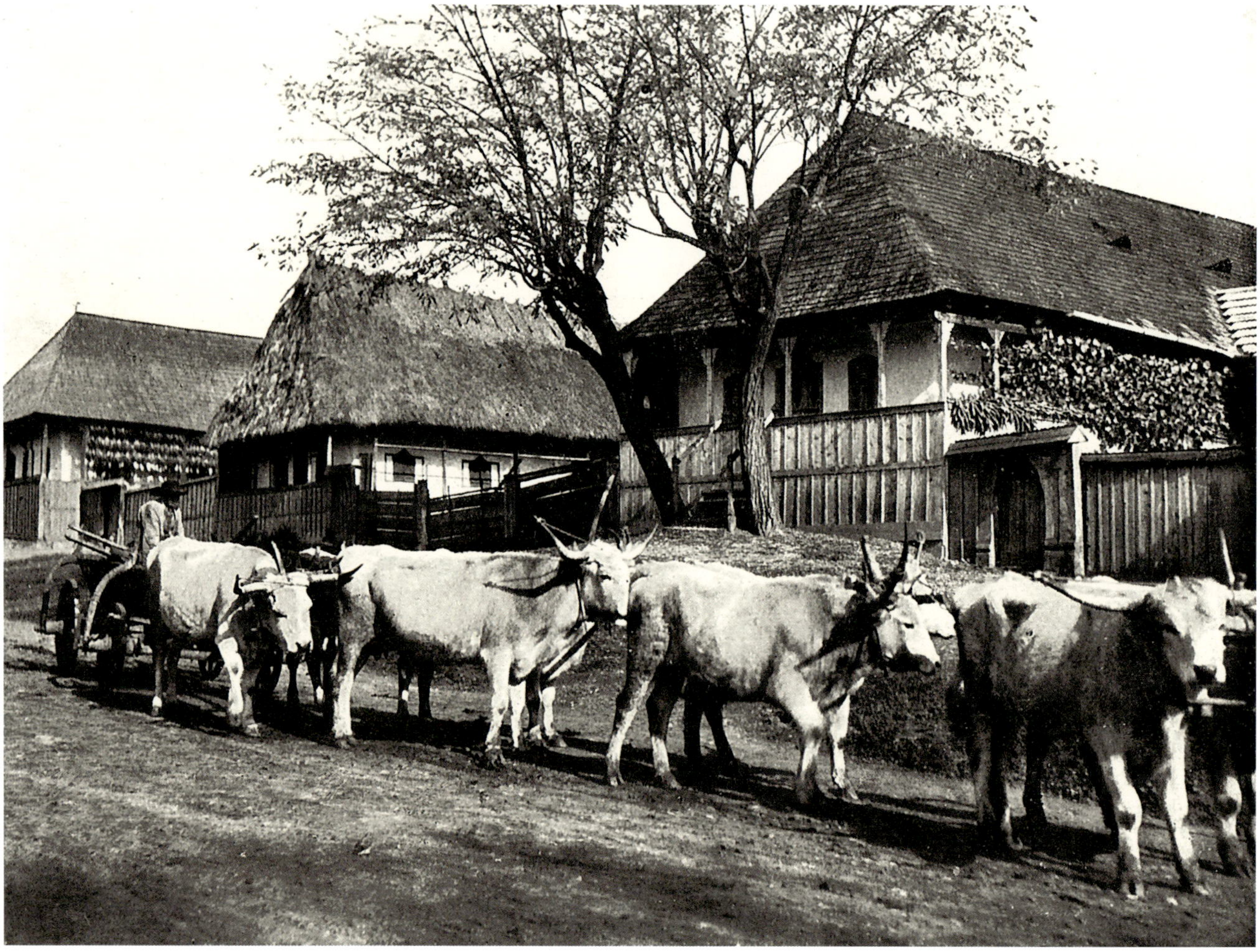

Dorfgasse in Deutsch-Zepling. Bis zum Zweiten Weltkrieg ist das Dorf im Lutzbachtal fast ausschließlich von sächsischen Bauern besiedelt. Nach ihrer Flucht in den Westen ziehen Rumänen und Roma nach.

Sachsen, mag über die brandgebräunte Schwarze Kirche dann gedichtet haben: *„Hüh üwer den Geboaen / En Kluck keen Hönkle klien / Hewt sich empur zem Froaen / En Kirch ous Felsenstien."* Der Pfarrer und Historiker Müller-Langenthal verglich das Gotteshaus beim Blick von der Bergpromenade mit „einer vielbesorgten Mutterhenne, die einen dichtgeschlossenen Häuserkranz zusammenhält und schützt". Ein französischer Kunstführer nennt es heute „die wichtigste architektonische Sehenswürdigkeit Rumäniens".

Der Habsburger Leopold I., römisch-deutscher Kaiser und edler Fürst von Siebenbürgen, kommt den Sachsen mit einem „Leopoldinischen Diplom" entgegen, das ihnen die alten Rechte wiederum „für immer" einräumt. Daneben wird die Sonderstellung Siebenbürgens in bezug auf Verwaltung und Landtag neu verbrieft, den 4 rezipierten Konfessionen – Lutheranern, Katholiken, Reformierten und Unitariern – Religionsfreiheit zugesichert. Die Rumänen gelten weiterhin nur als „geduldete Nation".

Die Einbeziehung des Landes in das zusammengeheiratete, zusammengeerbte Österreich der zehn (oder gar zwölf) Völkerschaften kann für die Sachsen wenig Grund zum Feiern sein. Die Kraft ihrer Städte ist zerstört, an die 100 Dörfer liegen entvölkert, Handel und Wandel am Boden, die Steuern sind erdrückend. Durch das Ende der Türkenkriege schrumpft ihre militärische Bedeutung, ein Vakuum, das trotz der Suche nach neuen Standorten nie mehr richtig aufzufüllen ist. Bevor die Wunden, die die Kriege geschlagen haben, vernarben können, muß sich die Demokratie der deutschen Siebenbürger mit dem Absolutismus Wiens, ihr Luthertum mit dem Katholizismus Habsburgs auseinandersetzen.

Unterdessen wandern langsam aber ständig rumänische Hirten und Kleinbauern, in denen Martin Opitz „arbeitsame und friedliche Abkommen der Römer“ entdeckt hatte, vom Gebirge herab, um die wüst gewordenen Sachsendörfer zu besetzen. Mit bescheidenen Ansprüchen, aber geschickt, zäh und fleißig, übernehmen sie die Plätze, die die Sachsen nicht mehr füllen können. Als Habsburg Siebenbürgen übernimmt, wohnen auf Königsboden rund 100 000 Personen „von echt teutscher Nation“, dazu bereits 70 000 Rumänen. Noch ist ihnen die Gleichberechtigung und der Zuzug in die Sachsenstädte verwehrt. Doch die Unterwanderung der Dörfer bringt eine der tragenden Säulen der Sachsen in Gefahr, eines Tages einzubrechen.

In glücklicheren Tagen für das Dorf, dann für die Stadt entworfen, bewährt sich in Notzeiten die Nachbarschaft, in ihrer bodenständigen Prägung die konsequenteste soziale Einrichtung der sächsischen Bauern und Bürger. Es gab keine deutsche Volksgruppe, die die gegenseitige Verpflichtung so stark pflegte wie die Siebenbürger Sachsen, es gab nichts, was sie besser symbolisierte als die den Alltag von der Geburt bis zum Tod reglementierende Organisation. Ihre Gesetzmäßigkeiten konnten sich von Ort zu Ort, selbst von Stadtteil zu Stadtteil unterscheiden. Doch überall auf Sachsenboden hatte sich der Einzelne dem etwas herben und nicht immer bequemen Charakter der Gemeinschaft zu unterwerfen.

Es waren der ständige Kampf gegen äußere Feinde und das Stehen zwischen den Nationen, die die Sachsen zur inneren Einheit zwangen. Auf Gedeih und Verderb aufeinander angewiesen, wurde in der Nachbarschaft die Voraussetzung für jedes Überleben gesehen. Sie war der Pol, um den das Leben kreiste. Sie wachte darüber, daß das Volk nicht durch Klassengegensätze zerissen wurde, reagierte bei Feuersnot, Ehestreit oder

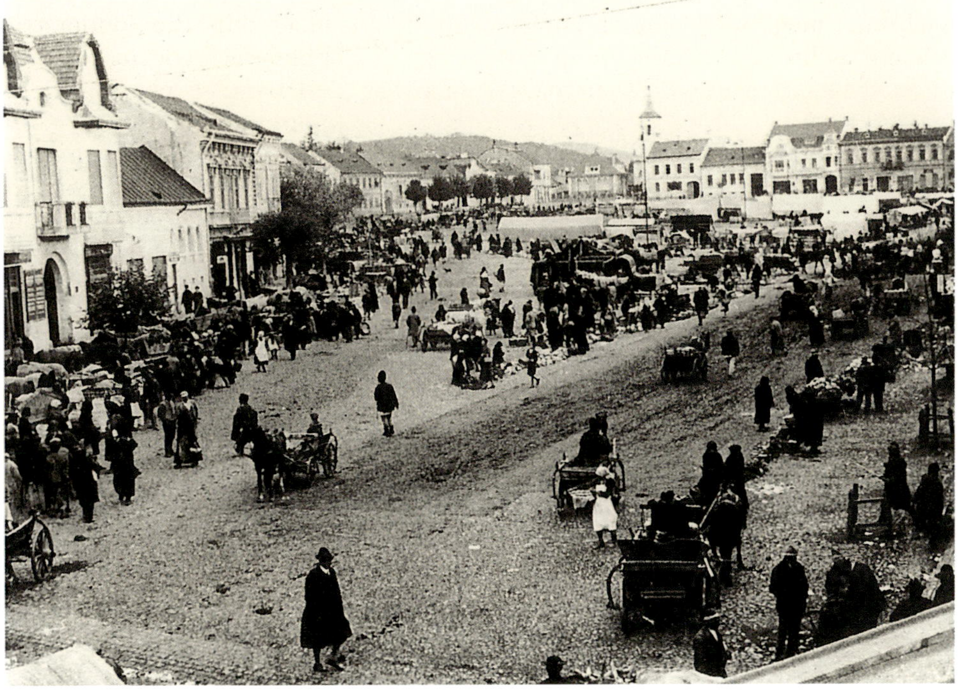

Wochenmarkt in Sächsisch-Regen. Im Bürgerkrieg von 1848/49 von aufständischen Szeklern zerstört, wird die Stadt am Oberlauf des Mieresch in neuer Planung wieder aufgebaut.

Diebstahl, garantierte dem Bauern mit ihrer Arbeitskraft das Dach über dem Kopf. Sie half bei Krankheit mit Leuten aus, die das „Raten" beherrschten, jene Formeln kannten, mit denen man Gebrechen von der Gicht zum Rotlauf oder Zitteroch beschwörte. Die Nachbarschaft bestrafte, wer sich „wie ein Walache" benahm, wer „mit dem Ellenbogen auf dem Tisch liegend" beim Essen erwischt wurde, wer mit dem Backen bis Sonnabend wartete oder mit einem Rumänen/einer Rumänin tanzte. In Botsch wurden Burschen wegen des „gesundheitsschädlichen Begießens der Mägde mit Wasser" zur Kasse gebeten, in der Hermannstädter Oberen-Wiesen-Nachbarschaft kostete es 10 Denar „wo einer mit der Faust in einem Czorn auf den Tisch schleggt". Zu den Vorschriften zählte hier auch, daß alle Kranken sich bei der Kirche zu melden hatten, „damit sie nicht ohne den Rat der Geistlichkeit sterben".

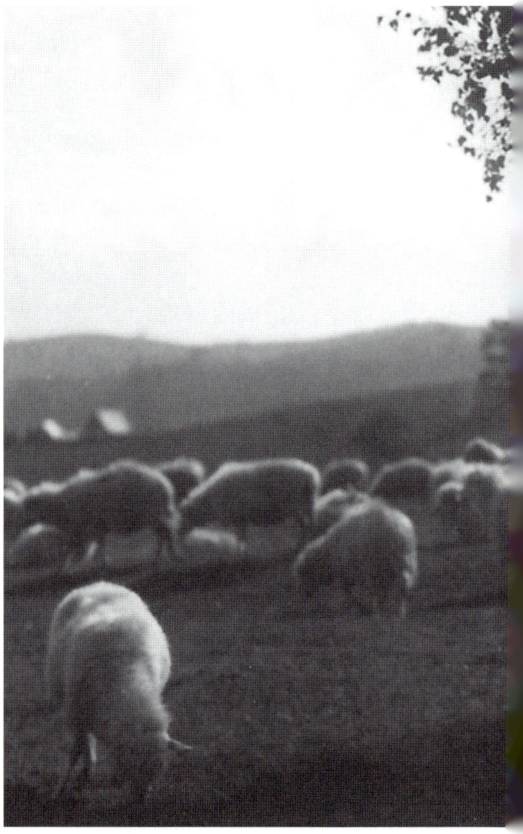

Büffelherde im Hochland. Die Sachsen halten sich den »bos bubalus transsylvanus« als Zug-, Mast- und Milchtier. Besonders gut eignen sich die Büffelochsen für schwere Arbeiten auf tiefgründigem Boden.

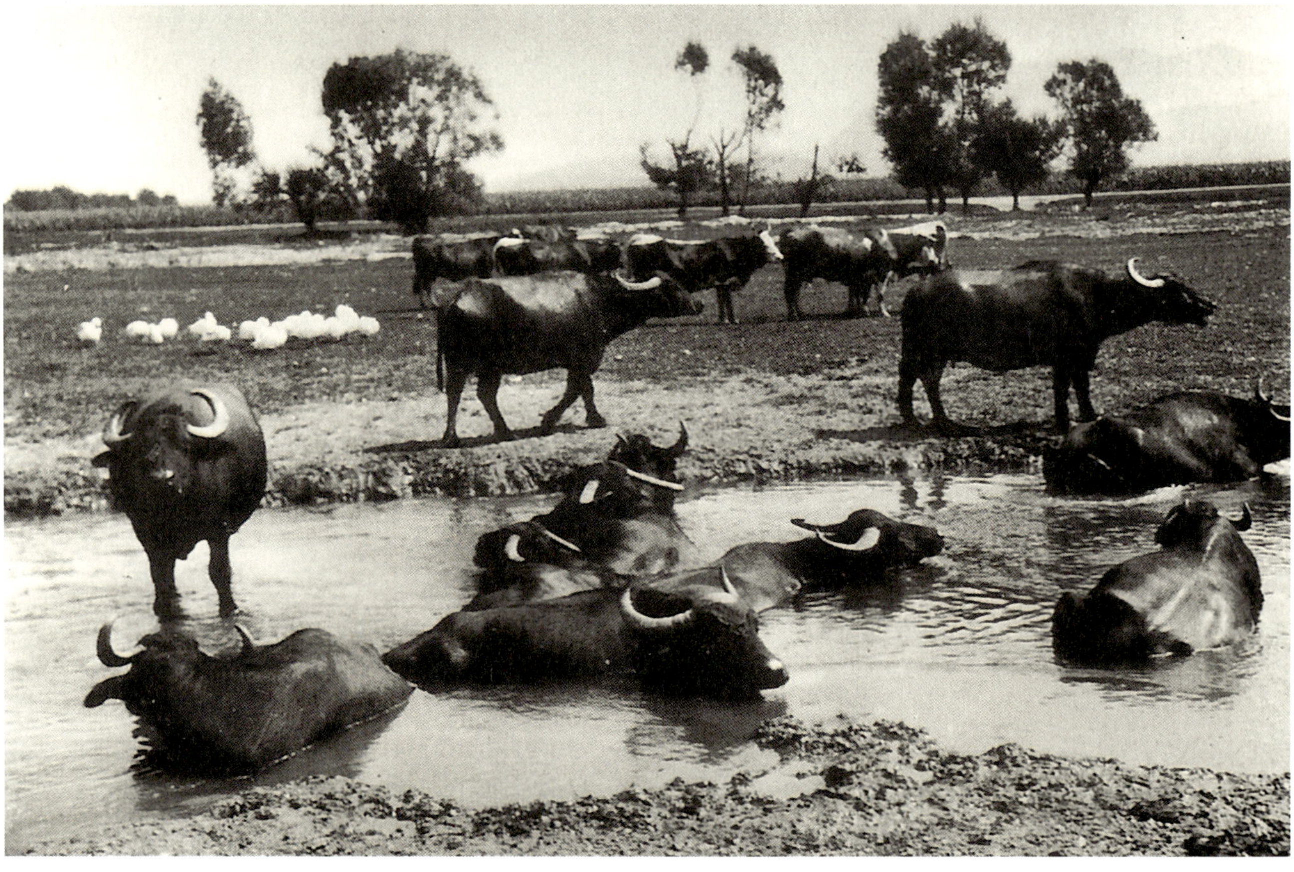

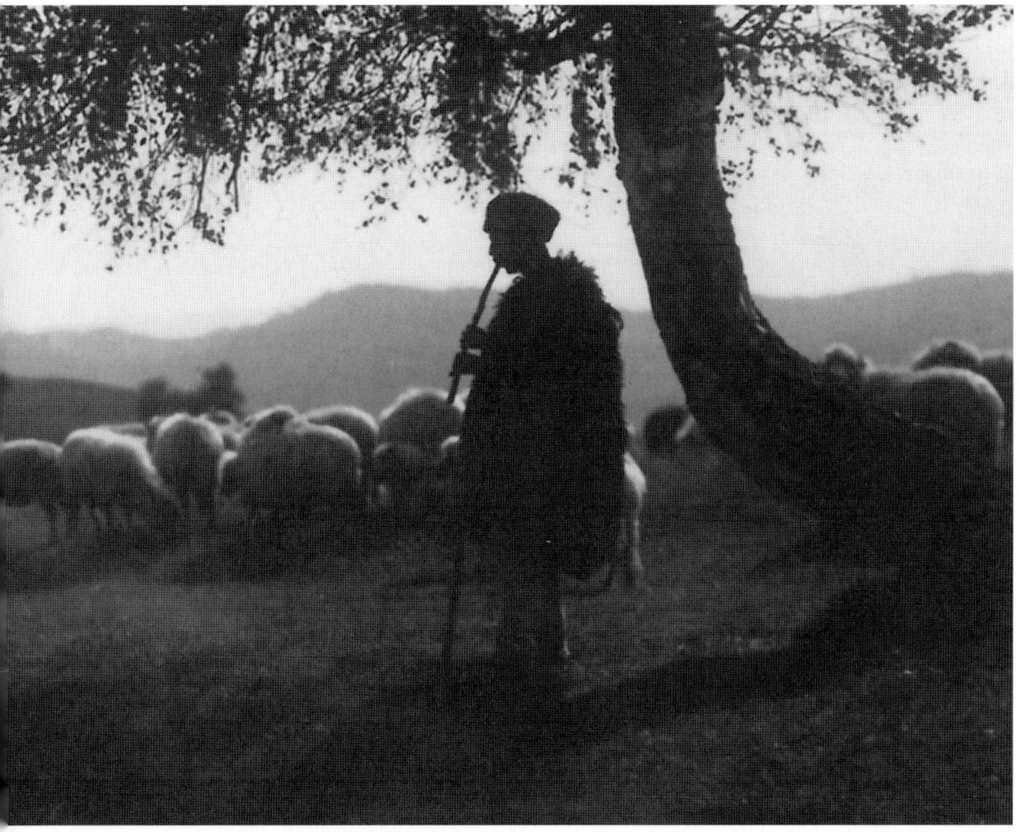

Rumänischer Schafhirte im Kokelgebiet.

Besonders in der Stadt wurde längst nicht jeder in die Gemeinschaft aufgenommen. Nach einer Hermannstädter Bestimmung aus dem Jahr 1696 mußte ein Aspirant, der sich in eine Nachbarschaft „eingrüßen" wollte, Hausbesitzer in einem bestimmten Stadtteil und als solcher „ehrlich, redlich, aufrichtig und nicht verdächtig" sein. Mietsleute und Mitbewohner - sogenannte „inquilini" – waren ebenfalls zugelassen, doch zu minderem Recht. Wer Hürden dieser Natur überspringen konnte, hatte dann einen Geldbetrag zu leisten, und zugunsten der „Hausseligkeit" einen Eimer Wein für die nächste Nachbarschaftsunterhaltung beizusteuern.

Da in den sächsischen Städten zu dieser Zeit nur Sachsen ein Haus besitzen durften, bestand die Nachbarschaft ausschließlich aus Deutschen. Mit der Mitgliedschaft waren Pflichten und Rechte verbunden, die im Prinzip alle den Sinn hatten, sich in jeder Lebenslage zu unterstützen, bzw. gestützt zu werden. So bestritt die Nachbarschaft die Gassenhut in der Nacht, die Tageshut an Sonn- und Feiertagen, die Predigthut während des Gottesdienstes, die Windhut bei starkem Wind und als allerstrengste Hut die Verteidigung.

An der Spitze einer Nachbarschaft stand der am „Aschtag" freigewählte „Hann". Zu seinen Aufgaben zählte die Vertretung seiner Gruppe nach außen, er führte die Vermögensverwaltung, überwachte die Brunnen, überprüfte die Schornsteine und sorgte dafür, daß sich niemand in den Verband drängte, der nicht hineingehörte. Einfach wurde ihm das Geschäft nicht gemacht: Ab 1589 wird jeder Hermannstädter Hann mit deftigen 25 Gulden bestraft, wenn er versäumte, dem Stadtrat mitzuteilen, daß ein Fremder eine Sächsin heiraten wollte (was zur Ausweisung der „unteutschen Nation" führte). Immerhin 5 Gulden kostete es den Hann, wenn Fremde – im offiziellen Sprach-

Folgende Doppelseite: Die Kirchenburg von Hetzeldorf in einem Seitental der Großen Kokel. Das im 14. Jh. begonnene, später mit 2 Ringmauerrn bewehrte Gotteshaus gilt als eine der schönsten Dorfkirchen Siebenbürgens.

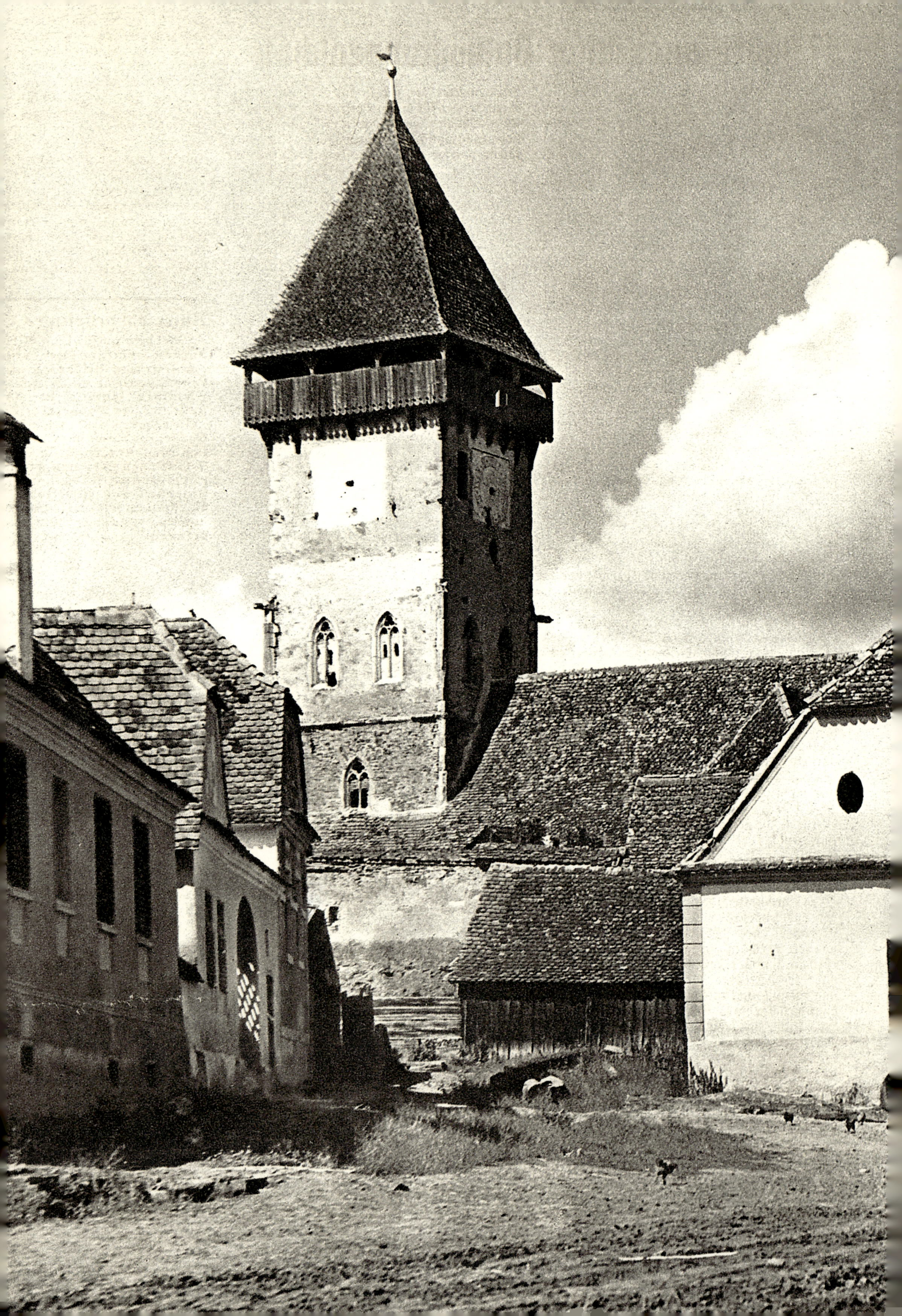

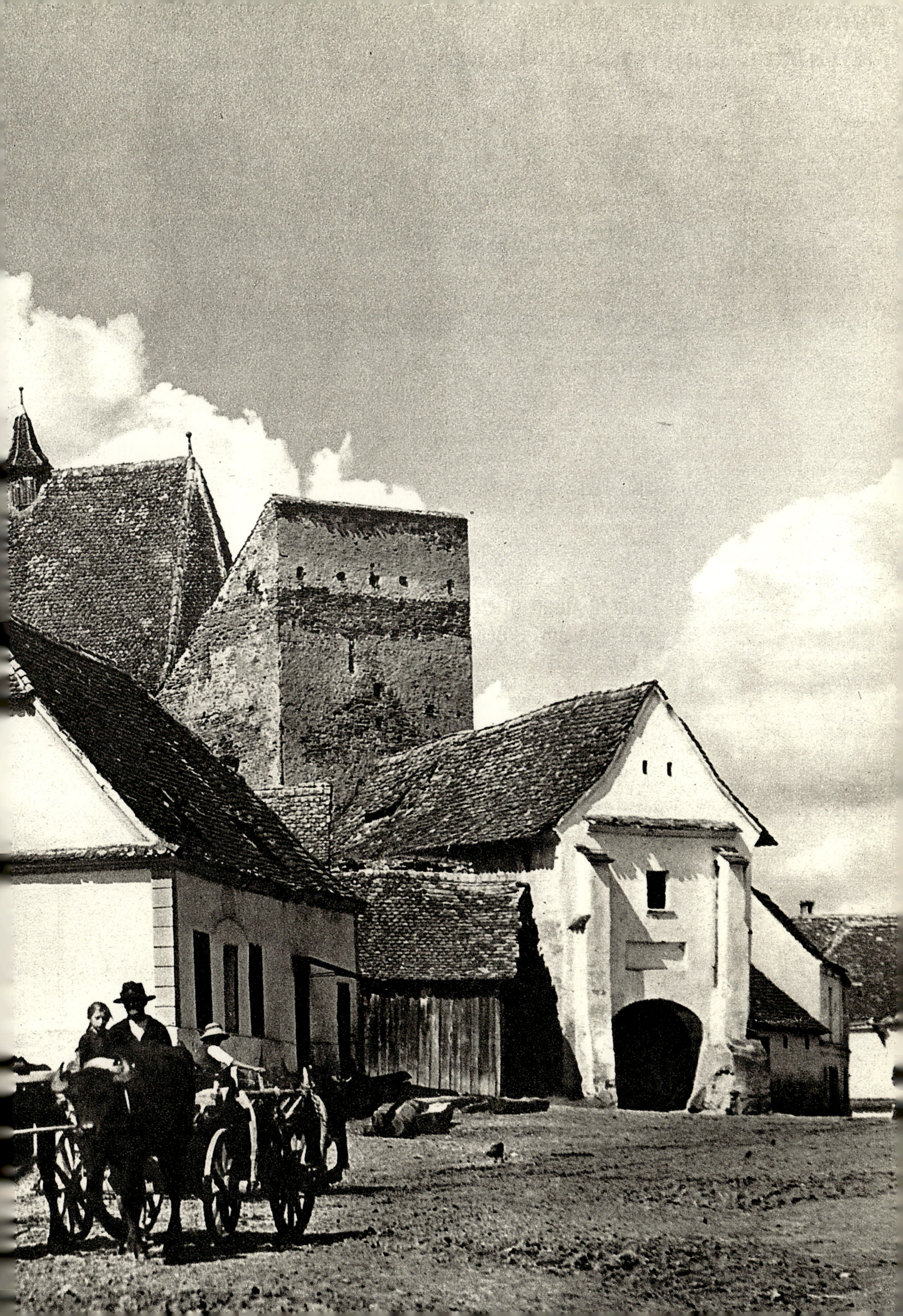

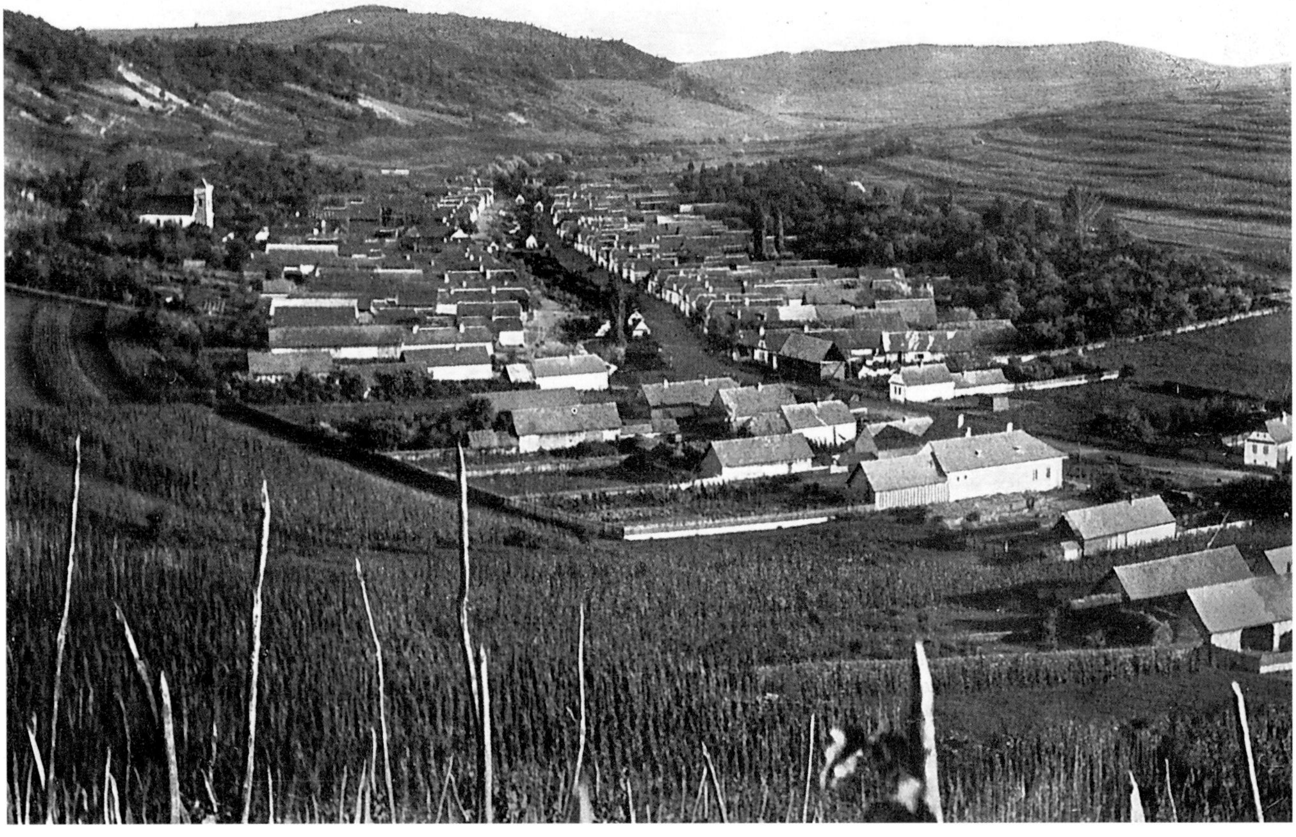

Kleinlasseln. Von sächsischen Fronbauern im 18. Jh. gegründet, liegt das Dorf im Tal der Kleinen Kokel an der nördlichen Grenze des sächsischen Hauptsiedlungsgebietes. Noch unmittelbar vor dem Ersten Weltkrieg waren 90 Prozent der rund 700 Dorfbewohner Deutsche.

gebrauch „vagabundes herrenloses lediges Gesindel von allerley Nationen" – nach Torsperre in der Stadt übernachteten. Ging eine der Stadtdirnen ohne das rote Kopftuch als vorgeschriebenes Kennzeichen auf die Straße, so mußte der Hann für den „Verstoß gegen die Kleiderordnung" bezahlen. Selbst wenn die Pest die Stadt heimsuchte, hatte der Hann dafür zu bürgen, daß keine Bäcker davonliefen, um einer Lebensmittelknappheit vorzubeugen.

Auch die Dörfler wählten ihren Hann (oder Vater). Ihm vertrauten sie die Schlüssel zu den Korn- und Speckkammern an, die wöchentlich einmal geöffnet wurden, damit sich jede Familie Proviant holen konnte. Anordnungen des Hannen oder Einladungen zu Veranstaltungen wurden auf Nachbarschaftszeichen umgeschickt. Wer eine Notiz erhielt, mußte sie zusammen mit der mündlichen Anzeige so schnell wie möglich an den Nachbarn weitergeben. Jede unbegründete Verzögerung, jedes falsche Weitersagen wurde – *„verfelt ohn alle Gnad"* – bestraft.

Zum Alltag der Nachbarschaft gehörten die Organisation des Kukuruzschälens oder Federnschleißens, des Entsteinens der Pflaumen, des Zwiebelflechtens und Obstdörrens. Organisiert wurde das Große-Wäsche-Waschen und das Kränzchen am Winterabend, ganz abgesehen von Großereignissen wie dem Viehaustrieb am Georgen- (24. April) oder dem Mähen am Johannistag (24. Juni). Gemeinsam sang man an Weihnachten den uralten Liedertext des „Quem pastores", sah man den „Austagen" entgegen, der Zeit zwischen den letzten Stunden des Winters und jenen, *„wonn de Schwalwe kunn"*. Im Mittelpunkt des geselligen Lebens eines Sachsendorfs stand dabei jeweils nach St. Gallus

(16. Oktober) die *„Rockstuf“* (Spinnstube). Frauen und Schwestern einer Nachbarschaft versammelten sich jetzt in getrennten Zirkeln, wo „Mägde“ waren durften – natürlich unter Aufsicht einer „Altmagd“ – auch „Knechte“ sein. Zur Arbeit wurden Lieder gesungen wie „Zufriedenheit ist mein Vergnügen“ und „Wie schön ist dieses ländliche Leben“, wurden neuer Klatsch und alte Märchen erzählt.

Im Dorf ging die Jugend mit der Konfirmation die Verpflichtung ein, in die kirchlichen Verbände der Bruder- oder Schwesterschaft einzutreten. Sie regelten die „sittliche Lebensführung“, trugen Sorge „für Ehrbarkeit und Ordnung im täglichen Leben“, so vor allem bei Lustbarkeiten und geselligen Veranstaltungen wie dem Tanz unter der Dorflinde. Sie besorgten das Kornschneiden bei Pfarrers (hier: *Herr Vater* und *Frau Mutter*), das Holzschlagen für den Lehrer und den Arzt. Die Leitung lag in den Händen des Altknechts und der Altmagd, wobei „Alt“ synonym für „weise“ stand. Erst mit fortschreitendem Liberalismus wurden die von den Vorvätern in mühevoller Heimarbeit erdachten Nachbarschaften aufgelöst, in Hermannstadt im Jahr 1891. Ein Grund lag darin, daß die Sachsen jetzt gezwungen werden konnten, fremde Nationalitäten in ihren Kreis aufzunehmen ...

Anno 1697 wird Johann Zabanius, der Sohn des Hermannstädter Stadtpfarrers, zum Sachsengraf gewählt. Kein gebürtiger Siebenbürger, hat seine Familie als Opfer der Gegenreformation die Slowakei verlassen müssen. Noch im gleichen Jahr wird Zabanius vom Wiener Hof in Anerkennung seiner Habsburgtreue mit

Mediasch: Der Große Marktplatz mit der evangelischen Stadtpfarrkirche. Mediasch, der Vorort der »Zwei Stühle«, erhält 1534 die Stadtrechte. Hier ist Stephan Ludwig Roth geboren, in Mediasch arbeitete Hermann Oberth, der »Vater der Weltraumfahrt«, als Physiklehrer.

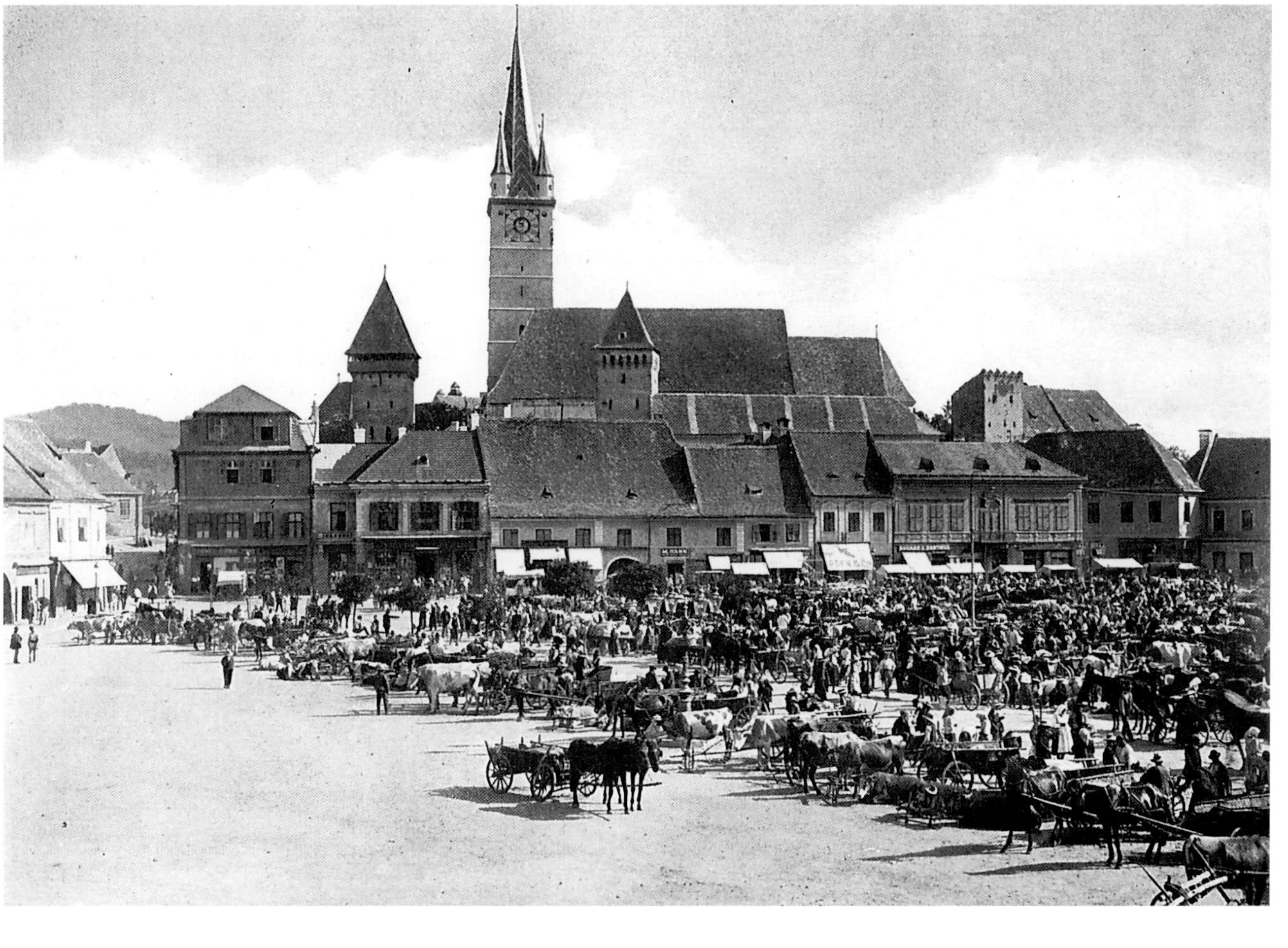

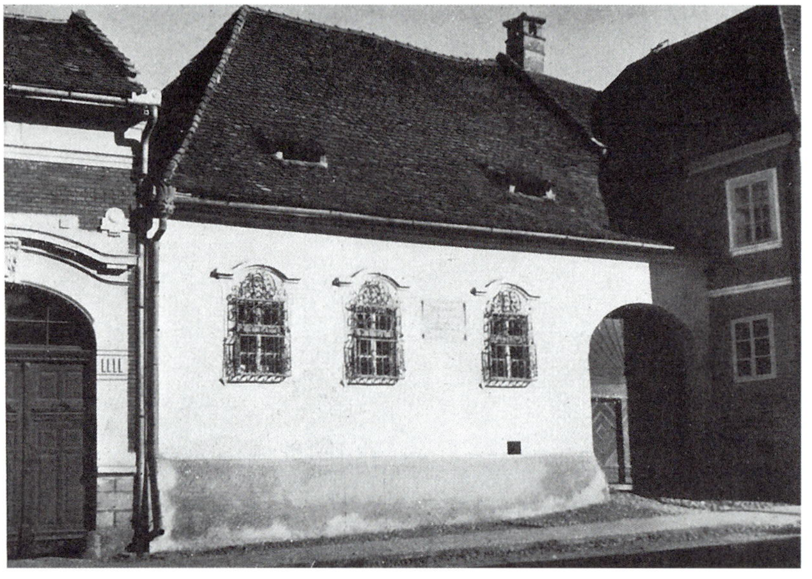

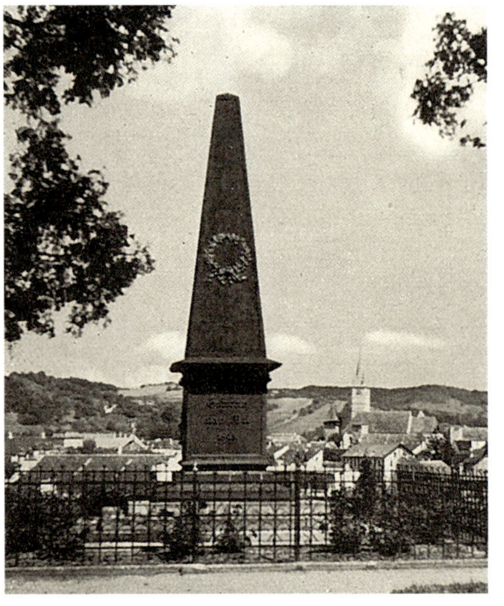

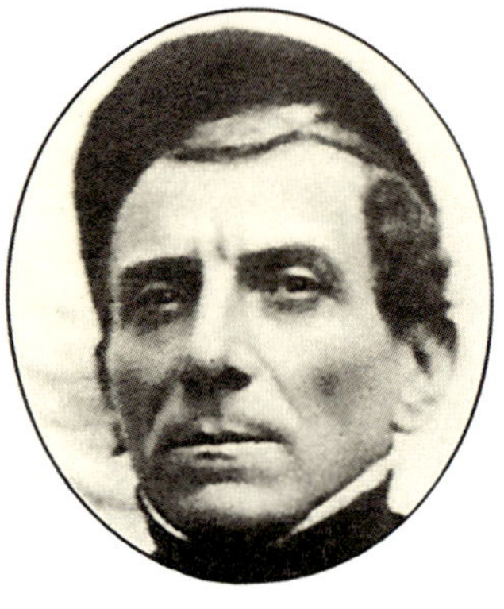

Stephan Ludwig Roth, seine Lehrerwohnung und Grabstätte in Mediasch.

Durch den Märtyrertod von Klausenburg zum Volkshelden Siebenbürgens geworden, werden Roths Gebeine nach der Überführung im »Schülergarten« von Mediasch bestattet.

dem Prädikat „Sachs von Harteneck" zum Ritter des Heiligen Römischen Reichs erhoben. So geadelt tritt er mit der Rüstung einer Tübinger Studentenzeit für die Sachsenrechte ein.
Harteneck versucht sich im Kampf gegen die eingerissene Korruption der sächsischen Beamten und die Opposition des ungarischen Adels. Doch er scheitert an der Entschlossenheit seiner politischen Gegner ... nicht zuletzt auch daran, daß er auf das Haus Habsburg baut, ohne dessen Doppelspiel zu erkennen. Unterstützt Wien die Sachsen doch nie um deren Vorteil, sondern – so eine Denkschrift Caraffas – um sie *„allezeit in der Discrepanz, in welcher sie mit den ungrischen Siebenbürgern stehen, zu steifen und die unter diesen beiden Nationen stehenden Dissensionen zu schüren, nach dem Grundsatz: teile und herrsche"*.
Tragisch für Harteneck, daß er – gerade 39 Jahre alt – seine Fehleinschätzung mit dem Leben bezahlen muß: Auf Betreiben der Adelspartei und der adeligen Generalität wird er wegen Amtsmißbrauch und als Mitwisser um einen Mord auf dem Blutgerüst gegenüber der Rolandsäule auf Hermannstadts Großem Ring enthauptet. Doch der Ehrenplatz im historischen Bewußtsein der Sachsen ist ihm sicher. Michael Albert, Bauernsohn aus Trappold, erinnert an ihn mit dem Schauspiel „Harteneck".
Um die Wende des 17. und 18. Jh. bricht der Kuruzzenaufstand aus, der Siebenbürgen 8 Jahre lang terrorisiert. Hatte man unter Kuruzzen einst Menschen verstanden, die das „crux" oder Kreuz wählten, so wurde die Bezeichnung erst von rebellierenden Bauern, danach von Anhängern des Grafen Tökeli adoptiert. Jetzt sollte eine von den Türken unterstützte nationalungarische Bewegung unter Führung des Fürsten Rakoczy selbst zum Kreuz des Landes werden. Ihr Ziel ist die Vertreibung des Kaisers aus Ungarn. Ihre Kämpfe werden bis vor Wien getragen, wo heute noch das Fluchwort „Kruzitürken" an die Zeit des Kuruzzenaufstands erinnert.
Einmal mehr müssen sich die Sachsen ihrer Haut erwehren, wie gehabt gelingt es ihnen hin und wieder nur mit List: Als die Söldner Rakoczys die Kirchenburg von Holzmengen bedrängen, schleudert ihnen die Torhüterstochter die Bienenstöcke der Nachbarschaft entgegen, worauf den Angreifern – zumindest der Sage nach – nichts anderes bleibt, als wie gestochen die Flucht zu ergreifen.

Die Zeit des Samuel von Brukenthal

Siebenbürgen ist aufgrund der Schläge der Geschichte kein typisches Einwanderungsland. Wer kommt, wird nicht selten dazu gezwungen wie die unter Karl VI. und Maria Theresia vertriebenen Österreicher, Protestanten aus dem Salzkammergut, der Steiermark, dem Land ob der Enns und aus Kärnten. Mitte des 18. Jh. addieren sich einige hundert evangelische Familien aus Baden-Durlach dazu. Die sogenannten „Durlacher" werden in der Gegend von Mühlbach angesiedelt, die durch Türkenkriege, Pest und Kuruzzenaufstand den Großteil ihrer Bevölkerung verloren hat. 1771 wandern auf die Empfehlung kaiserlicher Beamten, sie in Siebenbürgen „auszusetzen", protestantische Familien aus dem Hanauer Ländchen nach.
Geradezu kurios ist daneben die Gruppe preußischer Kriegsgefangener und Deserteure aus den schlesischen Kriegen Friedrich des Großen,

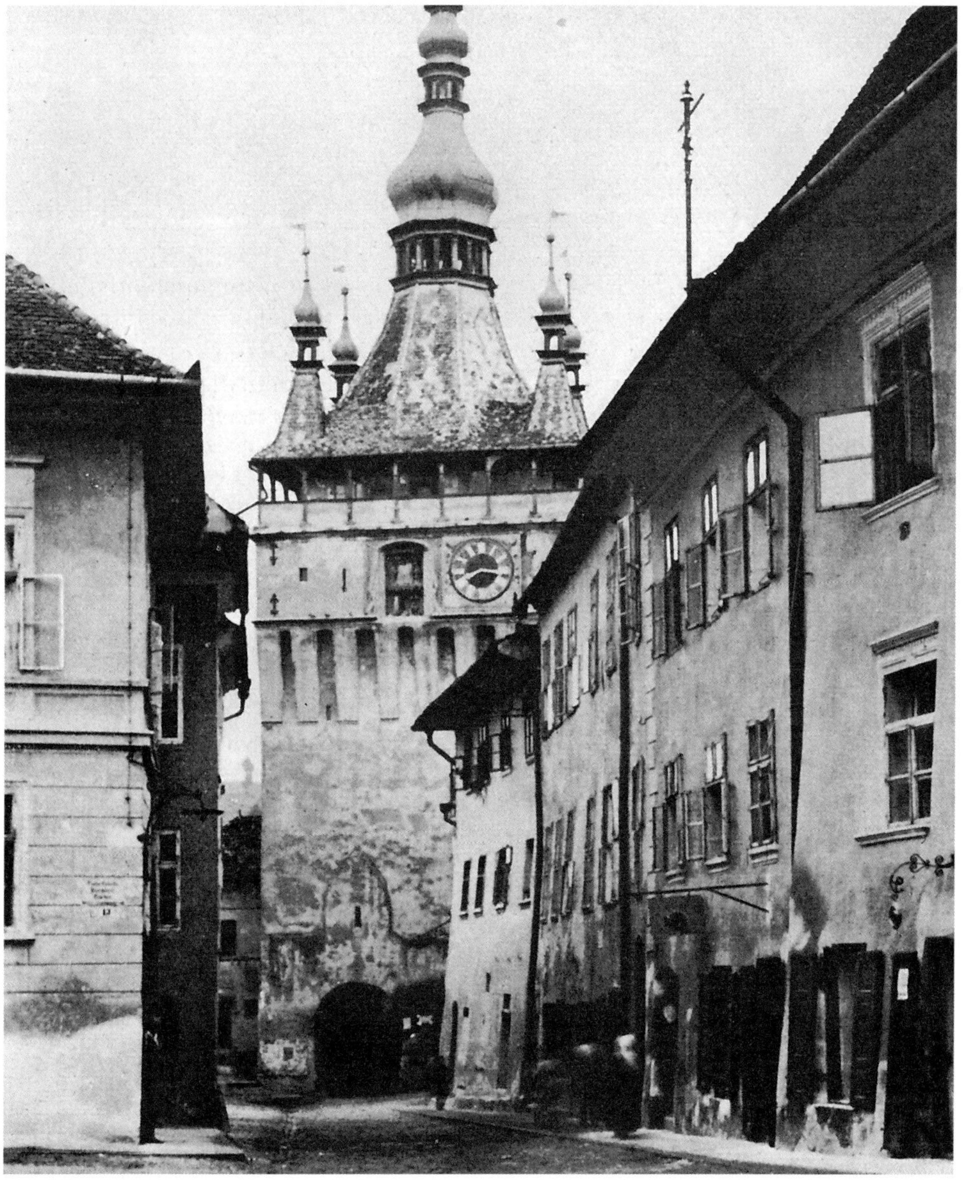

Alte Gasse und Stundturm in Schäßburg. Der Stundturm, Teil der Wehranlage, liegt auf dem Weg zum altberühmten Bischof-Teutsch-Gymnasium auf der »lindenumkränzten Höhe« des Schulbergs.

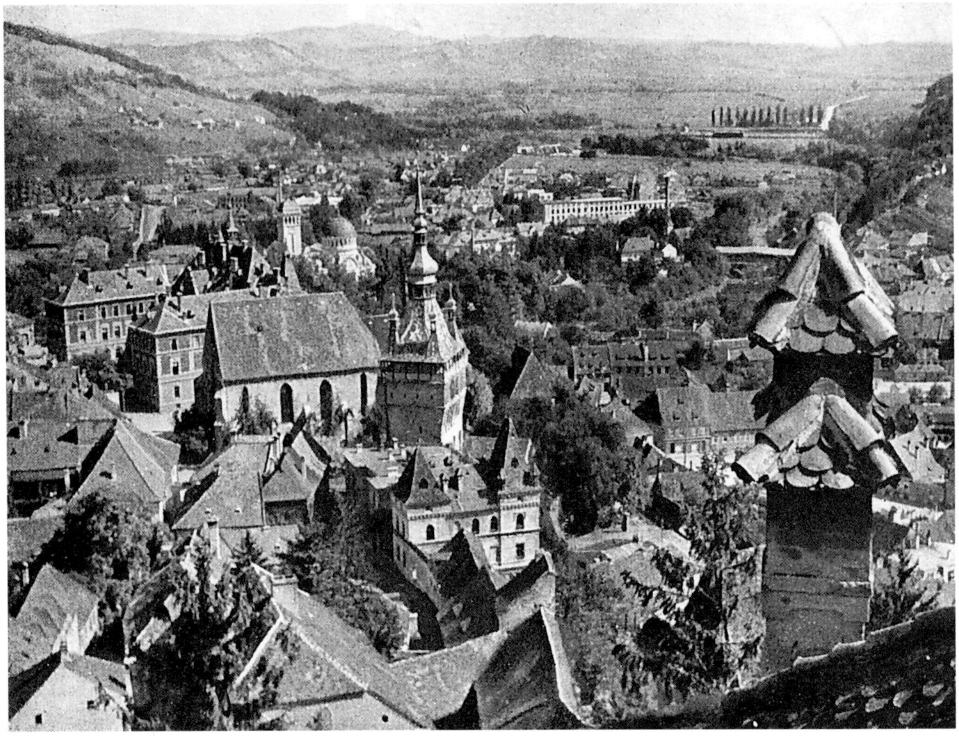

Blick auf Schäßburg. Nicht ohne Grund gilt die Schulstadt der Sachsen als »Rothenburg« Siebenbürgens. Von allen deutschen Städten im Karpatenbogen hat sich in Schäßburg der Charakter der mittelalterlichen Kleinstadt am besten erhalten.

gegen den sächsische Kontingente an verschiedenen Fronten kämpften. Ist abzusehen, daß preußische Piefkes kaum ideale Neusiedler auf Habsburger Territorium sein können, steckt man die einen in die Armee und bringt den Rest auf dem Land unter. Die Überraschung hält sich in Grenzen, als die meisten eines Tages durchgebrannt sind. Zu den aus Siebenbürger Sicht rühmlichen Ausnahmen zählt der Berliner Joachim Wittstock, der sich in Bistritz niederläßt. In seiner Nachkommenschaft fallen besonders der Schulmann Heinrich und der Dichter Erwin auf.

Die weitaus bedeutendste Einwanderergruppe stellen jene Transmigranten, die sich nach dem sogenannten „Landl" (Oberösterreich südlich der Donau) als Landler ins Geschichtsbuch eintragen. Ihre Verschickung nach Siebenbürgen gilt als Kompromiß zwischen der Bevölkerungspolitik des Hauses Habsburg und den Auflagen der Gegenreformation. Ist für Wien eine Schmälerung des Steueraufkommens durch die Ausweisung von Protestanten im Zeitalter des Merkantilismus doch kein Thema mehr. Die Abwanderung der tüchtigen Salzburger nach Preußen als Warnung, bietet sich eine Umsiedlung der „Ketzer" von katholischen Landesteilen auf protestantischen Sachsenboden an.

Die ersten rund 1000 Transmigranten werden 1733/34 in Neppendorf, Grossau und Großpold in der Hermannstädter Provinz ausgesetzt. Wenig später berichtet der dafür zuständige Magistrat zurück ins rund 1000 km entfernte Wien, „daß die armen Kärntner sehr stark mit dem allhier grassierenden Fieber befallen sind und größtenteils wegen Sehnsucht nach ihren Kindern und Mangel an Nahrung dahinsterben ... So wissen wir leider nicht, wie wir solche bloß und mit leeren Händen zu uns kommenden Leute ernähren sollen."

Trotzdem ordnet Maria Theresia eine neue Ausweisungswelle an. Ein Aktenstück begleitet die Aktion: *„Ihre Majestät haben zur Absonderung dieser Leute das Fürstentum Siebenbür-*

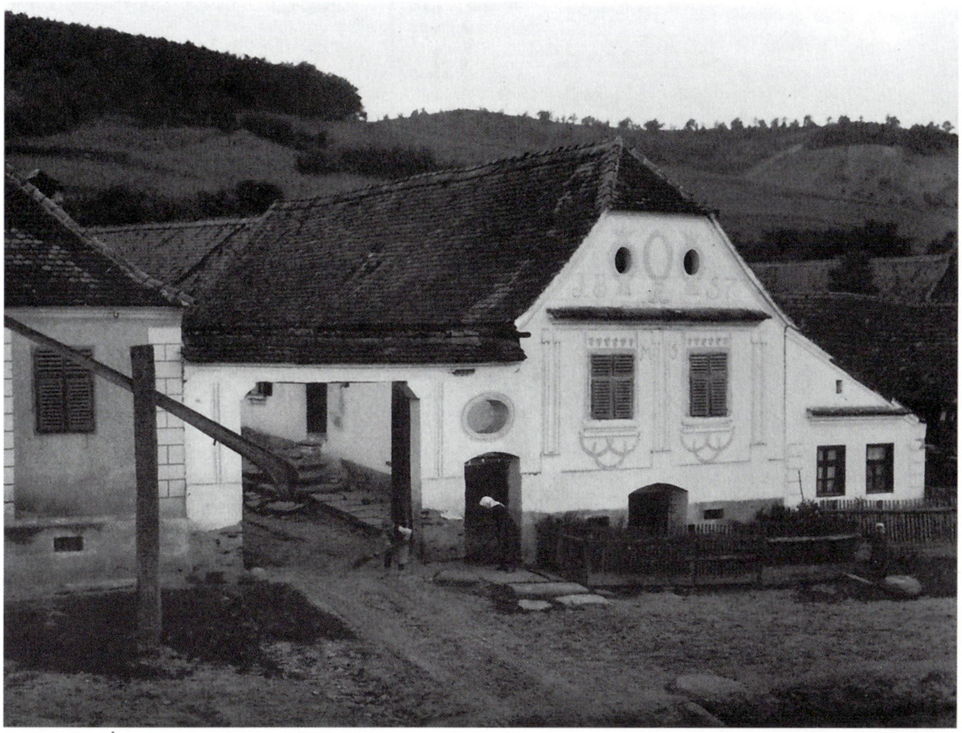

Bauernhaus in Rode, nach fränkischem Vorbild sind Wohnhaus und Stallungen um den Hof geordnet. Rode zählt zu den »13 Gemeinden«, die bis zu 1848 untertänig waren.

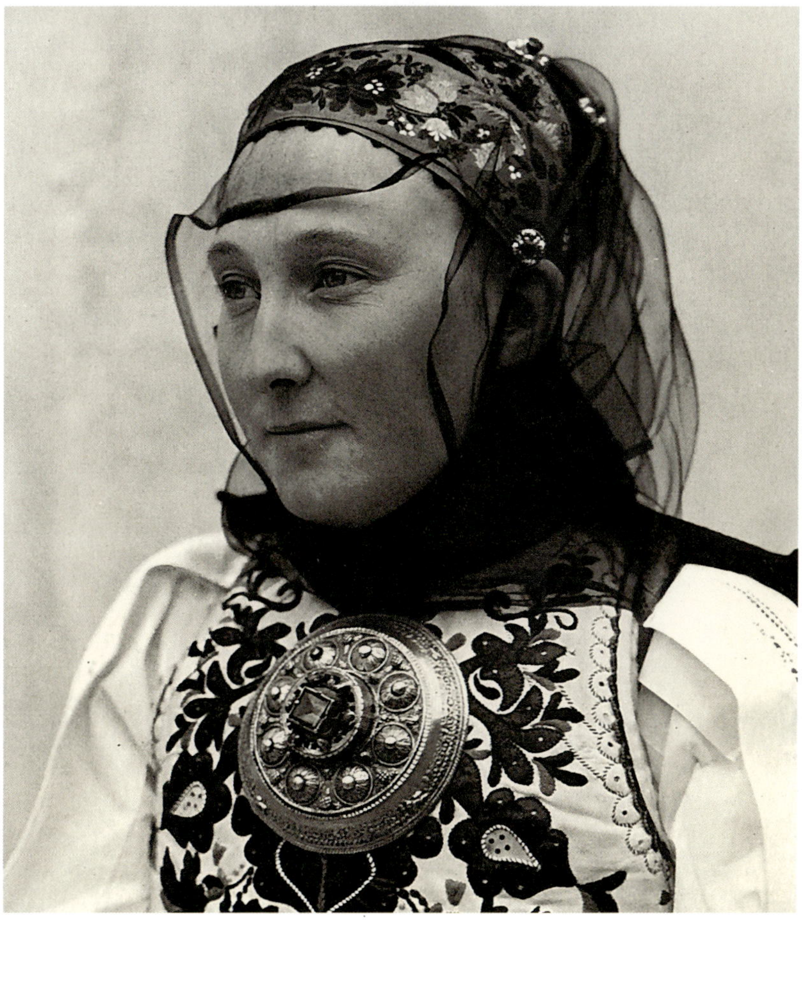

Gebockelte Sächsin aus Rode in sommerlicher Festtracht. Prominent das »Heftel«, eine Brustspange, wie sie schon in Frankengräbern der Völkerwanderungszeit gefunden wurde.

gen aus der Ursach bestimmt, weil selbes zur Abschneidung der Korrespondenz am weitesten entlegen, an der Population Mangel leidet, und von diesem transmigrierden arbeitsamen Volk mehr Kultur und Treu als von den mit der sächsischen Nation untermischten Walachen zu erwarten steht."

Die Braitwiesers aus Vöklabruck wohnen dann in Großpold, die Ackerles aus Hall in Broos, die Sandschusters aus Lambach in Hermannstadt und die Stadelhubers aus Traunkirchen in Schaas. Obwohl sie sich nur selten mit den Einheimischen vermischen, rüttelt ihre entschlossene Lebensart das etwas schwerblütige sächsische Volk aus seiner Starrheit. Von tiefer Religiosität geprägt, halten die Transmigranten an ihrer Sprache und an österreichischem Brauchtum fest. Es ist daneben die im schlichten Schwarz gehaltene Männer- und Frauentracht der „glaubenshalber" nach Siebenbürgen deportierten Landler, die im Gegensatz zum Weiß der Sachsen und Bunt der Rumänen

Europas klassischem Trachtenland eine neue Variante verleiht. Ein Modell nur unter vielen, gibt es in deutschen Landen doch nur wenige Gebiete, die einen ähnlichen Trachtenreichtum bieten. Fast jedes sächsische Dorf hat seine eigene Tracht, die sich zumindest in Detaildingen von der des Nachbarn unterscheidet. Nur zum Teil noch aus der Vorheimat an Rhein und Mosel, haben sich einzelne Kleidungsstücke selbständig entwickelt, sind dann – deutsch und siebenbürgisch zugleich – typisch sächsisch oder zeugen von Berührungspunkten mit anderen Völkern. Es ist diese Tracht, die die Zugehörigkeit zur sächsischen Gemeinschaft sichtbar macht, wegen des ungarischen und rumänischen Einflusses allerdings auch als Bekenntnis zur Geschichte des Volks gelten kann.

Erst in neuerer Zeit beginnt die Tracht aus dem sächsischen Straßenbild zu schwinden. Zuerst liegt der Grund dafür im Einfluß der Stadt, dann im

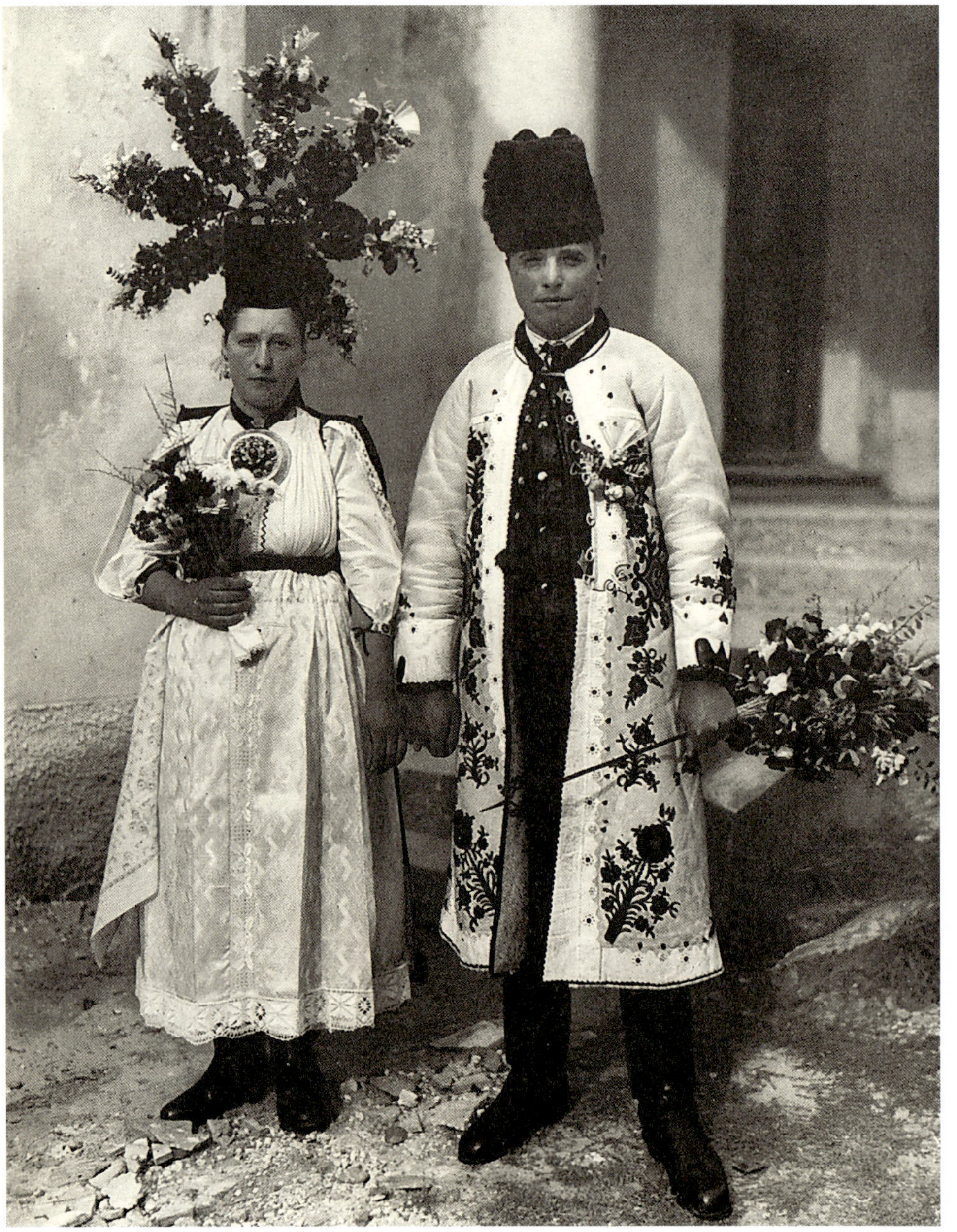

Brautpaar aus Rode. Über die Ehe wird erzählt, daß es den Burschen hin und wieder mehr auf den Acker der Mitgift als auf die große Liebe ankommt. »Sich vermählen« heißt im Sächsischen dann auch »sich frängden« … sich in etwas einfreunden.

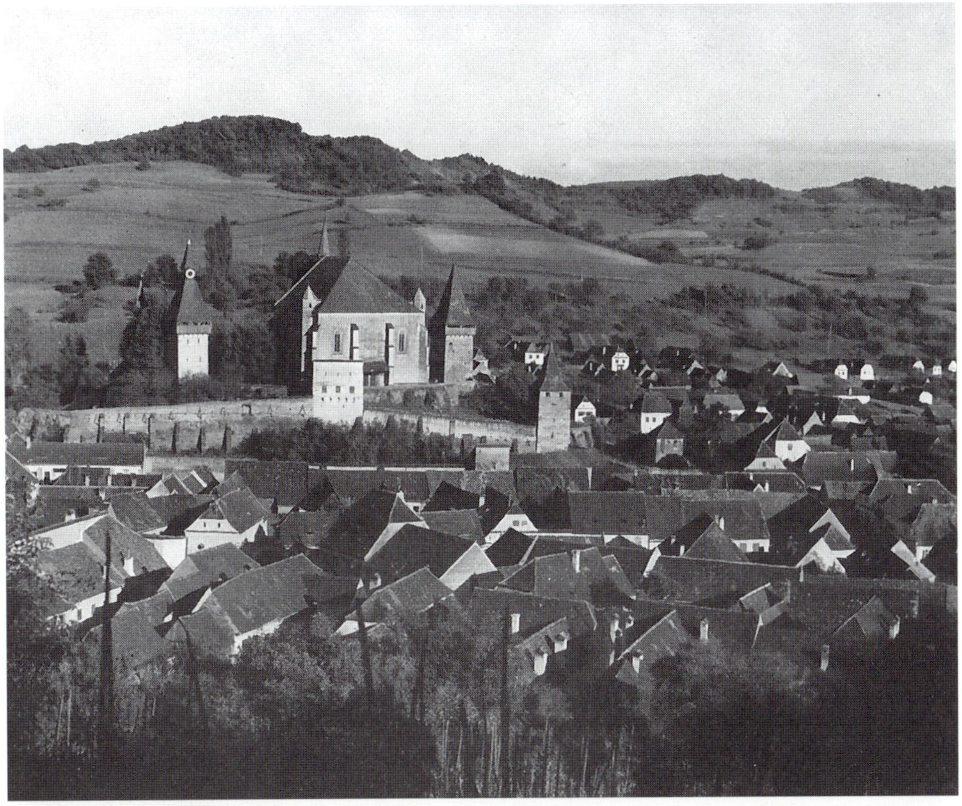

Blick auf Birthälm im Weinland. Einst von einem dreifachen Mauerring umgeben, überragt die mächtige Kirchenburg den Markt.

Kirchenburg von Birthälm, über dem Chor der gotischen Hallenkirche (um 1500) der Wehrgang. Birthälm, einst die größte Gemeinde der »Zwei Stühle«, ist von 1572 bis 1867 Sitz der Sachsenbischöfe.

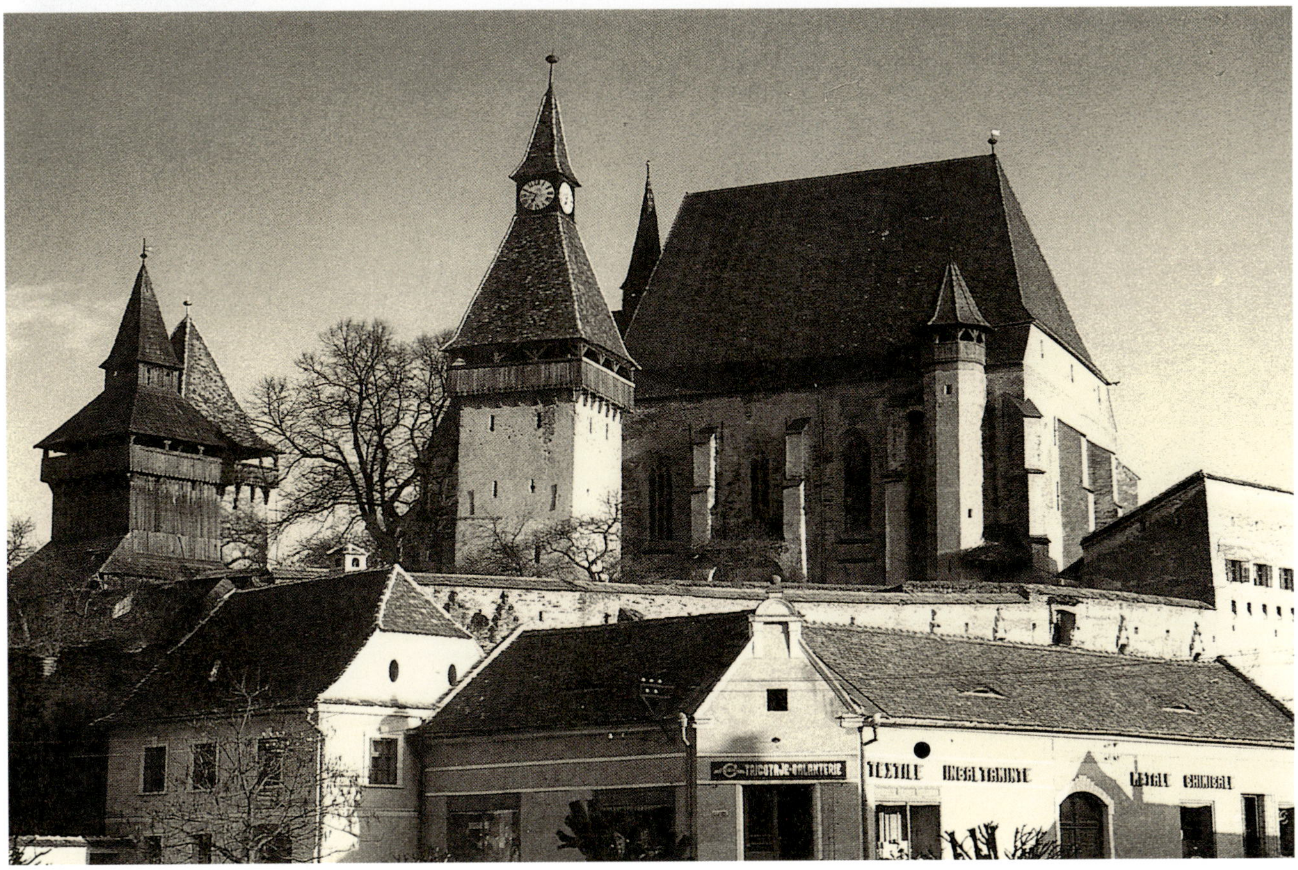

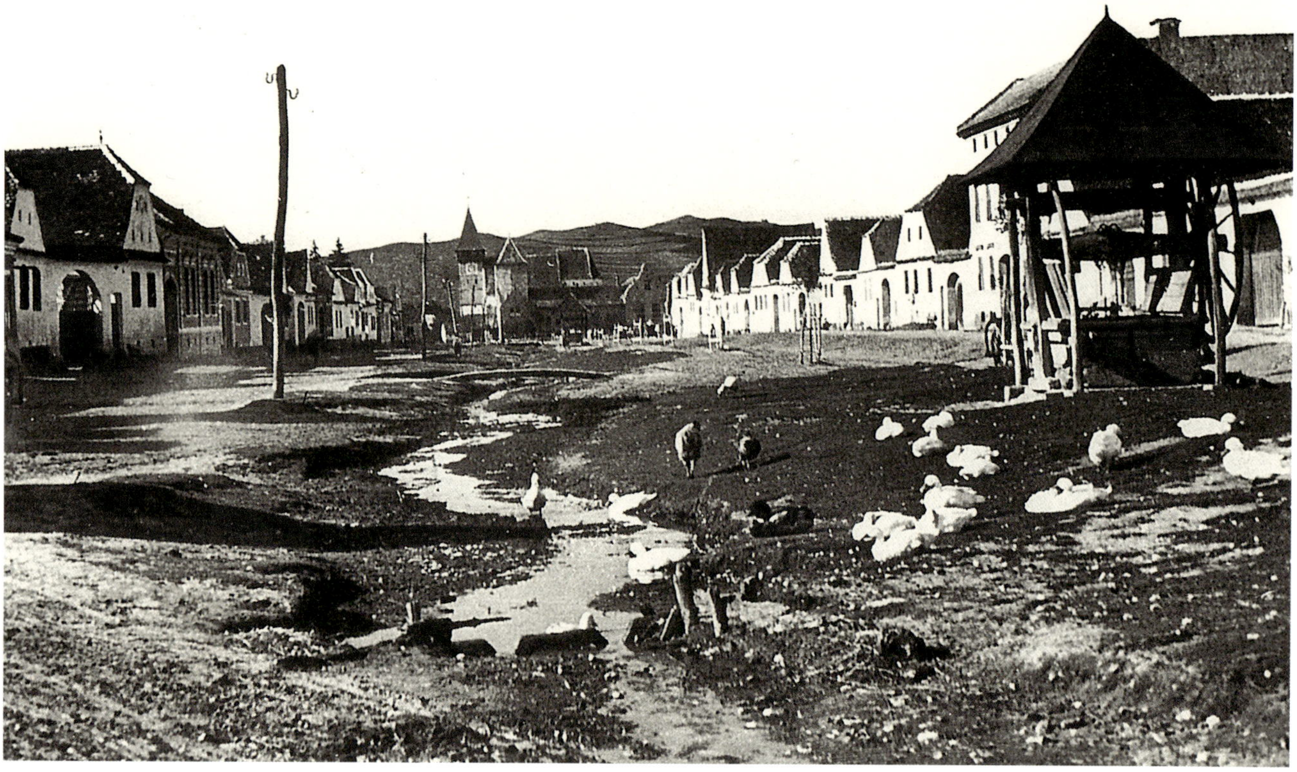

Pretai: Dorfstraße mit Brunnen und Kirchenburg. Pretai an der Großen Kokel gilt als typisches Sachsendorf. Symbolisch für den Wehrwillen der Bauern steht die Kirchburg aus dem 16. Jh.

Gegenüberliegende Seite: Die Kirchenburg Eibesdorf mit einer gotischen Saalkirche aus dem 15. Jh.

wachsenden Wohlstand des Dorfs. In Notzeiten wird der sächsische Trachtenreichtum, einst ein Zeichen der Selbstbehauptung und des unbeugsamen Lebenswillens, dann eher eine Chiffre der Belastung ...

Unter Maria Theresia wird Samuel von Brukenthal kaiserlicher Gubernator Siebenbürgens. Der bedeutendste Staatsmann, den das Volk hervorbringt – nach Heydendorff zusätzlich „unstreitig das schönste Mannsbild unter den Großen des Landes" – ist bürgerlich geborener Sproß einer Bauernfamilie aus dem recht ländlichen Leschkirch. Vater Michael Breckner ist vom Kaiser für entsprechende Loyalitäten im Kuruzzenkrieg mit dem Prädikat „von Brukenthal" geadelt worden. Sohn Samuel steigt nach dem Studium der Rechtswissenschaften in Halle an der Saale und Jena zum Favoriten Maria Theresias auf, die ihm und seinen Nachkommen in landesmütterlicher Sorge das Baronat verleiht. Tatsächlich steigt Brukenthal gleich so hoch, daß er als einziger Protestant – also als „Ketzer" wie alle Sachsen – einmal auf dem Sockel des Denkmals der Kaiserin in Wien verewigt würde. Brukenthal gelingt es mit gewandter Politik, die ständigen Angriffe auf die staatsrechtliche Eigenständigkeit der Sachsen abzuwehren, ohne dabei die Wohlfahrt von Madjaren und Rumänen aus den Augen zu verlieren. Er baut die Selbstverwaltung aus und führt die allgemeine Schulpflicht ein (dazu die Kartoffel, die die Siebenbürger vorerst nur als Schweinefutter akzeptieren). Er schreibt eine *„Deutsche Geschichte unserer Abkunft, von den Bewegungsgründen unserer Herbeirufung, von unseren Rechten, Freiheiten und Verdiensten, von unserem Verfall, den Ursachen desselben und alles mit Worten der Könige und Für-*

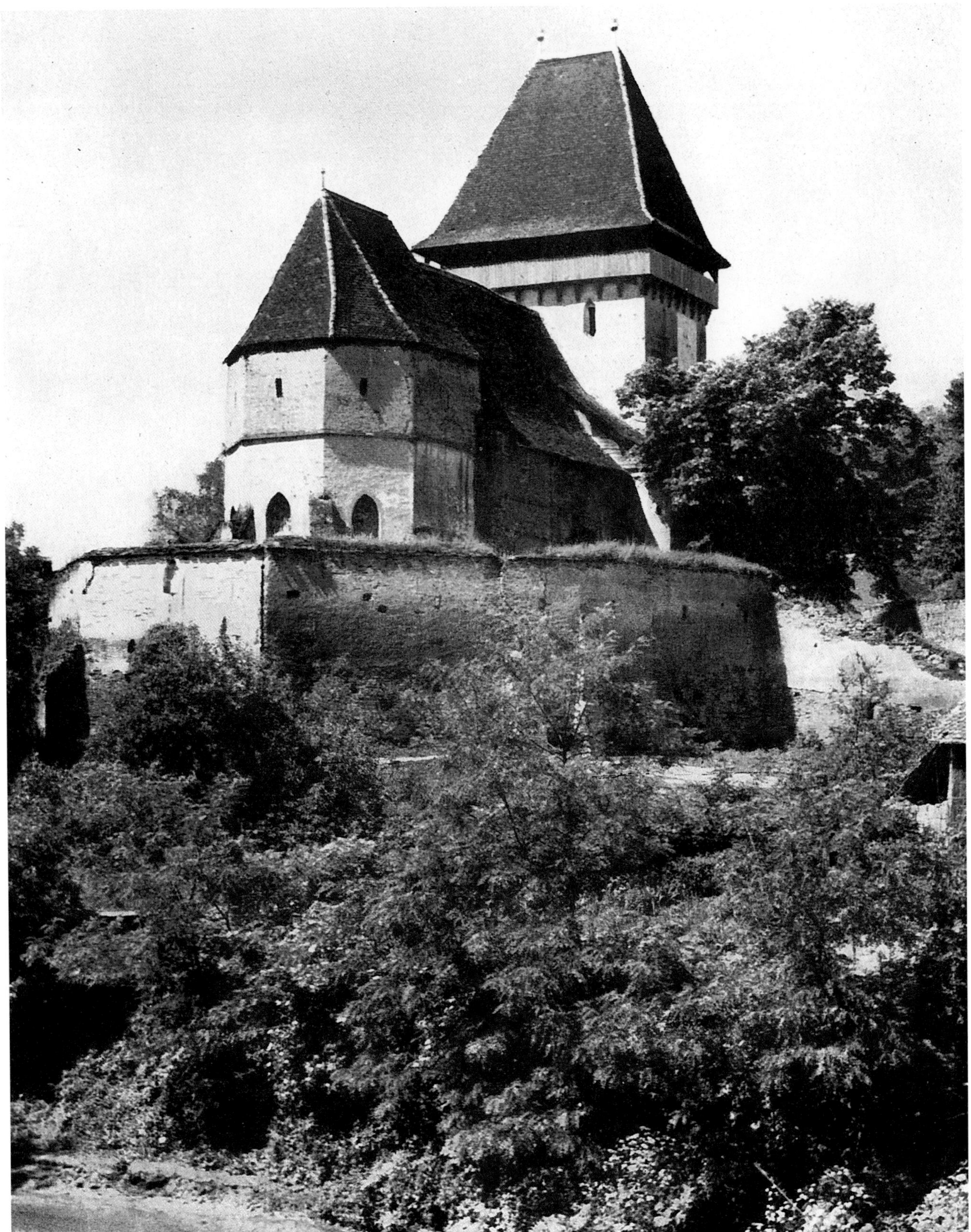

Bauer aus Wurmloch im Kirchpelz. Der schwerfallende, kostbare Pelz, ein Mantel aus weißgegerbtem Schaffell, wird mit der Lederseite nach außen getragen.

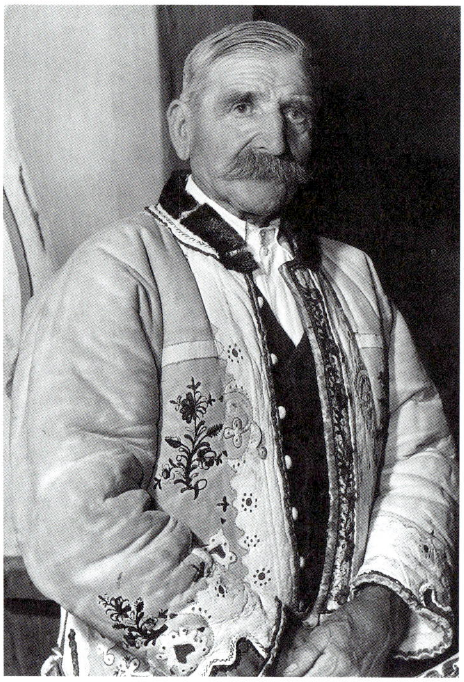

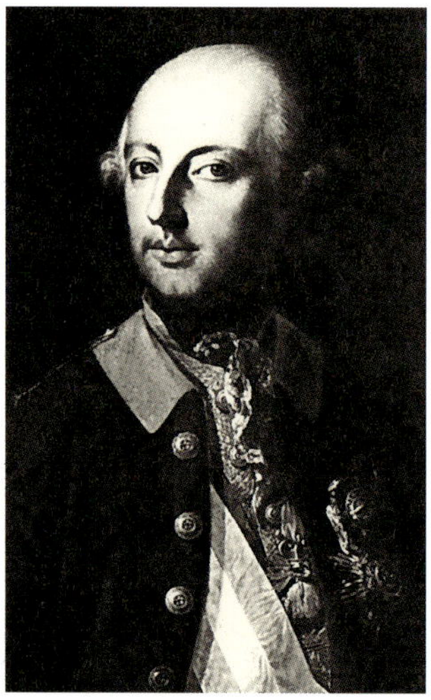

Kaiser Joseph II., König von Ungarn und Böhmen, Großfürst von Siebenbürgen.

Gegenüberliegende Seite: Die Kirchburg in Frauendorf mit einem massiven Wehrturm über dem Chor.

sten in Margino bestärkt". Die Verbindung mit der k.k. Haupt- und Residenzstadt Wien gibt den Sachsen das Selbstbewußtsein zurück, das sie in eine neue wirtschaftliche und geistige Blüte investieren. Allerdings kreiert der Wiener Hof durch die Verleihung von Adelstiteln an loyale Untertanen jetzt eine Beamtenaristokratie, womit Seraphims „Wo gibt's ein adliger Geschlecht, / Da keiner Herr und keiner Knecht?" ad acta gelegt werden muß. In den Sachsenstädten etablieren sich die verschiedensten Klassen, vom Patrizier über die Beamten zu den vornehmen und weniger vornehmen Handwerkern bis hinunter zu den Stadtarmen.
Hatte Brukenthal ein überaus positives Verhältnis zu Maria Theresia, sollten sich die Zeiten unter ihrem Sohn radikal ändern: 1787 wird er, bereits kränkelnd, seines Amts enthoben. Generell ist Joseph II., den sie den Deutschen nennen, alles andere als ein Glücksfall, da mit ihm – im Rückblick der Geschichte ein echter Kaiserschmarrn – die Überfremdung des Sachsenlagers erst richtig beginnt. Seine zentralistischen Reformen zugunsten des habsburgischen Einheitsstaats widersprechen den in Siebenbürgen historisch gewachsenen, wenn auch arg verwickelten Gegebenheiten. Seine Anordnung, Deutsch als Gerichtssprache im ganzen Land einzuführen, wird von den anderen Nationen als „Germanisierungsversuch" abgelehnt. Folgenschwer ist die Aufhebung der Landstandschaft, die auch Nichtsachsen die Ansiedlung und den Erwerb politischer Rechte auf Sachsenboden erlaubt. Die sächsische Nation wird als erloschen erklärt, der Königsboden zerrissen und mehreren neugegründeten Verwaltungsbezirken eingegliedert. Zeitgleich verstärkt sich der Druck der auf Gleichberechtigung drängenden Rumänen, der Aufstand von 1784 geht von rumänischen Bauern aus.
Noch einmal schließen sich die Sachsen zusammen, um ihren Besitzstand zu wahren. Tatsächlich muß Joseph seine überstürzten Reformen widerrufen. Ein paar Tage vor seinem Tod erscheint das berühmte Restitutionsedikt, mit dem der Kaiser, der immer wieder den Fehler beging, „den zweiten Schritt vor dem ersten zu tun", die siebenbürgische Verfassung wiederherstellt. Die Sachsen bedanken sich artig bei ihrem Souverän: Der Hermannstädter Gasthof „Zum blauen Stern", in dem Joseph einmal wohnte und meditierte – *„Überhaupt ist Siebenbürgen ein schönes Land, in welchem die göttliche Vorsicht alle einem Lande notwendigen Produkte gegeben hat"* – wird „Zum römischen Kaiser" (in dessen Tradition ein 1895 in der Nähe neuerrichtetes Hotel bis heute steht).
Nach dem Siegeszug der kaiserlichen Waffen gegen die Türken strebt Wien über die Zurückführung von Volk und Völkern in den Schoß der katholischen Kirche die religiöse Einheit seines Machtbereichs an. Obwohl sich „die Germanosachsen als härter als Stein und unbeweglicher als Felsen"

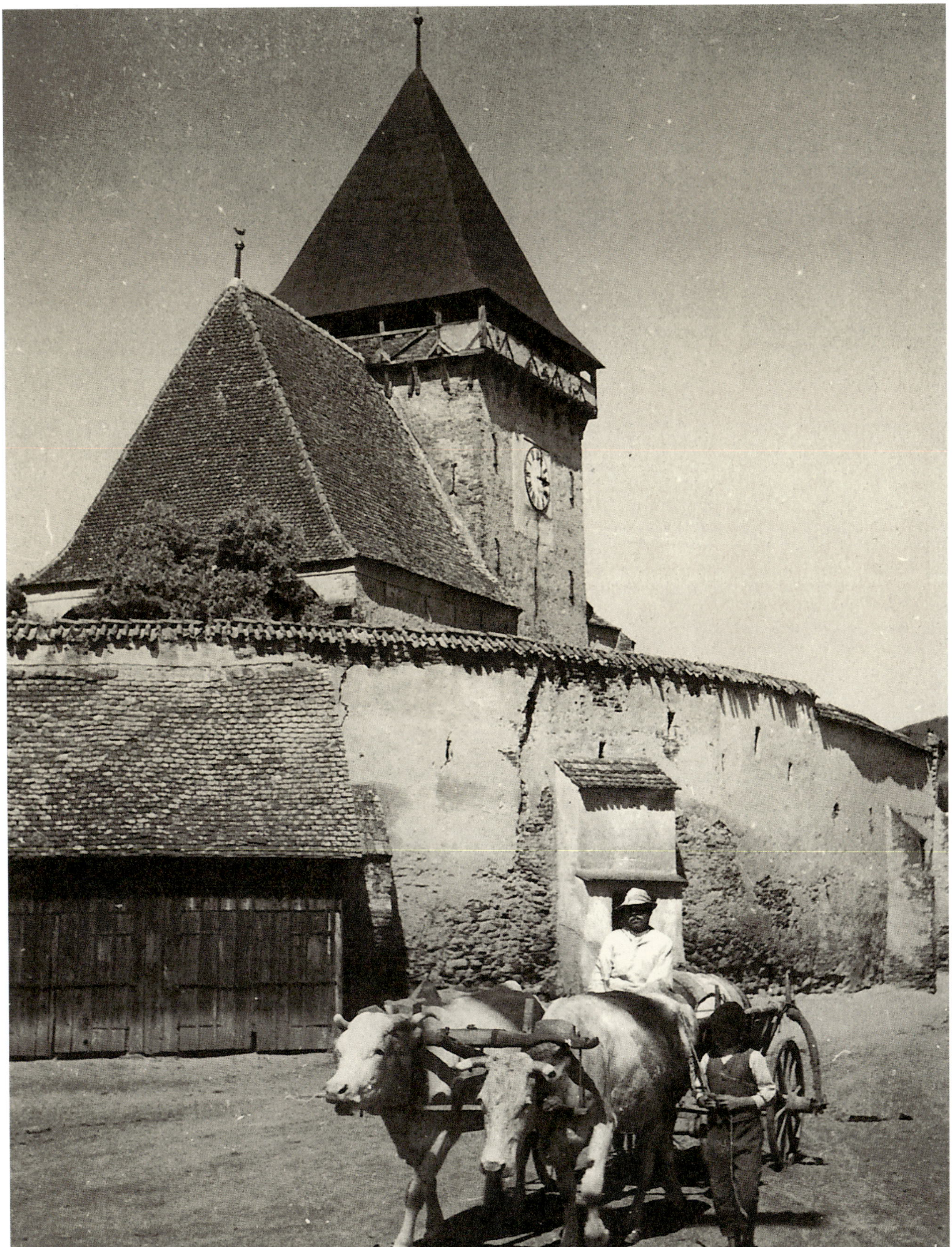

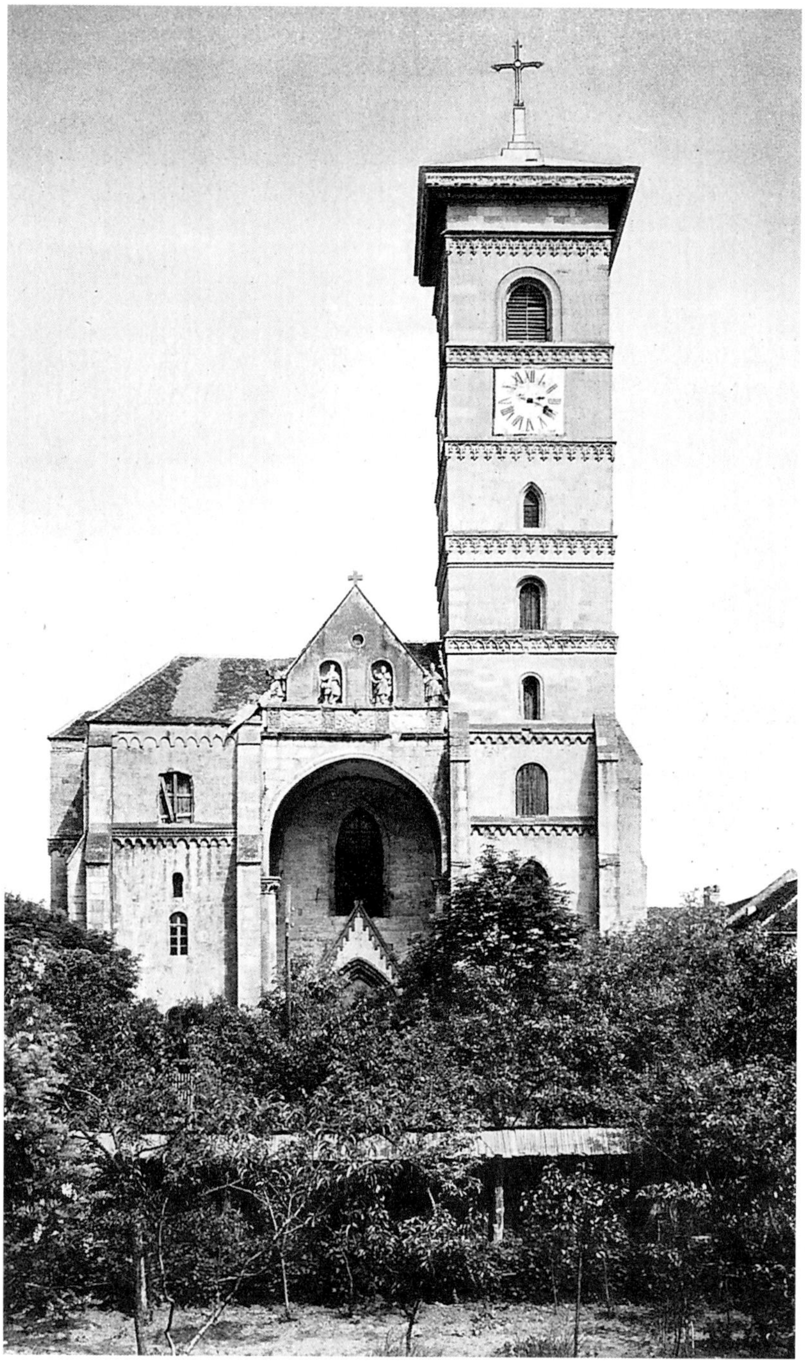

Karlsburg (bis 1715 Weißenburg): Die um 1300 vollendete spätromanische Kathedrale.

erweisen, versucht das große Österreich seine habsburgisch-deutsch-katholische Kultur in das kleine Siebenbürgen zu importieren. In den Städten werden den Evangelischen Kirchen abgenommen, Zuwanderer formen katholische Gemeinden, Jesuiten starten eine Günstlingswirtschaft, auf Hermannstadts Großem Ring wird das barocke Standbild des hl. Nepomuk zum Symbol der Gegenreformation. Wer konvertiert, kann sich Hoffnung auf hohe und höchste Ämter machen – ein gewesener Postmeister wird Richter, ein bankrotter Handwerker Ratsgeschworener –, was das Verhältnis zwischen deutschen Protestanten und Katholiken vergiftet. Der Absolutismus des Hauses Habsburg und die höfische Bürokratie schränken die Rechte der Sachsen mehr und mehr ein, die Einheit ihrer Kirche bleibt jedoch erhalten. Allerdings wandern Familien jetzt verstärkt nach Bukarest ab, wo neben günstigen wirtschaftlichen Bedingungen religiöse Freiheit herrscht. Dort sollte der evangelische Glaube dann lange Zeit die feste Klammer bilden, die die deutsche Volksgruppe zusammenhält.

Unter den rund 2700 Transmigranten, die unter Maria Theresia nach Siebenbürgen eingewandert waren, fallen mehrere Kärntner Familien auf, die mit den Winzer Habanern verschmelzen. Als Täufer ohne den Schutz des siebenbürgischen Toleranzgesetzes, sind sie dem scharfen Rekatholisierungswillen der Krone allerdings hilflos ausgeliefert, was den Kärntner Mathias Hofer klagen läßt: *„Man hat uns genommen von der christlichen Gemein, / Gebunden und geführet in die Hermannstadt ein. / Da haben wir gelitten viel Schmachwort und Spott; / Das tun wir dir klagen, o Herr, unser Gott."*

Die religiösen Außenseiter flüchten über die Walachei in die Ukraine und wandern eines fernen Tages nach Nordamerika aus. Dort sind ihre Nachkommen heute auf den Höfen der Hutterischen Bruderschaft zu finden. Habaner Keramik ziert inzwischen Kunstsammlungen in der ganzen Welt, läßt sich besonders auch noch in den Großen Stuben der sächsischen Häuser finden, und zwar auf jenem „Schüsselrahmen", der den Stolz jeder Hausfrau trägt.

Die Zerschlagung des Königsbodens

Das Verwaltungsgefüge der sächsischen Nation hat sich durch die Konsequenz habsburgischer Hauspolitik bereits überlebt, als Adel und Szekler die Einführung des Ungarischen als Amtssprache anstelle des Lateins, dann auch die Vereinigung Siebenbürgens mit ihrem Mutterland fordern. Was die Sachsen davon halten, lassen sie den Komponisten Franz Liszt recht deutlich spüren, der 1846 in ungarischer Begleitung Siebenbürgen bereist: Sie zeigen ihm die sächsisch-kalte Schulter. Zum Problem für die Volksgruppe wird daneben, daß durch das Denken in allzu alten Mustern gerade der schollenschwere Bauer – ein Berufsstand, dem 80 Prozent der Sachsen angehören –, in seinen Fachkenntnissen weit zurückgeblieben ist, für eine moderne Bewirtschaftung der Siebenbürger Erde kaum Aussicht besteht. Auf Sachsenboden siedeln mehr und mehr Rumänen an, die sich, von den Deutschen zur Schaffung eines Landarbeiterstands und zum Auffüllen verlassener Ortschaften eingeladen, kulturell und wirtschaftlich immer stärker bemerkbar machen.

Der ungarische Aufstand, der nationale Züge trägt, den Geistesströmungen der Zeit entsprechend jedoch sozial getarnt ist, beginnt jetzt ganz legal: Der Reichstag zu Preßburg verhandelt über Reformvorschläge. Nach Ausbruch der Wiener Revolution, die weniger den Sturz der Monarchie als die Beseitigung des Absolutismus erreichen will, erhält Ungarn eine eigene Regierung, die als eine der ersten Amtshandlungen Leibeigenschaft und Adelsprivilegien aufhebt. Im Juni 1848 verfügt der Siebenbürgische Landtag in Klausenburg am Kleinen Samosch die Befreiung der hörigen Bauern von allen Verpflichtungen gegenüber den Grundherren. Davon profitieren auch jene Sachsen, die in Untertanensiedlungen außerhalb des Königsbodens leben. Gleichzeitig beschließen Adel, Szekler und Sachsenvertreter eine Union Siebenbürgens mit Ungarn, die mit dem Mythos des tausendjährigen, jetzt wiederhergestellten madjarischen Reichs unterstrichen wird. Erst die Ermor-

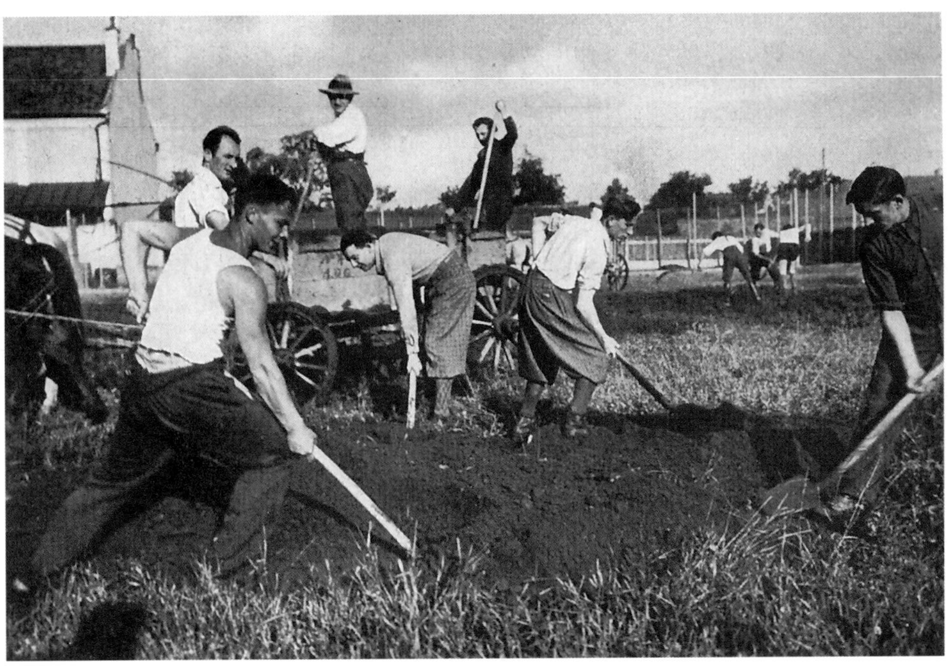

Hilfe durch Selbsthilfe: Der freiwillige Arbeitsdienst der Siebenbürger Sachsen beim Bau eines Sportplatzes in Mühlbach in der Zwischenkriegszeit.

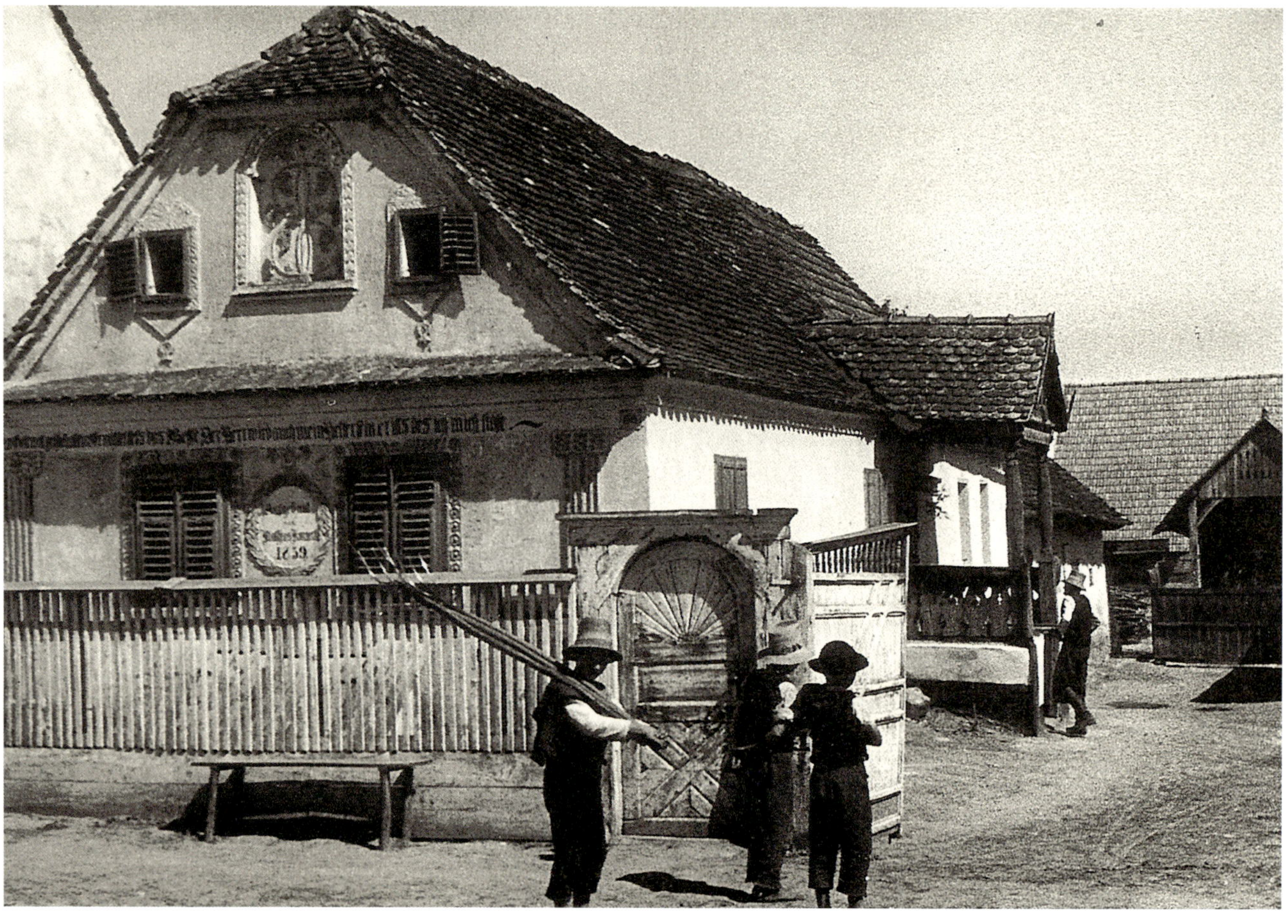

Sächsischer Bauernhof in Schönau. Die Sachsen bauen anders als die Volksgruppen, mit denen sie sich Siebenbürgen teilen. Die schmale Schau- und Giebelseite ihrer Häuser ist der Gasse, die Längsseite mit Haustür und Laube dem Hof zugewendet.

dung des kaiserlichen Feldmarschalls Lamberg auf der Brücke zwischen Buda und Pest führt zum echten Bruch mit Wien. Der Kaiser hebt den ungarischen Landtag auf, österreichische und russische Truppen versuchen, den Aufstand niederzuschlagen. In Siebenbürgen tobt sich der Bürgerkrieg besonders blutig aus.

Der geistige Führer der Sachsen, die im Gegensatz zu den Ungarndeutschen auf der Seite des Kaisers stehen, ist der Theologe, Erzieher, Bauer und Publizist Stephan Ludwig Roth. Die Weihen des Genies hat der Mediascher von Pestalozzi erhalten, mit dem ihn die Arbeit an wachsenden Menschen und wachsenden Ideen verbindet. Das heimatliche Siebenbürgen kennt allerdings andere Prioritäten als die pädagogische Erneuerung und schiebt den unbequemen Roth auf ein theologisches Nebenamt ab. Es entspricht siebenbürgischem Brauch, daß Lehrer in den Pfarrberuf wechseln.

Als Pfarrer der Dorfgemeinde Nimesch bei Mediasch kann ein „vom Gedanken der Menschenerziehung geheiligter" Roth die Jugend organisieren, das lokale Schulwesen und die Landwirtschaft reformieren. Sein Versuch, den gewaltig einsetzenden deutschen Auswandererstrom nach Amerika in Europas Südosten umzuleiten, bringt ihn im Sommer 1845 nach Württemberg, wo er im „Schwäbischen Merkur" wirbt: *„Wir Siebenbürger Deutsche, vor 700 Jahren eingewandert, stehen da als Stütz- und Anlehnungspunkt all dessen, was deutsch heißt, und dieser Kader im Osten bietet durch mich jeder deutschen Seele, die ins Land kommen will, die Hand zur Unterstützung und zum Willkommen"*. Was Roth im

Sinn hat, ist „die im Mittelalter stekkengebliebene Ostkolonisation“ wieder in Gang zu bringen, „da im Osten Europas und sonst nirgends für Deutschland der Stern der Größe“ aufgehe. Tatsächlich lassen sich 407 schwäbische Familien, die ursprünglich ins englischsprachige Amerika auswandern wollten, jetzt im deutschen Siebenbürgen nieder.

Nachdem sich der Funke entzündet hat, der das siebenbürgische Pulverfaß zur Explosion bringt, kämpft Roths Jugend im siebenbürgisch-sächsischen Jägerbattaillon unter der Fahne des Kaisers. Allerdings ist es die ungarische Revolutionsarmee, die vorerst die Oberhand gewinnt. Sie nimmt Siebenbürgen ein, worauf sich viele Sachsen mit den österreichischen Truppen in die Walachei absetzen. Roth, jetzt ganz offiziell auch „kaiserlich bevollmächtigter Pazifikationskommissär“, wird in Meschen gefangengenommen und nach Klausenburg übergeführt. Dort wird er – *„Wer lieber den Tod erleidet, als die Waffen streckt, kann nicht überwunden werden“* – von den Ungarn erschossen. In seinem Abschiedsbrief hinterläßt er: „Mit meiner Nation habe ich es wohl gemeint, ohne es mit den anderen Nationen übel gemeint zu haben.“

Es ist der Märtyrertod, der Roth in Geschichte, Mythos und Legende zum Volkshelden Siebenbürgens macht. Soll doch der Hauptmann, der ihn standrechtlich erschießen ließ, seiner Kompanie ein „Soldaten, lernt von diesem Mann, wie man für sein Volk stirbt“ zugerufen haben. Zukünftige sächsische Generationen, tatsächlich das gesamte europäische Grenz- und Auslandsdeutschtum, würden sich Roth dadurch besonders verbunden fühlen, nicht nur seinen Tod beklagen, sondern auch sein Leben feiern.

Im Januar 1849 wird Kronstadt von ungarischen Truppen unter dem polnischen General Joseph Bem besetzt, danach von Russen, dann wieder von Bem. Es kapituliert, ergibt sich dem russischen General Lüders, der die Stadt der kaiserlichen Armee über-

Kirchgang in Reußen. Im Sonntagstaat der Reußener spiegelt sich das ausgeprägte Trditionsbewußtsein Siebenbürgens, Europas klassischem Trachtenland.

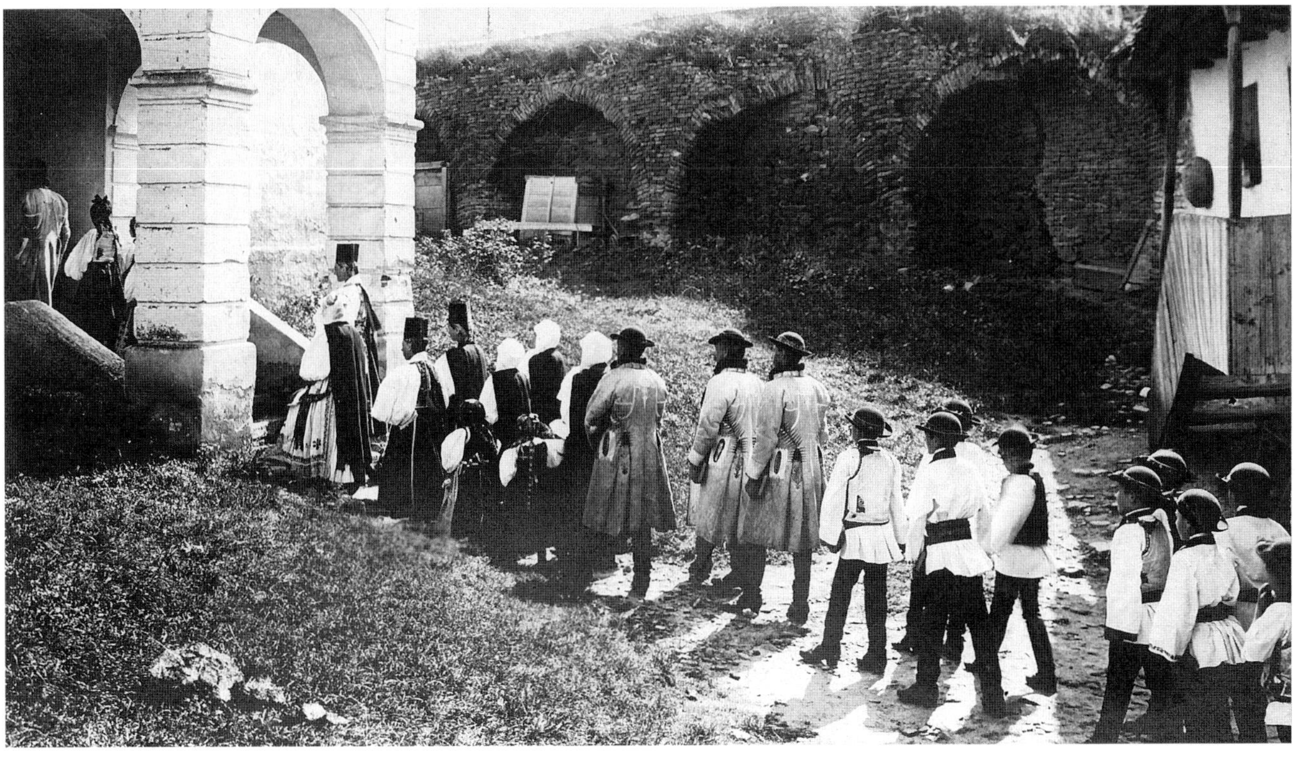

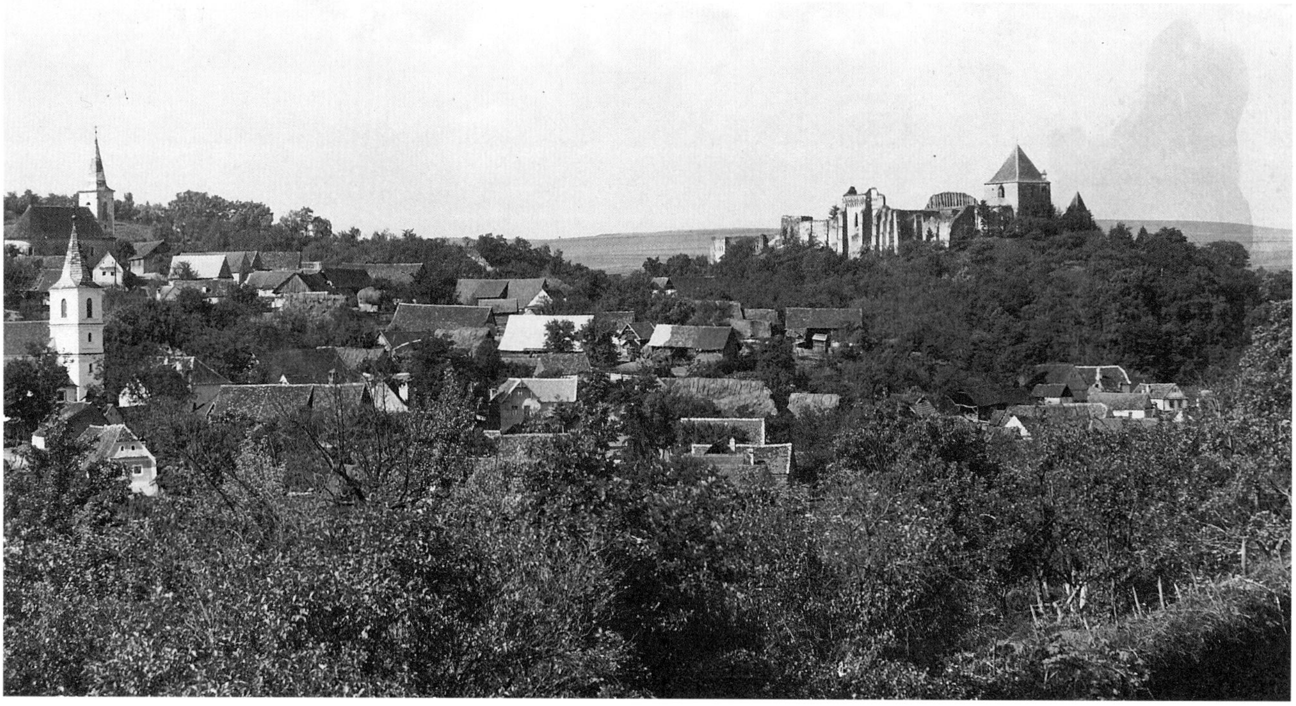

Blick auf Stolzenburg in der Hermannstädter Provinz. Über dem Dorf erhebt sich die mächtige Ruine der Stolzenburg.

läßt. Bem und seine Honveds werden schließlich bei Schäßburg von der zu dreifacher Übermacht angewachsenen russischen Armee geschlagen. Der tüchtige General flieht, kann in Wien dann auch nur „in effigie“, also in Abwesenheit hingerichtet werden. Unter den 13 Generälen, die nach der ungarischen Revolution von den Österreichern in Arad gehängt werden, sind immerhin 5 Deutschstämmige.

Ihre Adresse an die in Frankfurts Paulskirche tagende Nationalversammlung richten die Sachsen „An das große deutsche Muttervolk“: *„Zu klein an Zahl, um große Schöpfungen aus uns hervorgehen zu lassen, haben wir mit Eifer zurückgeschaut und all die Strahlen, die von Deutschland aus die Welt erleuchten, mit Stolz in Herz und Brust gesogen ... Ihr aber, deutsche Brüder, die ihr gewiß zu helfen und zu stützen brennet, wo nur der deutschen Sache Gefahr drohet: Ihr sendet uns Männer zu, von hellem Kopf und fleißiger Hand, auf daß mit ihnen neuer Lebenssaft die Adern durchdringe ... Unser Stolz ist dahin, wenn Deutschland zerbröckelt. Wir werden stark, wenn Deutschland es ist.“*

Doch die Deutschen im Mutterland sind durch die ungarische Emigration geblendet, deren liberale Ideen in aller Welt auf Sympathien stoßen. Es sind die geographisch abgesplitterten Sachsen, die Schleppträger des Habsburger Systems, die aufgrund „alter Zöpfe“ wie der mittelalterlichen Form ihres Eigenlebens in die Ecke der Reaktionäre gestellt werden.

Noch einmal vertraut das Sachsenvolk einem Manifest des Kaisers, in dem er ihnen die hohe Aufopferung gnädigst anzuerkennen geruht, „mit welcher sie (während der Revolution – d. A.) bereitwillig Haus und Hof, Werkstätte und Pflug verlassen und mit freudiger Hingebung von Gut und Blut die Waffen ergriffen haben, um den seit Jahrhunderten bestehenden Bau der Gesamtmonarchie ... zu schützen und zu schirmen“. Noch einmal verspricht ein Monarch, die heimisch gewordene Freiheit der Sachsen zu schützen. Doch die deutschen Siebenbürger sind militärisch

und wirtschaftlich längst nicht mehr so wichtig wie vor vier-, fünfhundert Jahren.
1865 gewinnen Madjaren die Mehrheit im Siebenbürger Landtag, womit eine Hürde für die Union mit Ungarn fällt. Mit dem staatsrechtlichen „Ausgleich“ wird der Vielvölkerstaat Magyarorszag – mit Ausnahme „pragmatischer Angelegenheiten“ wie Außenpolitik, Heerwesen, Finanzen und Verkehr – selbständiger Bestandteil einer Doppelmonarchie. Das im Deutschen Krieg beim ostböhmischen Königgrätz besiegte Habsburg verzichtet zugunsten Ungarns auf das seit 1691 unmittelbar der Krone unterstellte Siebenbürgen. Der folgenschwere Schritt Franz Josephs I., des letzten amtierenden Großfürsten von Siebenbürgen, mag im Sinne der äußerst madjarophilen, als „Sissi“ bekannten Kaiserin Elisabeth sein. Den „alleruntertänigsten Bitten“, die die Sach-

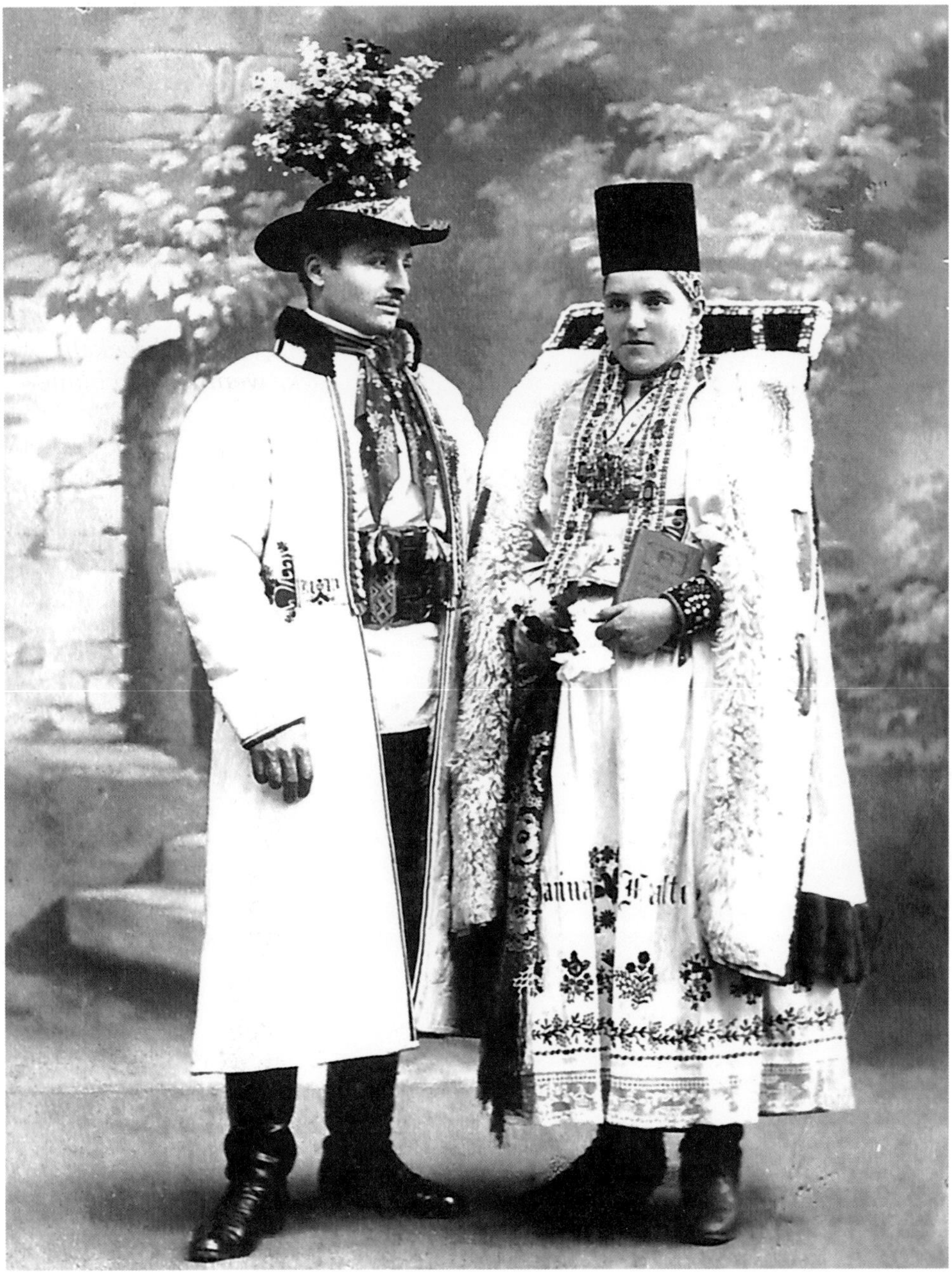

Brautpaar aus Stolzenburg. Die Braut erscheint noch mit dem Borten. Erst am Tag nach der Hochzeit, wird ihr die Bockelung angelegt, überlebte im Sächsischen doch die uralte deutsche Tradition, nach der die Jungfrau, bis sie »unter die Haube« kommt, einen eigenen Kopfputz tragen muß.

sen „an den Stufen des geheiligten Throns" niedergelegt haben, spricht er allerdings Hohn.

Im einst sächsischen, doch außerhalb des Königsbodens gelegenen Klausenburg kommt es mit der Drohung „Tod oder Union" zur Aufhebung der politischen Autonomie der 3 privilegierten Nationen. Der Königsboden, ohnehin zum Teil schon von fremden Nationen besetzt, wird in Komitate eingeteilt. Die sächsische Rechtsakademie geht verloren, der Namen Sachsenland wird verboten. Ein entscheidender Schlag gegen die Deutschen ist die Abschaffung der politischen Führungsform der Nationsuniversität, die in Zukunft nur noch die Aufgabe hat, das Vermögen der alten Institution zu verwalten.

Um den Landstrich, dessen Bewohner etwa zur Hälfte keine Ungarn sind, madjarisch zu prägen, rüttelt Habsburgs Doppelpartner in der Donaumonarchie an den traditionellen Sprachgrenzen. Wer Ungar werden will, wer „überläuft", erhält Begünstigungen, wodurch es auf historischem Königsboden neben deutschfühlenden Alt- dann bald auch ungarische Jungsachsen gibt. So verheerend wie die Sachsen trifft Budapests Chauvinismus die Rumänen. Während die einen Mureşanus Hymne „Erwache Rumäne" anstimmen, zitiert die deutsche Seite das Appellgedicht des Trappolders Michael Albert mit nationalem Schwung: *„Deiner Sprache, deiner Sitte, / deinen Toten bleibe treu! / Steh in deines Volkes Mitte, / was dein Schicksal immer sei! / Wie die Not auch dräng' und zwinge, / hier ist Kraft sie zu bestehn; / trittst du aus dem heil'gen Ringe, / wirst du ehrlos untergehn."* Die politische Agitation vertieft die nationalen Gegensätze, Siebenbürgens Sprachkämpfe werden mit der Vehemenz von Glaubenskämpfen ausgetragen.

Zu allem Unglück trifft den siebenbürgisch-sächsischen Mikrokosmos ein weiterer Schicksalsschlag, als ge-

Ruine Stolzenburg. Von den Sachsen im 15. Jh. auf einem Berg über dem Dorf errichtet, wird die Stolzenburg von den Horden Rakoczys gestürmt und teilweise geschleift.

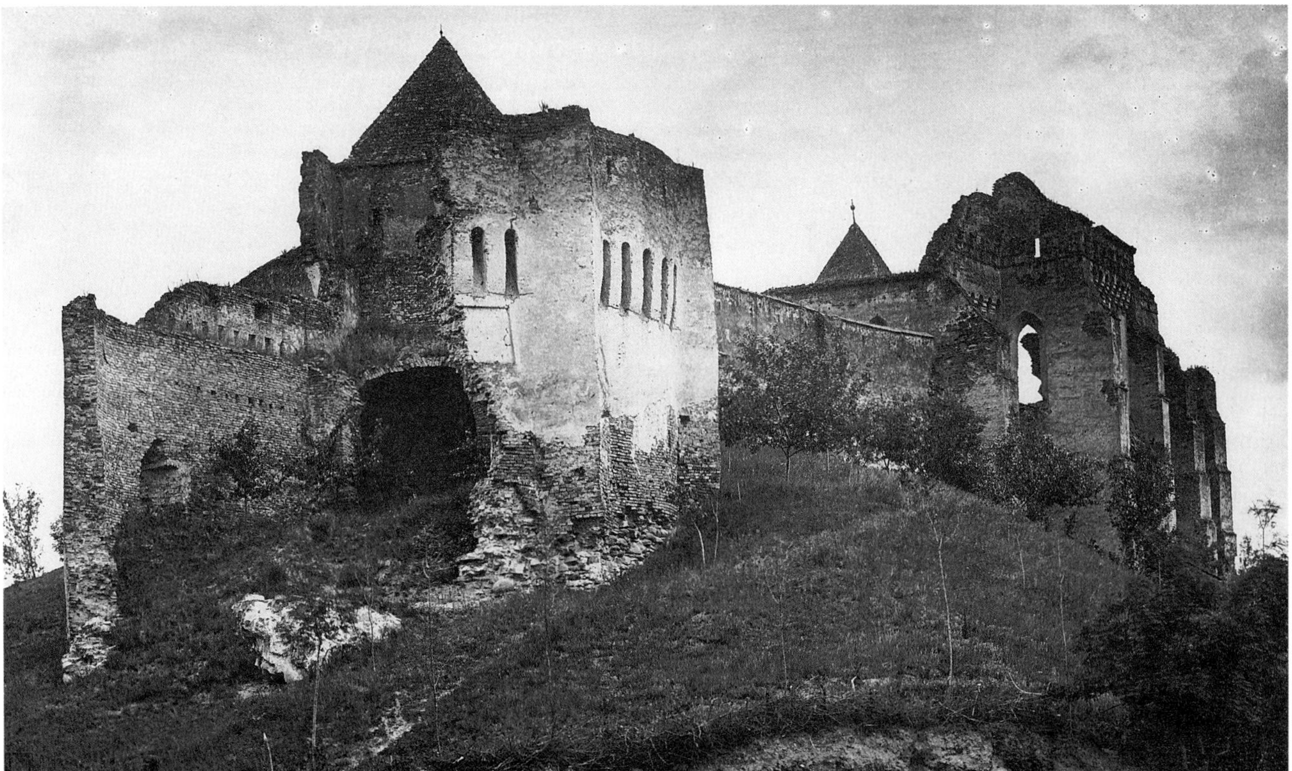

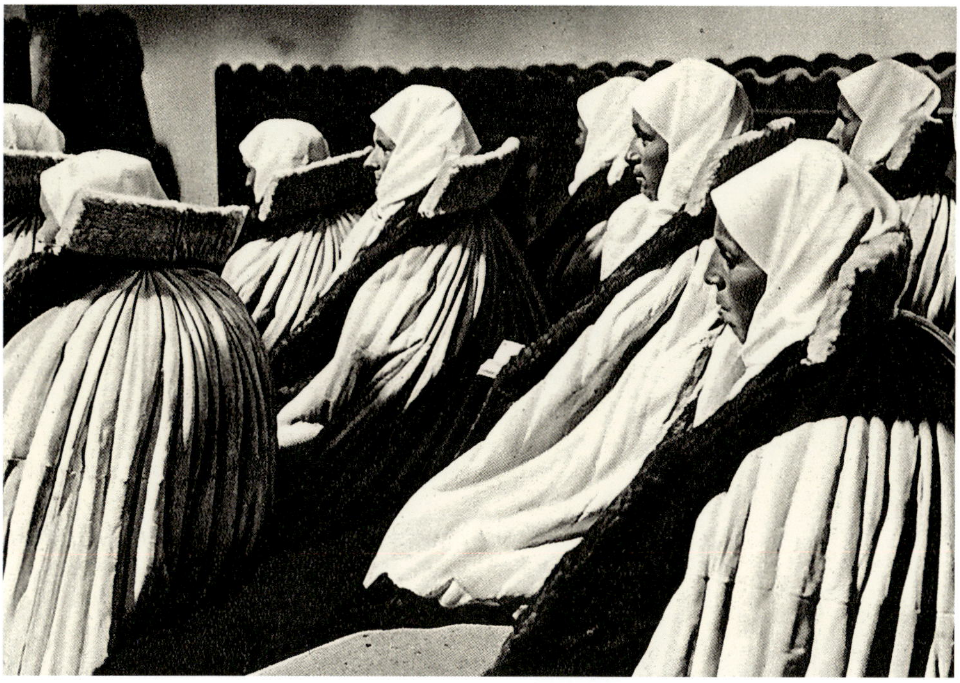

Gottesdienst in der Dorfkirche von Stolzenburg. Die Sächsinnen tragen den Kirchenpelz, den sogenannten »Kürschen«, der eine besondere Note durch den »Kotzen«, einen hochstehenden Brettchenkragen erhält.

gen Ende des 19. Jh. der Pilz und die schmarotzende Reblaus die Weinberge heimsuchen. Eine Katastrophe für ein Volk, das gerne Pfropfen knallen läßt, um Freunden eines guten Tropfens reinen Wein einzuschenken ... deren bacchanalisches Übermaß und landsmannschaftlich bedingte Lebensfreude Adolf Meschendörfer in einer Studie des Kronstädter Honterusfests auf die Worte reduziert: *„Maßlos, unersättlich soffen diese unberechenbaren Sachsen".*

Wenn die deutschen Siebenbürger im landschaftsgebundenen Heimatlied, das viele für ihre Nationalhymne halten, recht bildhaft vom Land „voll Gold und Rebensaft" singen, so stammt die Behauptung von keinem Einheimischen. Der Dichter Leopold Moltke, Buchhändler und Redakteur in Kronstadt, war nur „gelernter" Sachse. Er kam aus Küstrin an der Oder. Doch unrecht hatte er nicht. Der siebenbürgische Wein ist schwer, so daß er gewöhnlich mit stark kohlensäurehaltigem Mineralwasser gemischt getrunken wird, ein Getränk, das der Volksmund „Mischmasch" nennt. Die Madjaren sagen zu Mineralwasser überhaupt nur „borviz", Weinwasser. Zu den besten lokalen Tropfen zählt der „Steiniger", der südlich von Bistritz gekeltert wird und dem Tokaier gleichkommt. Die bekannteste Rebsorte ist die „Mädchentraube", die in allen Lagen einen süffigen Tischwein von feinem Bukett gibt.

Als typische Weingegenden gelten die vom Klima begünstigte Zone zwischen Kleiner und Großer Kokel mit dem Mittelpunkt Mediasch, das wellige Hügelland Nordsiebenbürgens, der Unterwald, aber auch die Bezirke Agnetheln, Reps und Großschenk. Happelio schreibt 1685: *„Der Gerste wächset hier nicht gern, vielleicht, weil sie deren zum Bier nicht bedürfen, denn sie haben Weins genug, der besser ist als einiger in der Christenheit, wann ich den Rheinischen und den Ungarischen ausnehme."* Beim Studium ältester Rechnungsbücher fällt bereits auf, daß Wein bei der Bewirtung von Fürsten wie beim Durchzug fremder Truppen jeweils große Rollen spielte. Wichtig für die Erhaltung von Kirche und Schule, wird er als Naturalabgabe akzeptiert.

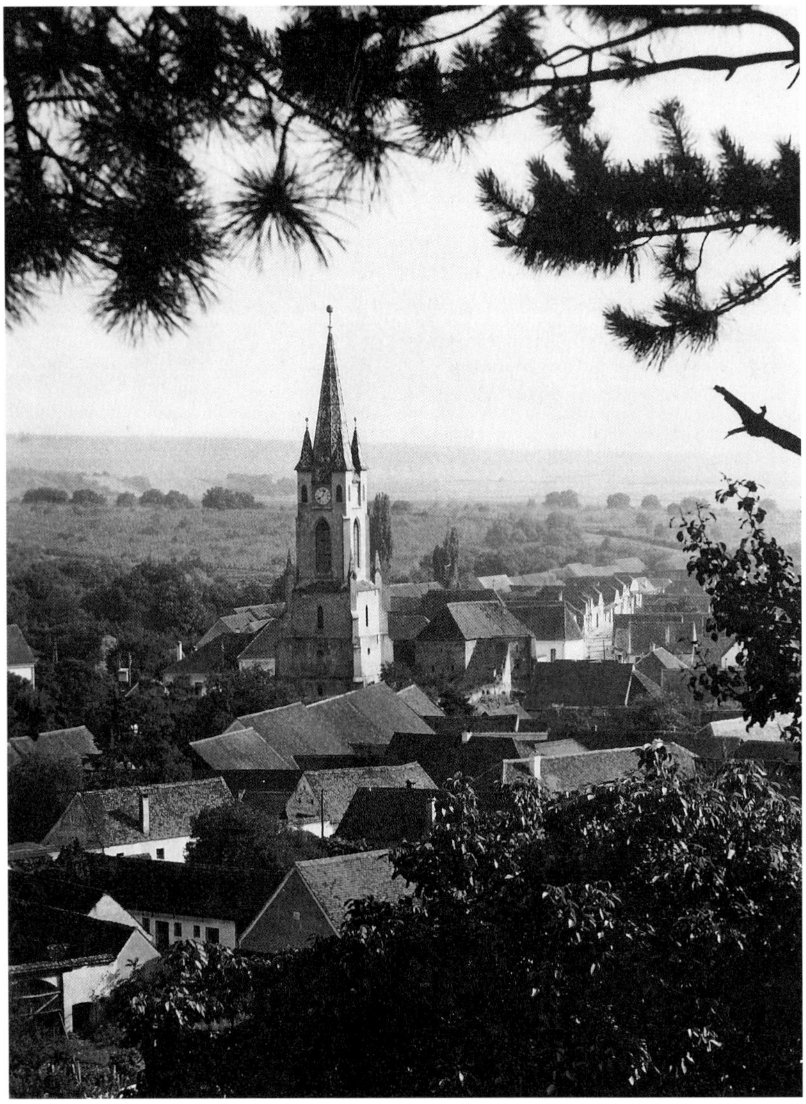

Blick auf Urwegen im Unterwald. Bereits im Jahre 1291 erwähnt, liegt die Erwerbsquelle der Gemeinde in der Landwirtschaft, besonders im Weinbau.

Neben dem Wein gibt es bei den Sachsen kein anderes Festgetränk. Wein begleitet Volksgut wie den Fasching, er steht im Mittelpunkt des Fests der Bruder- und Schwesterschaft am Johannis- oder Peter-und-Paul-Tag. Wein ist dabei, wenn die Sachsen mit Knarre und Urzelnpeitsche den Winter vertreiben oder – anstelle des Geburtstags – Namenstag feiern: der Klemens im November, der Ladislaus im Juni oder die Adelgunde im Januar. Während der wertvollste Tropfen zum Abendmahl gereicht wird, kommt Wein oder Branntwein besonders auch beim Totenmahl Tradition zu: „Reisekächen", eine Reissuppe, oder das „Tränenbrot", eine Suppe mit Fleisch und Brot, werden mit Wein serviert. Der Brauch ist ziemlich einheitlich, kleine Abweichungen sind allerdings erlaubt. In Ludwigsdorf besteht das Totenmahl aus Saurer Suppe und Schnaps, in Oberneudorf „Gurgelcher met Rentflesch and Wei" ... nur dort, wo die Kirche stärker als stark ist, werden abstinent Kaffee und Striezel angeboten.

Der Ruin des altüberlieferten Erwerbzweigs zwingt viele Weinbauern in die Emigration. Bevorzugtes Ziel ist Nordamerika, das jetzt die ersten größeren Sachsenzüge aufnimmt. Typisch dann, wie die Ausgewanderten auch in der Neuen Welt versuchen, sich ihren angestammten Gemeinschaftssinn zu erhalten. Burzenländer zieht es nach St. Louis, Scharoscher nach Chicago und Umgebung, Großschenker nach Erie. Im Rahmen US-amerikanischer Sachsentreffen ertönt die neue Sachsenhymne: *„Wir zogen von der Heimat fort, / wo Ungemach sich häufen. / Wir fanden einen sichern Port / im Land der Stern und Streifen ... Wir wollen treu zusammengehn / im sächsischen Verbande, / Gott segne unser Fortbestehn / im neuen Heimatlande."* Aus Nordamerika kommen jene Unterlagsreben zurück, die reblausresistent dem siebenbürgischen Weinberg zu neuer Blüte verhelfen ...

Im gleichen Maß wie Sachsenstädte zu Industriezentren werden, kann ihr Bedarf an Arbeitskräften von den Deutschen allein nicht mehr gedeckt werden. In der 2. Hälfte des 19. Jh. haben die Sachsen die absolute Mehrheit auf Königsboden verloren, vor dem Ersten Weltkrieg stellen sie gerade noch ein Zehntel der Gesamtbevölkerung Siebenbürgens. Die Bevölkerungsstatistik verstärkt das Ringen um Lebensrechte. Die Sachsen votieren für ihr Deutschtum, reagieren auf jede Drohung „mit Hochgefühlen nationaler Erhebung" (Sachsenbischof F. Teutsch), mit immer neuen Demonstrationen „wie sie kein Lebender je erlebt hat“. In Hermannstadt ist es der Journalist und Wirtschaftsorganisator Carl Wolff, in Broos der Bäkkermeister Zeitler und im alt-ehrwürdigen, waldumkränzten Schäßburg der Pfarrer von Großlasseln, der zum Klang alter Sachsenlieder bekennt: *„Deutschland, du wunderbares Land ... unsere Heimat kannst du nie werden; eine andere Heimat hat uns Gott gegeben; sie zu lieben, ihr zu leben, ihr zu sterben ist unsere heiligste Pflicht. Ihr aber teure Volksgenossen im Burzenland, im Nösnerland, am Zibin und überall da, wo noch das deutsche Vaterunser gebetet wird, hört unser feierliches Gelöbnis: Wir wollen sein ein einig Volk von Brüdern.“*

Doch längst können sich die Sachsen zum Abwehrkampf nicht mehr in ihre wehrhaften Städte und Burgen zurückziehen, in denen das Ringen mit vielen Mächten und Kräften zum Schlüssel ihrer Eigenart geworden ist. Mit dem Verlust der Autonomie sind die äußeren Ringmauern um ihr Volkstum geschleift, gilt es nur noch die inneren Befestigungen zu verteidigen. Daß es die Festungswerke 700 Jahre nach Geisas Ruf überhaupt noch gibt, erklärt, warum sie wie bisher loyale Bürger ihres Landes, gleichzeitig gute Deutsche bleiben wollen.

Als sichtbare Organisation deutschen Lebens ist die Evangelische Kirche Augsburgischen Bekenntnisses erhalten geblieben. Sie sieht sich als Hüter von Anstand und Sitte, zum Schutz vor fremden Eingriffen untersteht ihr das gesamte Schulwesen der Sachsen. Die Landeskirche als eigentliche Kirchenburg, als „Heilsanstalt, die für das ewige Leben des sächsischen Volkes in mehr als einer Beziehung Sorge trägt“ (G. D. Teutsch), obwohl nicht übersehen werden kann, wie leicht christliche und nationale Hoffnungen zu verwechseln sind. Nachdem der Kirchenhistoriker Adolf von Harnack der Enthüllung des Denkmals für

Urwegen: Auf dem Weg zum »Vesper«, wie man hier den Nachmittagsgottesdienst nennt.

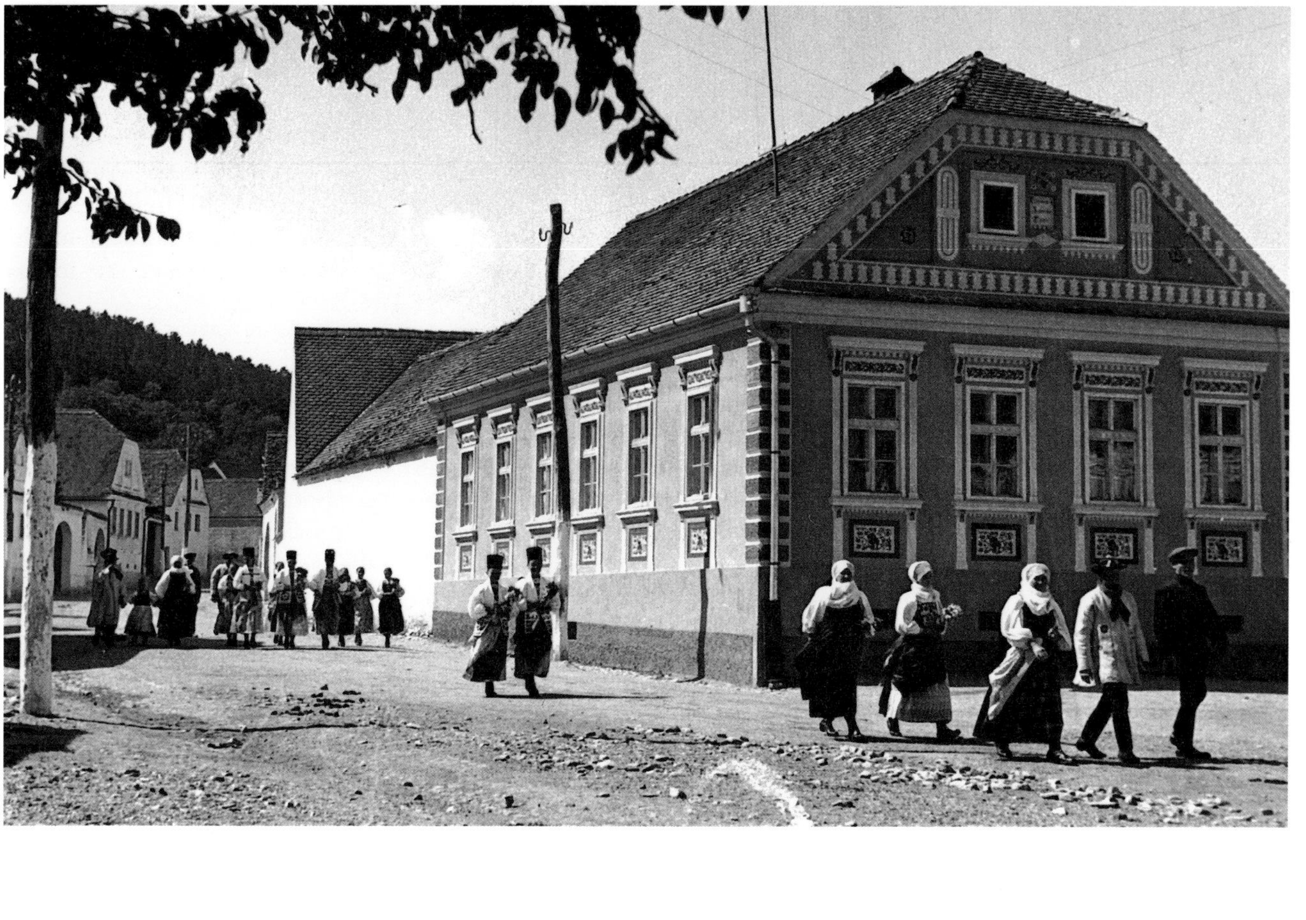

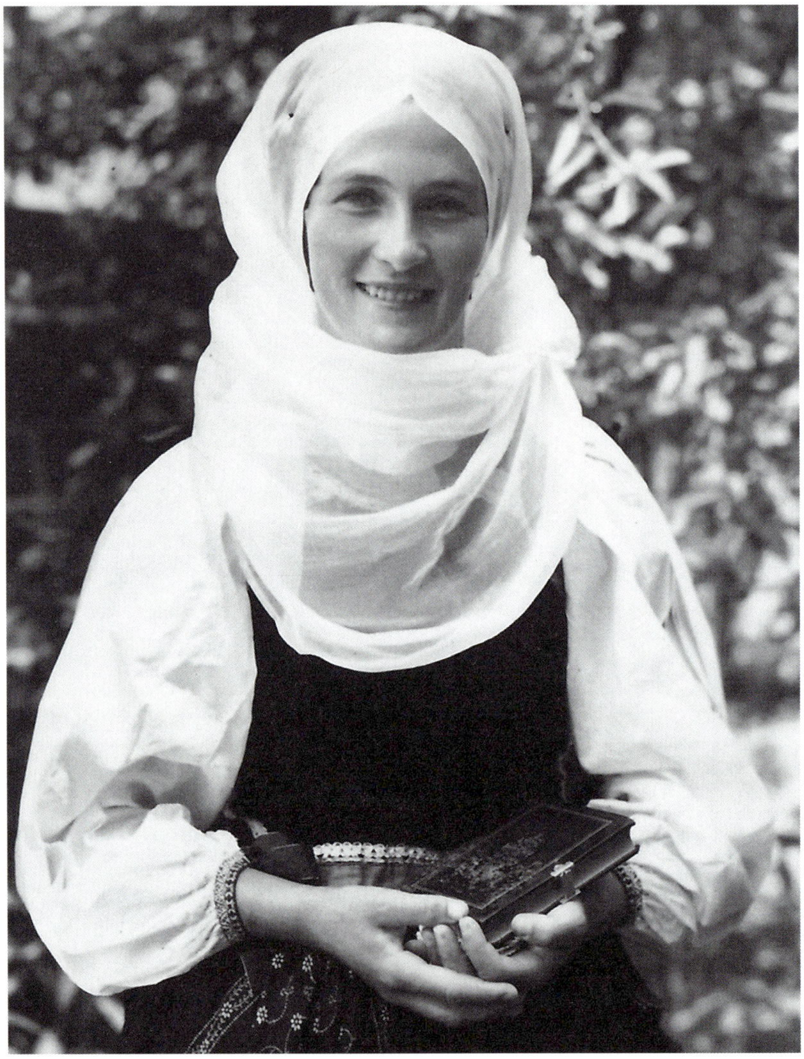

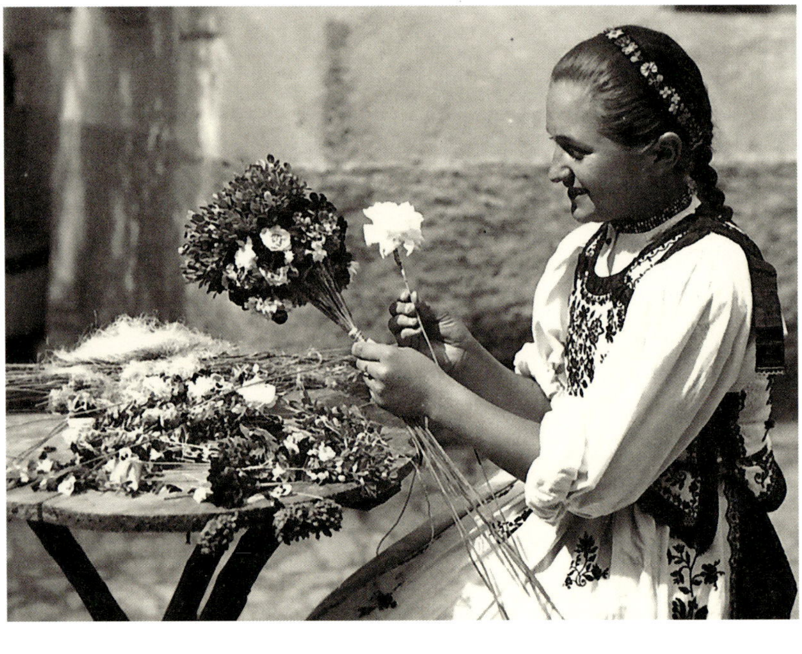

Georg Daniel Teutsch in Hermannstadt beiwohnte, rühmte er die „schlichte, nicht raffinierte Art" sächsischer Frömmigkeit und notierte sich dazu: *„Sie leben und sprechen in einem Akkord von Deutschtum, evangelischem Glauben und deutscher Wissenschaft und Erkenntnis. Diese 3 Dinge sind so verbunden bei ihnen, daß sie selbst nicht wissen, wo das eine anfängt und das andere aufhört"*.

Wie nach den politischen Niederlagen der Vergangenheit versuchen die Sachsen ihr Gewicht mehr auf das kulturelle und wirtschaftliche Gebiet zu verlegen. Dem Kampf um das Überleben dient die Herausgabe einer Sammlung historisch-volkskundlicher Werke aus der Sachsengeschichte, das vorerst endgültige Bild ihrer selbst, das die Kenntnisse über Vergangenheit und Volksseele auffrischt. Autoren sind Vater und Sohn Teutsch: Georg Daniel, Erbe eines Schäßburger Seifensieders, hat in Wien und Berlin studiert, war Rektor der Bergschule in Schäßburg, Pfarrer in Agnetheln und Abgeordneter im Landtag bevor er zum Bischof der Landeskirche gewählt wird. Friedrich Teutsch, Pfarrer von Großscheuern und Stadtpfarrer von Hermannstadt, erhält die Berufung zum Sachsenbischof im Jahr 1906.

Die Sachsen können den Wind nicht mehr bestimmen, aber die Segel richtig setzen. In der Modernisierung des Wirtschaftslebens und einem effektiven Bank- und Genossenschaftswesen erkennt das Volk seine Zukunftschance. Dazu baut es auf seinen Arbeitsethos, auf Stützpunkte handwerklicher und landwirtschaftlicher Ertüchtigung. Aus Heltau kommen Sicheln, aus Agnetheln Schuhe, aus Baaßen Schweine, aus Schäßburg Hopfen, aus Kronstadt Tuch, Zement, Maschinen, Metallwaren und Bier, aus Hermannstadt Leder, Papier und Tuch und aus Salzburg Salz bester Qualität. Wichtigste Einnahmequelle

der Bauern ist die Viehzucht.
Vor allem setzen die Sachsen aber auf ihre Jugend, wie Meschendörfer, der das Schreiben von Berufs wegen ausübt, seinen Rektor beim Kronstädter Honterusfest sagen läßt: *„Seit 700 Jahren steht in den Bergen des Landes ein einsamer Baum: eine knorrige Eiche mit hundert eigenwillig gebogenen Ästen; die Krone zerspalten von feurigen Blitzen, die Wipfel zerrissen von ungezählten Stürmen. Im letzten Jahrhundert hat dichtes Moos seinen Stamm bekleidet; doch noch schmückt sich der alte Baum jährlich mit tausend Knospen – ihr, liebe Schüler und Schülerinnen, seid der Schmuck, den der sächsische Lebensbaum jährlich anlegt ...“*
Konkurrenten der Sachsen sind die Rumänen, ein Volk, das sich als lateinische Insel im Osten Europas sieht. Obwohl es das deutsche Wort „Arbeit“ mit dem slawischen *„munca“* (soviel wie Qual oder Plage) übersetzt, kann es empfindliche Breschen in den Schutzwall der sächsischen Wirtschaftsrüstung schlagen. Durch Grundentlastung und Bauernbefreiung politisch wie wirtschaftlich längst mündig geworden, bilden die Rumänen jetzt die größte Bevölkerungskomponente in Siebenbürgen. Weiterhin ist es ihre überzeugende Vermehrungskraft, die sie von immer neuen Erwerbsquellen, von immer neuem Lebensraum abhängig macht. Und wenn es um die Zahl der Nachkommen ging, waren und blieben Siebenbürgens Sachsen Siebenbürgens Rumänen deutlich unterlegen. Gründe dafür mochten in der natürlichen, stammeseigenen Fröhlichkeit und unbändigen Lebenslust der Nation zu suchen sein. Im literarischen Werk Wilhelm von Kotzebues ist zusätzlich nachzulesen: „Eine herrliche Menschenrasse, die Weiber sind selten schön“. Tatsache ist allerdings auch, daß sich der Rumäne die Entscheidung zur Ehe einfach leichter machte als der Sachse in seinem unverwechselbaren Lebensstil. Entschieden leichter.

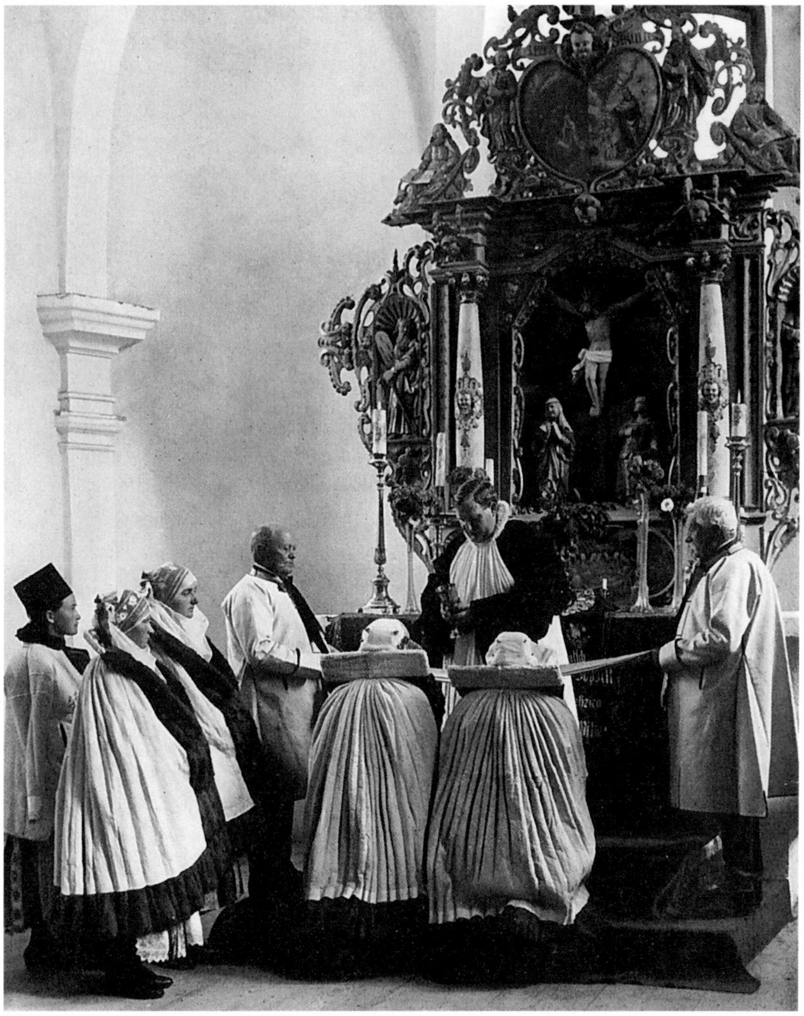

Abendmahlsfeier in der evangelischen Kirche von Urwegen.

Kann es im deutschen Wurmloch, Schmiegen oder Schönberg doch so anfangen, daß die Jungfer oder „Schee“, um die Liebe eines Burschen zu gewinnen, in der Thomasnacht dessen Socken kräftig kochen muß. Liebe alleine reicht allerdings nur in Ausnahmefällen für eine „Hoktset“, warnt das sächsische Sprichwort den Sachsen doch recht nachdrücklich mit einem „Heiraten ist kein Ochsenkauf, Esel sperr die Augen auf!“. Generell wird über die sächsische Ehe – und das nicht nur von bösen Zungen – erzählt, daß es den Burschen weit weniger auf die große Liebe als auf den Acker, den *„Wanjert“* (Weinberg) oder die Stück-

Gegenüberliegende Seite: Bäuerin aus Urwegen in der Bockelung, dem trachtlichen Abzeichen der verheirateten Frau.

Junge Sächsin aus dem Unterwald beim Blumenbinden.

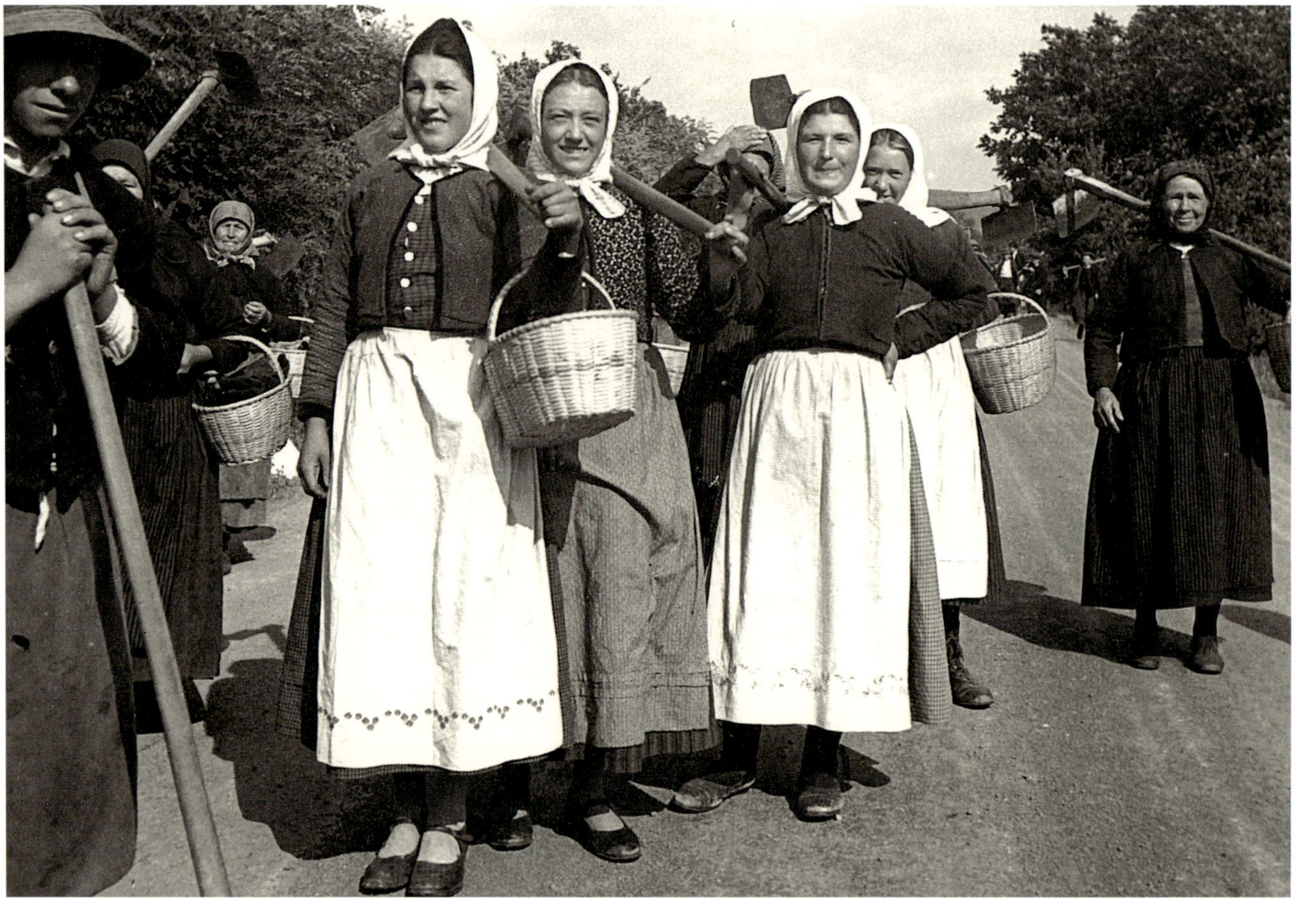

Bauer und Bäuerin aus Großpolden im Unterwald auf dem Weg zur Feldarbeit. Im Großpolder Raum leben größere Gruppen von »Landlern«, die im Rahmen der Theresianischen Transmigration hier angesiedelt wurden.

zahl des Viehs ankomme, die die Braut im Mitgift hat. Vielleicht der tiefere Grund, warum „sich vermählen" im Sächsischen *„sich frängden"*, also sich in etwas einfreunden heißt, womit die Sachsen an die Katasterheiraten der moselfränkischen Heimat erinnern, wo sich Wiese zu Wiese, weit seltener Herz zu Herz fanden.

Zum Prozeß des „Einfreundens" gehört, daß der Bursche mit einem „Wortmann" zum Vater seines *„Lefchens"* (sächs. für Liebchen) geht, um dort mit festgesetzter Rede und Gegenrede um ihre Hand (ihren Acker oder Weinberg) anzuhalten. Falls nichts im Weg steht, folgen darauf „Brautvertrinken", Verlobung, Polterabend (oder „Sträußchenbinden") und die Hochzeit.

Wer den als immer etwas zu steif, immer etwas zu ernst eingestuften Sachsenbauern von einer völlig anderen Seite kennenlernen wollte, mußte dann nur einem Brokt-, Brotch- oder eben Brautverstecken am Vorabend der Hochzeit beiwohnen. Dazu wurde getanzt, gesungen, getrunken und ein *„Brodeläwent"* aus den Abfällen des Bratenfleischs serviert. Weniger lustig ging es allerdings in Michelsberg am Nordrand der Karpaten zu, wo der Sage nach ein Bräutigam erst dann zum Altar gehen durfte, nachdem er eine schwere Steinkugel den Burgberg hinaufgeschleppt hatte. (Ob der Brauch dazu beigetragen hat, daß Michelsberg das lange ein deutsches Dorf bleiben konnte, ist unbewiesen. Jedenfalls liegen vor der stattlichen Bauernburg noch heute viele Steinkugeln herum.)

Vor der Trauung, hier „Kaufen" genannt, werden Abschiedsreden gehalten, vor dem stundenlangen Hochzeitsmahl findet das „Gaben“, das Ausgeben der Geschenke statt. Für das anschließende Essen – aufgekocht wird unter dem hoch aufragenden Triumpfturm eines eigens dazu errichteten Kochhauses – zieht der Bauer sein *„Gewehr“* (sächs. für Besteck) aus dem Stiefel. Es gibt nicht selten Spanferkel, dazu eine Meerrettichsoße, die bittersüß wie sie schmeckt von den Sachsen *„Ehestand“* genannt wird, was keiner weiteren Erklärung bedarf. Darauf ein Glas Palinka (Selbstgebrannter aus fleischigen Pflaumen)!

Deutschland besucht seine Söhne

Der Geograph Theobald Fischer hat das Kartenbild Altrumäniens mit einem Adler verglichen, der mit den weiten Flügeln Walachei und Moldau Siebenbürgen und die übrigen, teilweise rumänisch besiedelten österreichisch-ungarischen Gebiete zu umfassen sucht. Die nationale Sehnsucht der Rumänen beginnt sich auf den Trümmern der am unzulänglichen Schutz der Minderheiten zusammen-

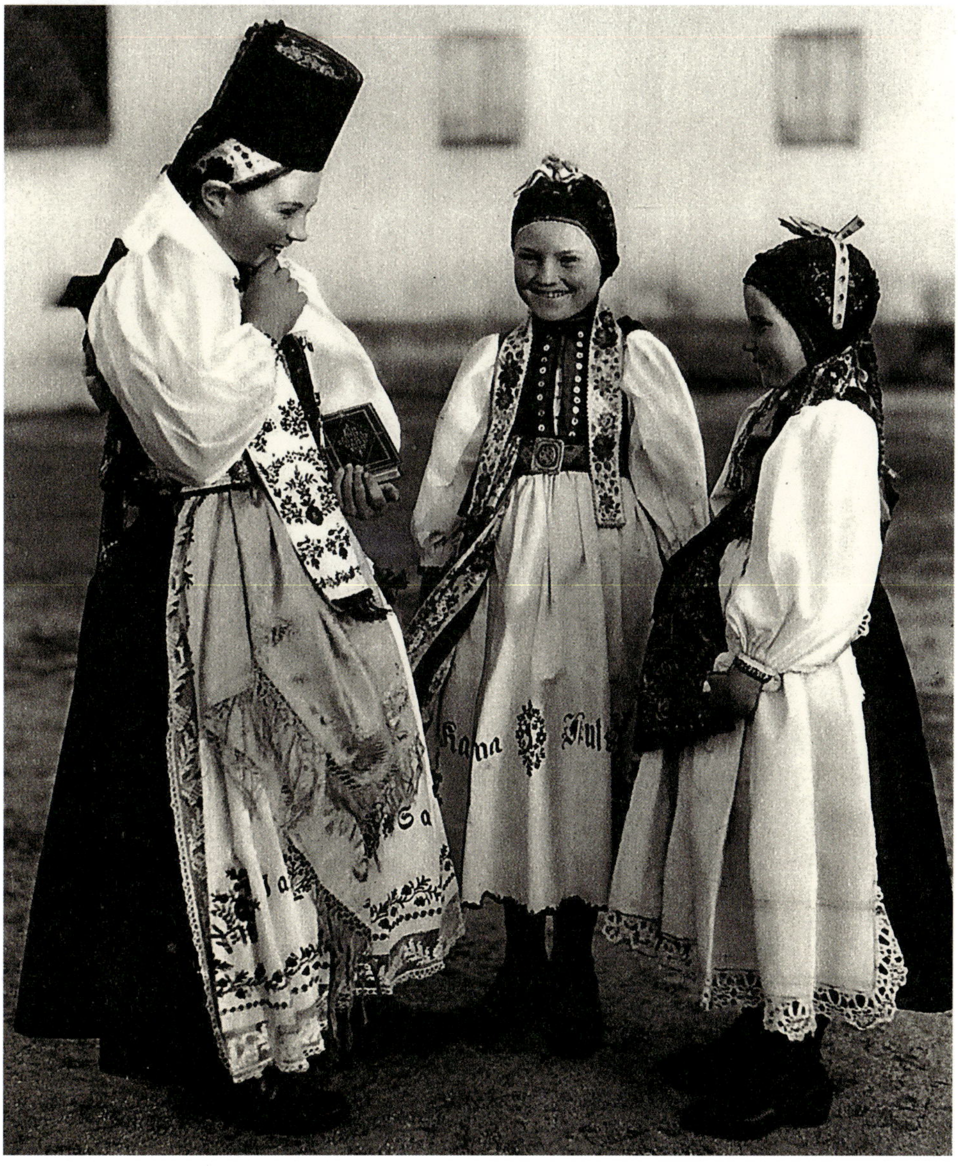

Kleinscheuern bei Hermannstadt: Bauernmädchen in der Sonntagstracht. Über dem weißen Hemd mit den langen, weiten Ärmeln wird das ärmellose Leibchen getragen, der weite Rock ist durch eine Schürze verdeckt.

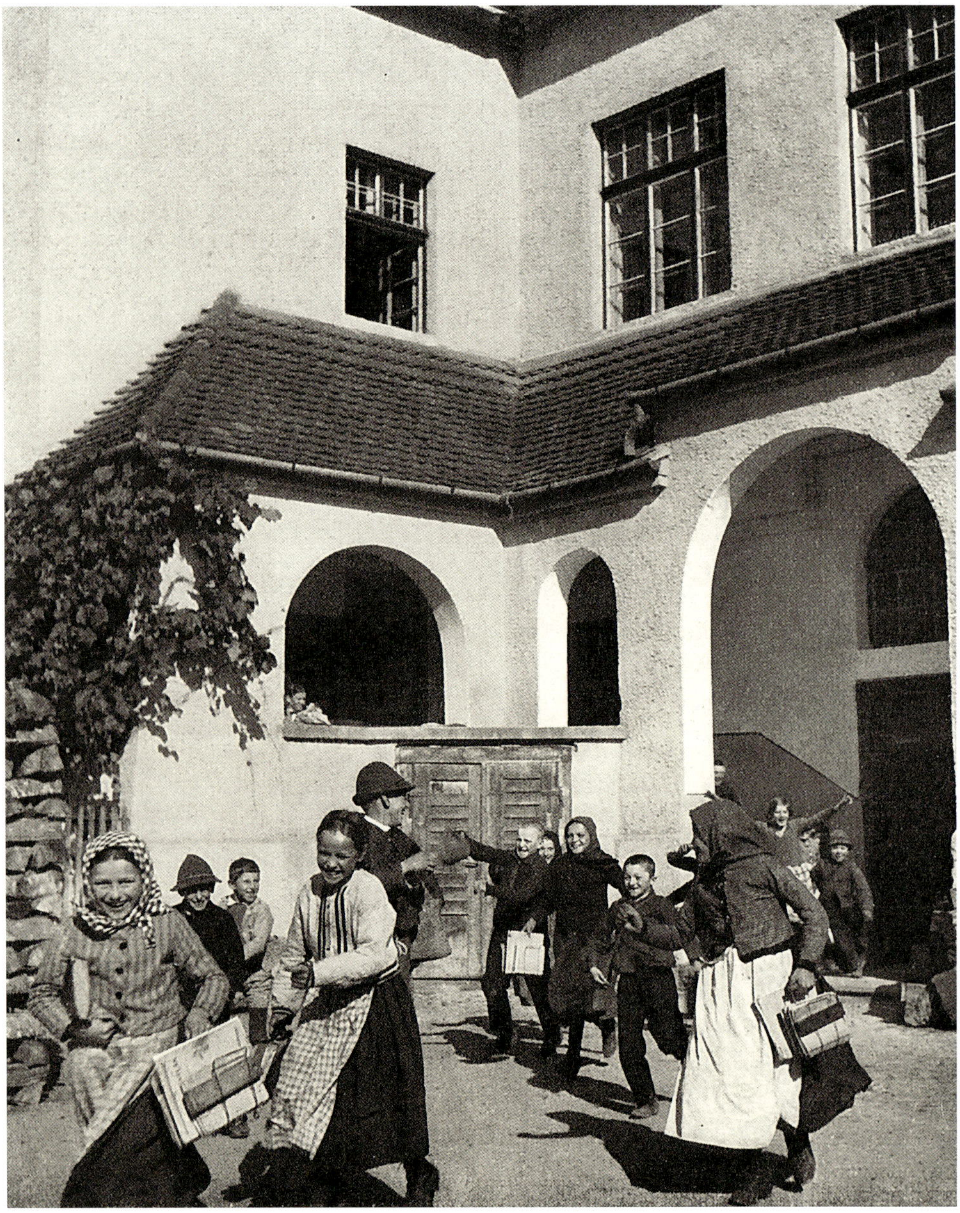

Schuljugend in Neppendorf, heute ein Vorort von Hermannstadt. Durch den Zuzug österreichischer Transmigranten erhält das durch Türken- und Kuruzzenkriege stark entvölkerte Neppendorf einen neuen Aufschwung.

Generalfeldmarschall August von Mackensen, 1916–18 deutscher Oberbefehlshaber in Serbien und Rumänien.

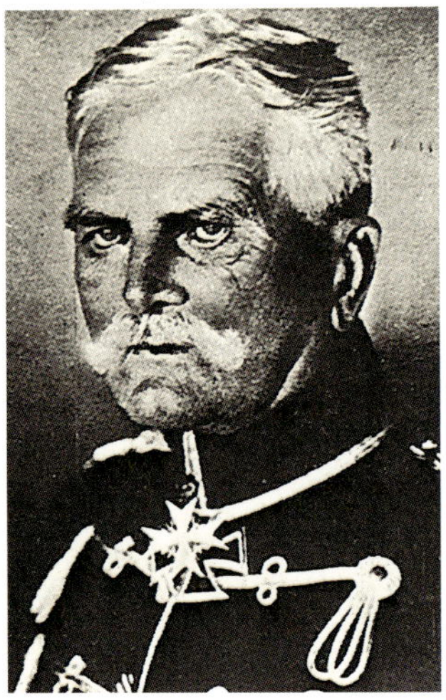

brechenden österreichisch-ungarischen Doppelmonarchie zu erfüllen. Anno 1866 war der 27jährige Karl aus dem Hause Hohenzollern-Sigmaringen, dem schwäbisch-katholischen Zweig der preußischen Königsfamilie, zum rumänischen Carol I. geworden. Für den Ausländer hatte man sich nach der erzwungenen Abdankung Alexandru Ioan Cuzas entschieden, um die eigenen, rivalisierenden Anwärter auf den Fürstenthron auszuschalten. Nachdem Carol mit Hilfe Rußlands die Unabhängigkeit von der Türkei erkämpft hatte, wurde das bisher immer etwas hinter der Geschichte herhinkende Rumänien Königreich, Bukarest zum lebenslustigen „Paris des Ostens". Der Hohenzoller gilt nach 47jähriger Herrschaft als Schöpfer eines modernen Staats. Seine Nachfolge tritt Ferdinand I. an. Den Siebenbürger Sachsen, die mit unverhohlener Sympathie zu Kaiserdeutschland stehen, kommt es als Negativbeispiel hohenzollernscher Familienpolitik vor, als das Rumänien Ferdinands auf Seite der Entente

in den Krieg eintritt. Doch auch für Seine k.k. Apostolische Majestät, die Wiener Hofburg und Berlin ist die Parteinahme Bukarests überraschend. Die Rumänen hatten mit den Mittelmächten und der Entente gleichzeitig verhandelt, nur von den Russen war ihnen Siebenbürgen als Kriegsbeute versprochen worden.
Bukarest erklärt Österreich-Ungarn den Krieg, dem total erschöpften Verbündeten müssen reichsdeutsche Truppen zu Hilfe eilen. Die Heeresleitung stellt in Siebenbürgen eine 9. Armee unter General Erich von Falkenhayn auf, von Bulgarien her greift General August von Mackensen Rumänien an. Am 28. September 1916 schreibt sich ein gestandener Sachse nach einem spontanen Fußmarsch zum Hermannstädter Großen Ring ins Tagebuch:
„Es war wirklich wahr, kein schöner Traum: lauter deutsche Truppen. Der ganze weite Markt war voller Soldaten, die Gewehre hatten sie zu Pyramiden zusammengestellt, deutsche Lieder erfüllten die Heimatluft. Die Tränen schossen uns über unsere alten Backen, unwillkürlich hatten wir unsere Hände gefaltet: daß wir solches erleben durften – Deutschland besucht seine versprengten Söhne! Alle Not war mit einem Schlag vergessen ... Unsere Leute schleppten herbei, was sie nur irgend aufbringen konnten, die müden Krieger zu erquicken. Die meisten kamen von der mörderischen Westfront und fühlten sich in dem sonnigwarmen, herrlichen Siebenbürgen trotz der heftigen Kämpfe der letzten Wochen wie im Paradies. Die deutschen Soldaten priesen die Schönheit unserer Landschaft, die Kultur unserer Städte. Militär und Volk umarmten sich, die kürzlich noch ausgestorbene Stadt war ein Bild des Jubels und des Lebens. ‚Deutschland, Deutschland über alles‘ erscholl aus tausend Kehlen über den großen Platz. Nachdem ich dies erlebt, will ich nun gerne sterben, ich habe in diesem Leben keinen Wunsch mehr offen.“
Die deutschen Landser wunderten sich, im fernen Ostland Sätze zu hören wie „Mein Mutting is zu hus“, Worte wie *Riotzlefel, Wisekänjt* oder *Blumenbuckerätchen.* Und wer nicht wußte, was man darunter verstand, dem wurde mit Rotzlöffel und Waisenkind übersetzt oder erklärt, daß sächsische Schulmädchen während des Gottesdiensts ein Blumenbuckerätchen in der Hand halten, an dem sie immer wieder riechen, „damit die Zeit vergeht“.
Die Rumänen werden in den Schlachten bei Hermannstadt, am Geister-

Sachsenfamilie aus Neudorf. Die Tracht der Siebenbürger macht die Zugehörigkeit zu ihrer Gemeinschaft sichtbar, ist durch den ungarischen und rumänischen Einfluß zusätzlich ein Bekenntnis zur Geschichte des Volkes.

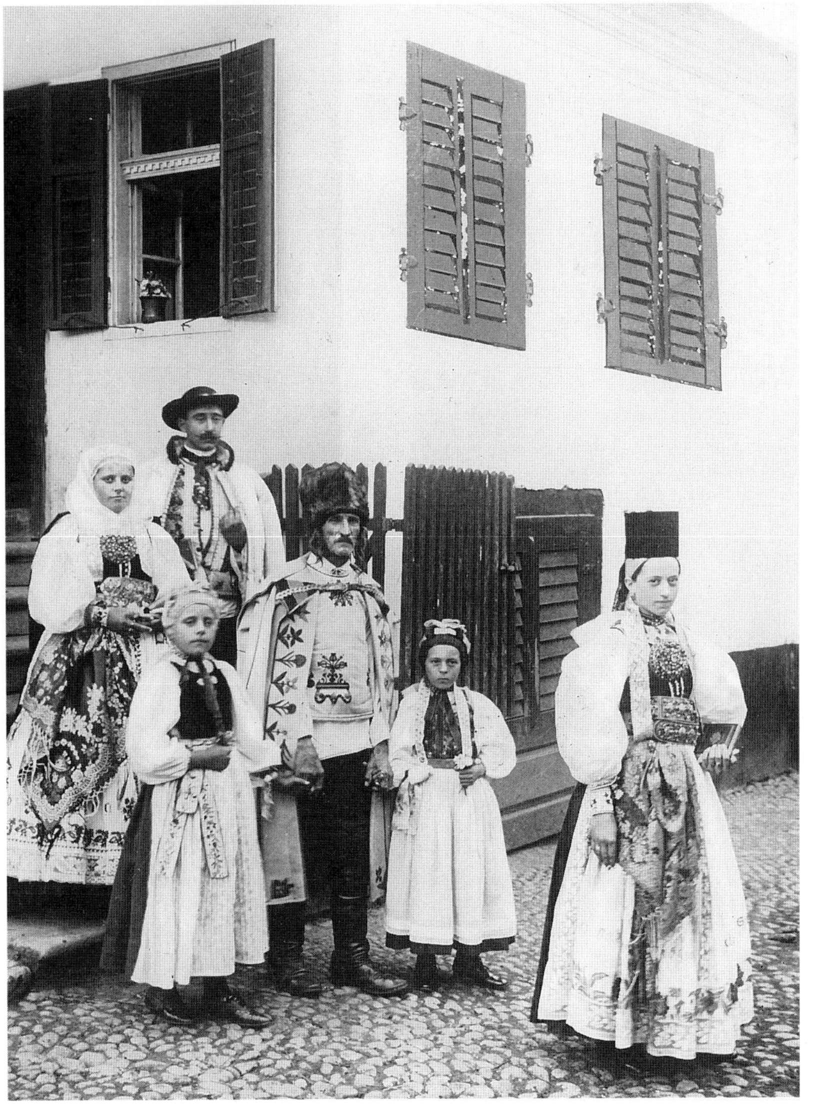

wald und bei Kronstadt besiegt, unter anderem, weil sie – so der bayrische Dichter Hans Carossa in seinem Kriegstagebuch – zwar mit Todesverachtung, aber unbesonnen „wie Trunkene" über die Schlachtfelder rannten. Nachdem Mackensen Bukarest genommen hat, läßt Wilhelm II. in Preußen und Elsaß-Lothringen für den „durch Gottes Gnade erreichten Erfolg auf der Bahn zum vollen Siege" die Kirchenglocken läuten. Die patriotischen Siebenbürger zeichnen hohe Kriegsanleihen (die dann nie eingelöst wurden), adoptieren Sammelstellen „Gold gab ich für Eisen" und setzen den Siegern ein Denkmal auf der Gregori-Höhe bei Hammersdorf. Die Erinnerungstafeln müssen schon 1919 wieder entfernt werden, die Inschrift bleibt erhalten: *„Da mit Siebenbürgens Erde / Deutsche Treue uns verband, / Ruhn wir fern der Heimaterde, / Starben hier fürs Vaterland"*. Die auf Sachsenboden gefallenen deutschen Soldaten würden in Zukunft „Siebenbürgens letzte deutsche Einwanderer" genannt.

Rumänien verliert den Krieg, geht aufgrund der Gunst weltpolitischer Konstellationen aus der Neuordnung Europas trotzdem als Sieger hervor. Im siebenbürgischen Karlsburg (vor 1715 Weißenburg) läßt sich Ferdinand zum König Großrumäniens krönen. Gemessen am Vorkriegsstand des Altreichs hat er mit Teilen der Konkursmasse der Donaumonarchie sein Staatsgebiet verdoppelt, die Zahl seiner Untertanen ist auf 15,5 Millionen gestiegen. Unter ihnen sind Deutsche aus 5 verschiedenen Staaten, in Wesen wie sozialer Zusammensetzung recht unterschiedliche Gruppierungen, die sich weder geographisch noch siedlungsgeschichtlich auf einen Nenner bringen lassen. Hatte doch gerade die in alter Ordnung festgefügte sächsische Nation bis zu diesem Zeitpunkt immer lieber „kleinsächsisch" anstatt „großdeutsch" gedacht, wenn es um Landsleute der Region, um die Bauern im Banat, die jungen Ansiedlungen in Bessarabien und in der Dobrudscha oder die stark madjarisierten Sathmarer ging.

Die neuen Grenzen der ver-rückten Welt übersteigen die kühnsten Erwartungen der Rumänen, dann allerdings

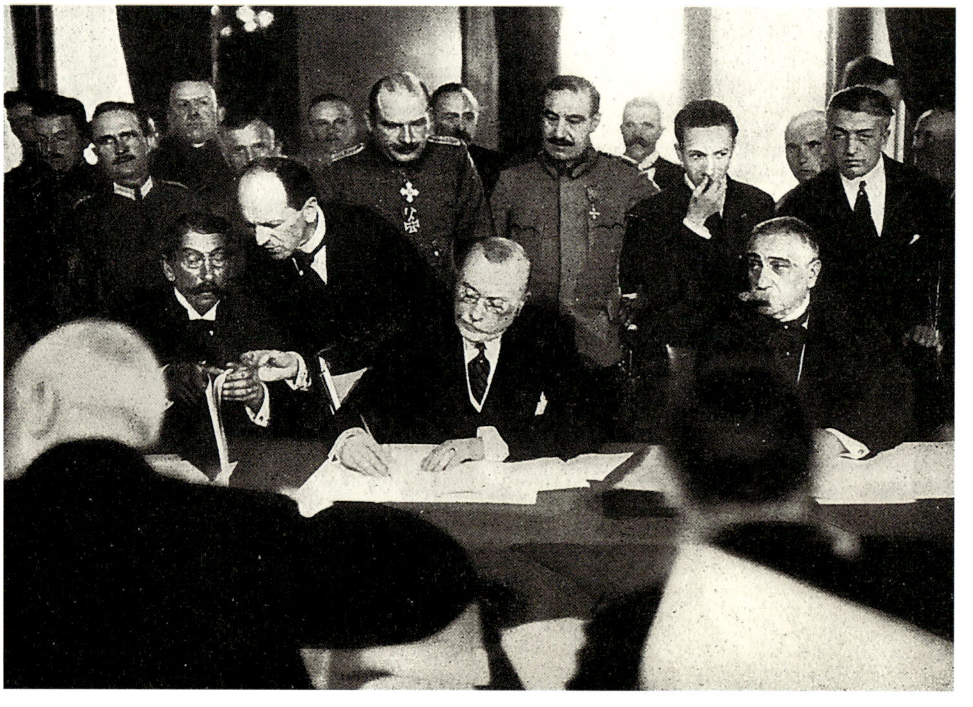

Rumäniens Ministerpräsident Marghiloman beim Unterzeichnen des Friedensvertrags. Obwohl unter den Verlierern des Ersten Weltkrieges, geht Rumänien aus der Neuordnung Europas als Sieger hervor.

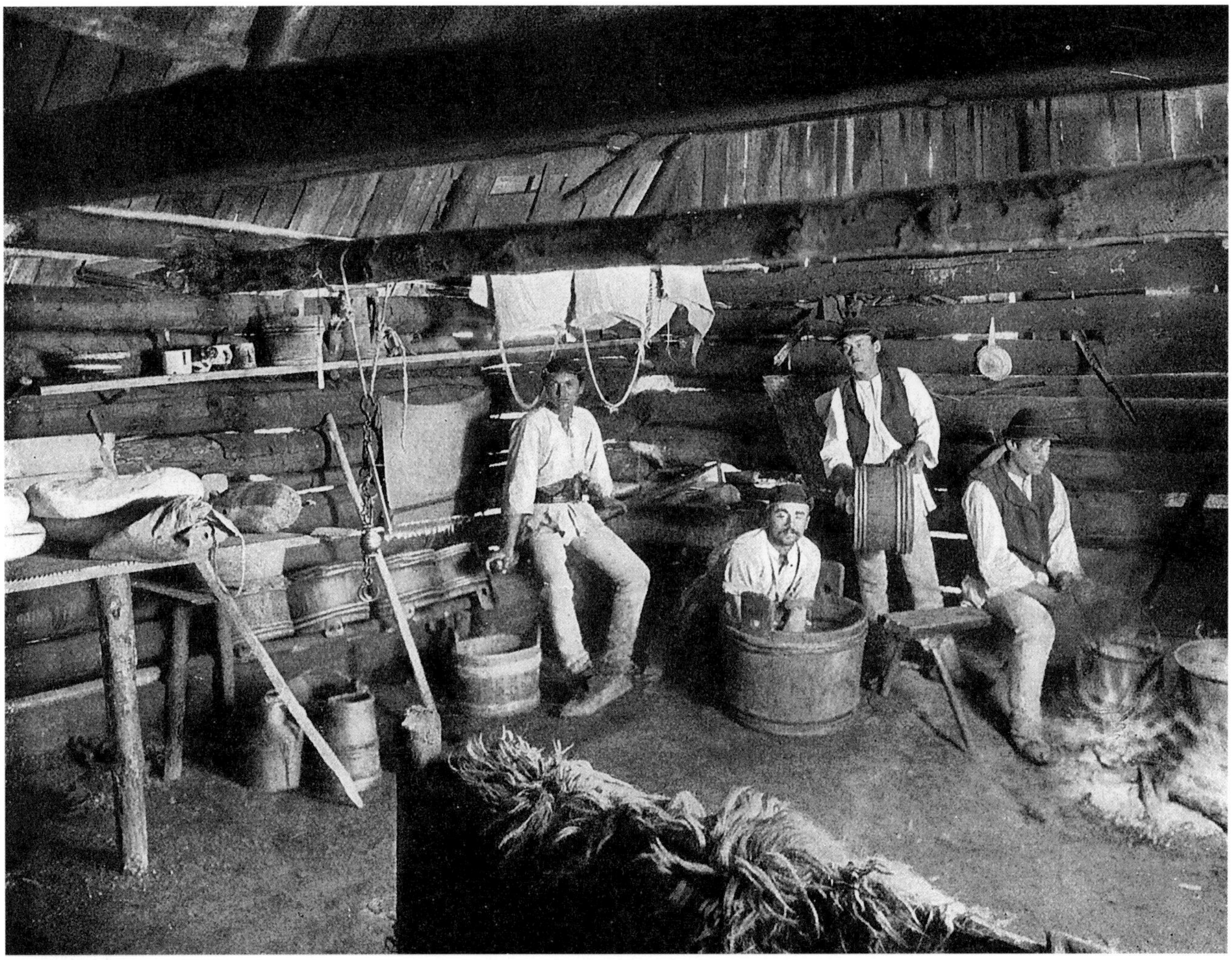

Rumänische Schäferei im Fogarascher Gebirge. Im höchsten Gebirgszug der rumänischen Karpaten hat die Weidewirtschaft eine lange Tradition.

auch ihre Möglichkeiten, das vom National- zum Nationalitätenstaat gewordene Land zu befrieden.

Im Dezember 1918 hatte die Nationalversammlung der Rumänen Siebenbürgens den Anschluß an das rumänische Staatsgebilde erklärt, im Monat darauf schlossen sich ihnen die Sachsen „auf dem Boden des Selbstbestimmungsrechts der Völker" an. Ob in Bukarests Calea Victoriei, in Hermannstadts Drei-Eichen-Straße, in der Bistritzer Beutlergasse oder im einst untertänigen Kallesdorf ... es ist der gemeinsame Gegensatz zu den Madjaren, der Rumänen und Deutsche näherbrachte. Vom Sachsentreffen in Mediasch gehen „brüderliche Grüße und herzliche Glückwünsche zur Erfüllung nationaler Ideale" an das rumänische Volk, verbunden mit der Hoffnung, daß es den deutschen Siebenbürgern „niemals unmöglich gemacht werde, sich als eine ihres Volkstums bewußte nationale und politische Einheit behaupten zu können".

Die Entscheidung war schwerwiegend, war ein Bruch der Geschichte, mit dem die Sachsen jenen Staatsverband verlassen, für den sie rund 800 Jahre lang kämpften, in dem sie kulturschaffend wirkten. Für die rumänische Option spricht, daß Deutsche und Rumänen durch Jahrhunderte gemeinsam gegen das Madjarische gekämpft haben. Dazu „einte sie derselbe Boden, derselbe Himmel, dieselbe Geschichte" (K. K. Klein). Kurz nach der Jahrhundertwende hatte Ru-

Bauernburg von Reps. Bereits im 11. Jh. auf einem Vulkankegel in strategisch bevorzugter Lage errichtet, wird die Repser Burg von den umliegenden sächsischen Dorfgemeinschaften stark ausgebaut und als Fluchtburg genutzt.

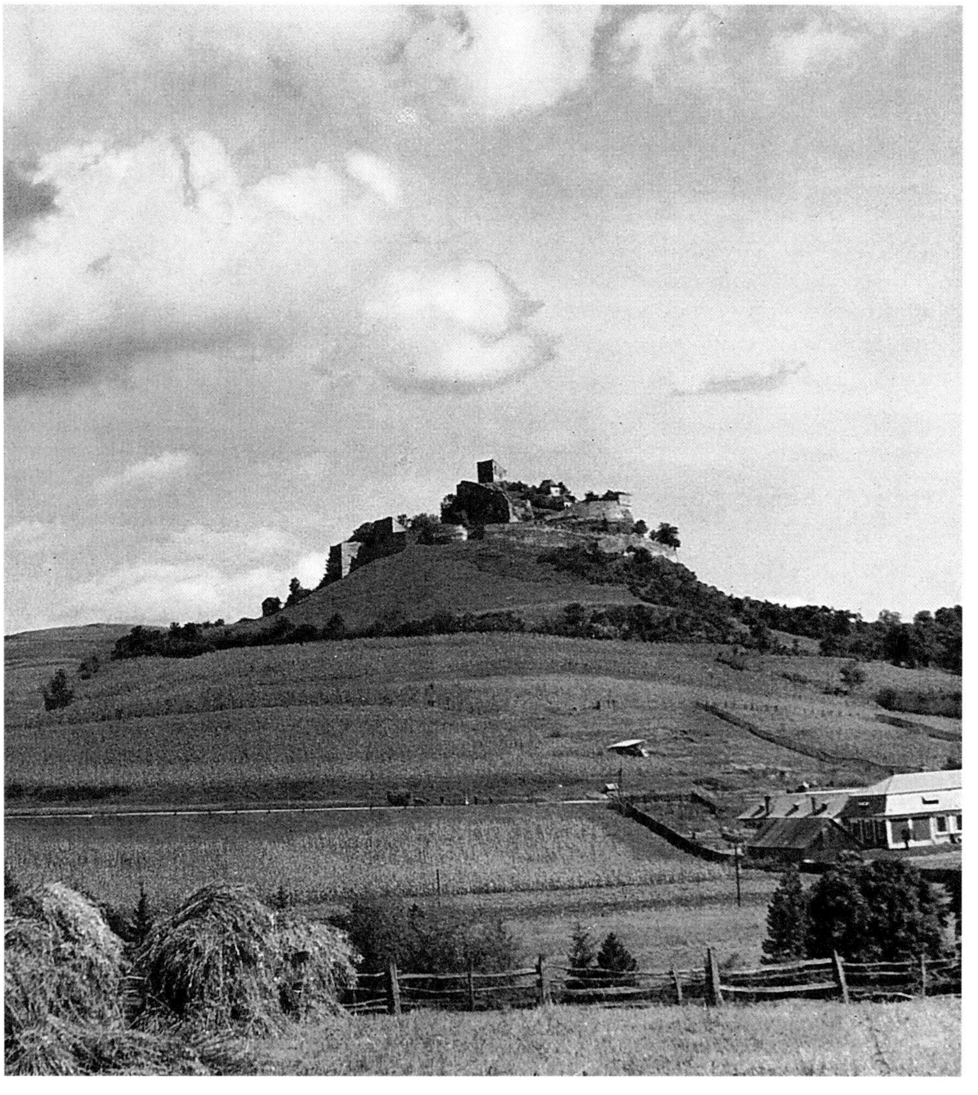

mäniens bedeutendster Historiker, der Schriftsteller und spätere Ministerpräsident Nicolaie Iorga, den Sachsen schon bestätigt: „Die höhere Kultur mit sich zu bringen, das städtische Wesen auf beide Abhänge der Karpaten zu pflanzen, das Leben Siebenbürgens endgültig in feste Formen zu bannen, den Westen mit dem Osten bis zur Donau und den entfernten tatarischen, griechischen und türkischen Ländern durch Handelsbeziehungen zu verbinden, abendländisch befruchtende Einflüsse auf die morgenländisch gefärbte älteste Kunst der Rumänen zu üben, den Sieg der nationalen Sprache der Rumänen über die mittelalterliche Kulturform des Slawischen zu fördern, das alles bilden Rechte und Verdienste der Deutschen für die allgemeine Kultur und besonders für jene der Rumänen, die wir nicht genug anerkennen und schätzen können."

Der Krieg zwischen den Kriegen

Es sollte nur wenig Wasser den Zibin hinunter zum Alt fließen, bis die Siebenbürger Deutschen erkannten, daß sie im Kampf gegen Überfremdung lediglich einen Nationalismus gegen den anderen eingetauscht hatten. Ein Unterschied bestand allerdings darin, daß die Madjaren bisher aus der Distanz regierten und die Sachsen als Gegengewicht zu landhungrigen Rumänen benutzten. Jetzt lebte man hautnah mit dem staatsbildenden Volk zusammen, das sich im Hochgefühl des Stärkeren auf sächsische Kosten auszubreiten versuchte. Eine im Friedensvertrag Sachsen und Szeklern zugestandene Kulturautonomie bleibt dann auch auf dem Papier. Siebenbürgen, dem Orient plötzlich näher als dem Abendland, wird dadurch zum gefährlichen Unruheherd der Region.

Nach dem Umsturz entbrennt der Kampf zwischen Minderheiten und rumänischer Staatsgewalt um die Neuverteilung von Grund und Boden. Die ersten sozialdemokratischen Blätter der Sachsen erscheinen in Bistritz und Hermannstadt, das deutsche und

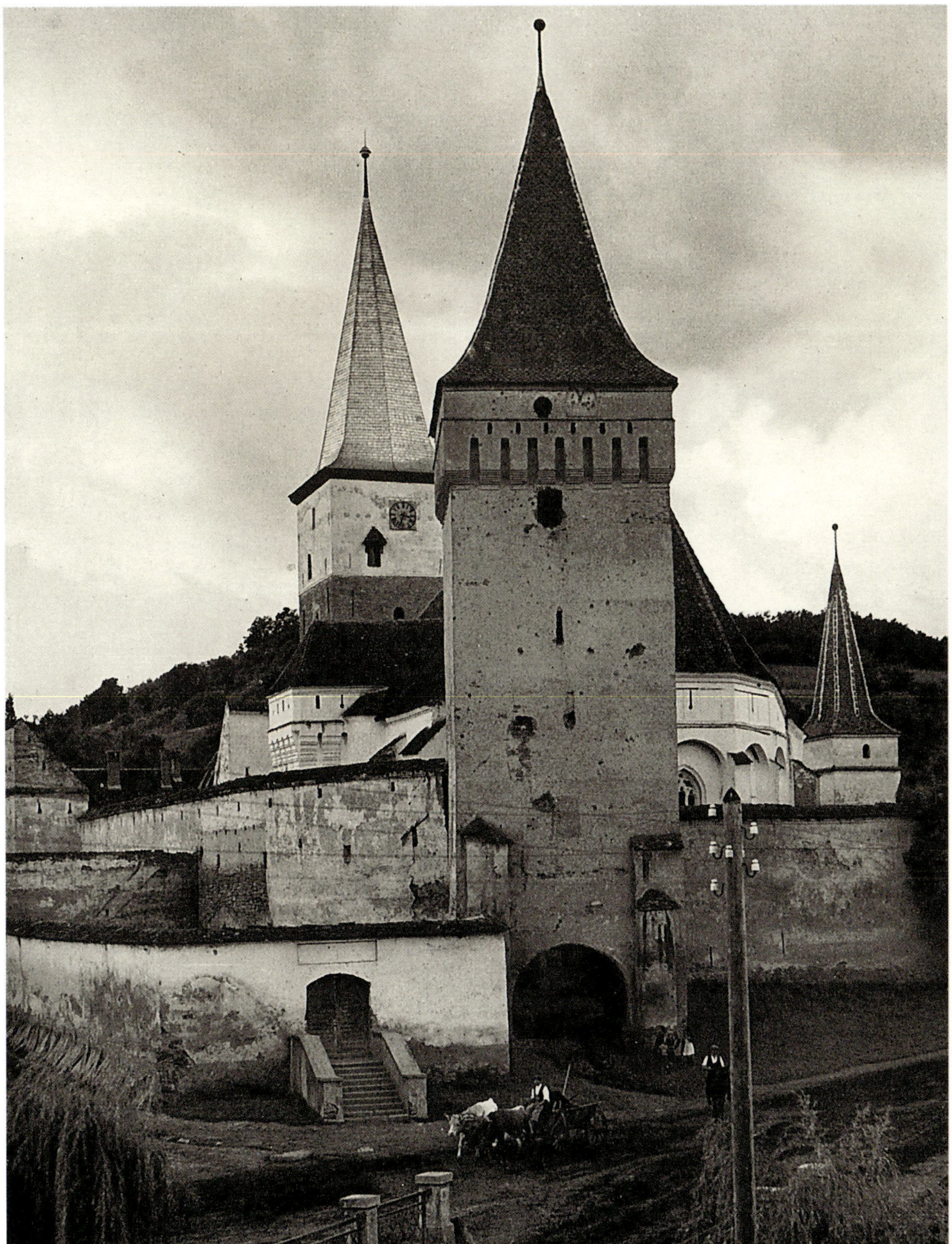

Kirchenburg Meschen aus der Zeit um 1500. Eine der schönsten Kirchenburgen des Sachsenlandes gilt die dreischiffige gotische Hallenkirche als ein Werk des Hermannstädter Meisters Andreas Lapicida.

rumänische „Proletariat" – *„Mann der Arbeit, aufgewacht, und erkenne deine Macht"* – solidarisieren sich.
Durch die sogenannte Agrarreform, mit der Bukarest einer bolschewistischen Infiltration der Bauernmassen vorgreifen will, verlieren die Sachsen in wenigen Tagen mehr an Besitz als in 800 Jahren zuvor. Darunter die gesamten Liegenschaften der Nationsuniversität, die das Rückgrat des eigentlichen sächsischen Nationalvermögens bilden, aus dem die kulturellen und sozialen Einrichtungen der Volksgruppe finanziert werden. Der alte Königsboden muß über die Hälfte des gemeinschaftlichen Eigentums an Rumänen abgeben, wodurch die territoriale Geschlossenheit weiter aufgesprengt wird. Schule und Kirche müssen vom Opfersinn der Volksgruppe getragen werden, was mit Beschluß des Sachsentags das Nachbarschaftswesen neu aufleben läßt, wie es sich – wenn auch nicht im alten Machtkorsett – teilweise bis heute erhalten hat.
Während die wirtschaftliche Potenz der Sachsen groß genug ist, um im veränderten Europa überleben zu können, erweisen sie sich am häuslichen Herd recht ... kraftlos. Wenn es um Geburten geht, erreicht jetzt kein einziger sächsischer Bezirk mehr den Staatsdurchschnitt, Gegenden um Sächsisch-Regen und Bistritz registrieren gar mehr Sterbefälle als Geburten. Auf der Suche nach dem schwarzen Peter geht man nicht allzu weit. Ist an der Kirchenburg Honigberg noch nachzulesen: *„Die Alten sollen die Jungen lehren, / Die Jungen sollen auf die Alten hören, / Einer soll den andern ehren, / Allsdann wird uns Gott vermehren"*, so konnte IHM die Schuld nicht zugeschoben werden. So kommt einmal mehr der geburtenschwache Bauernstand ins Gerede, als sei er es alleine, der sächsisch-familiär begründet das biologische Gleichgewicht Siebenbürgens aus dem Lot brachte.
Carol II. besteigt 1930 den Thron. Schon wegen seiner Abhängigkeit von einer Mätresse namens Lupescu vor immer größere innenpolitische Probleme gestellt, ersetzt der Hohenzoller die parlamentarische Monarchie durch eine Königsdiktatur. Für die Sachsen, die ohnehin nur zögernd

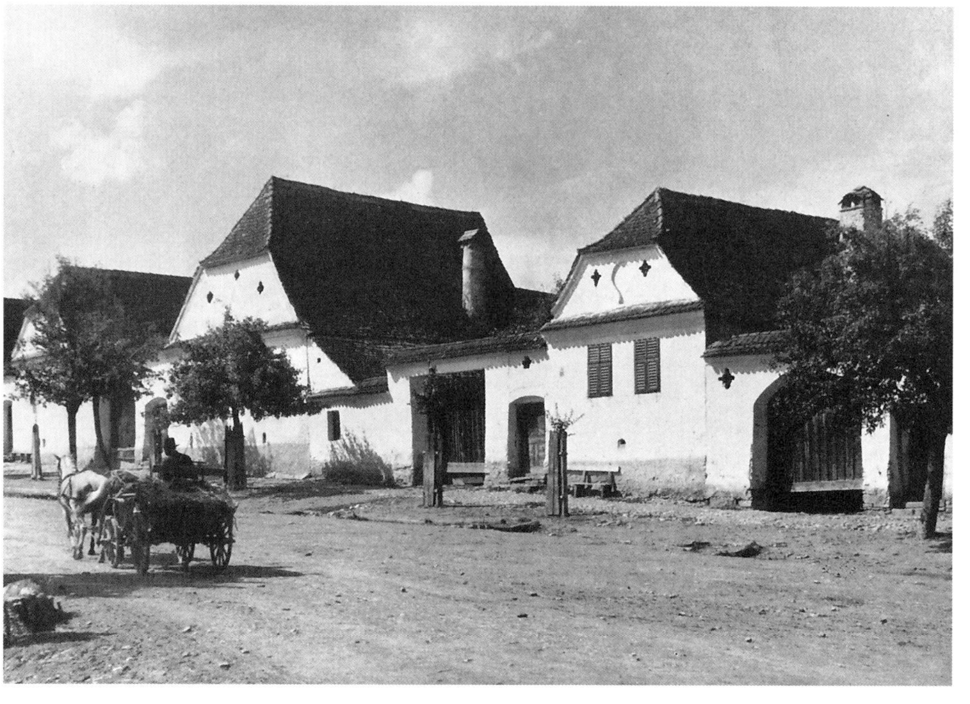

Dorfstraße von Deutsch-Weißkirch. Typisch das abgewalmte Giebeldach und die gemauerten Torbögen, mit denen die sächsischen Bauernhäuser untereinander verbunden sind.

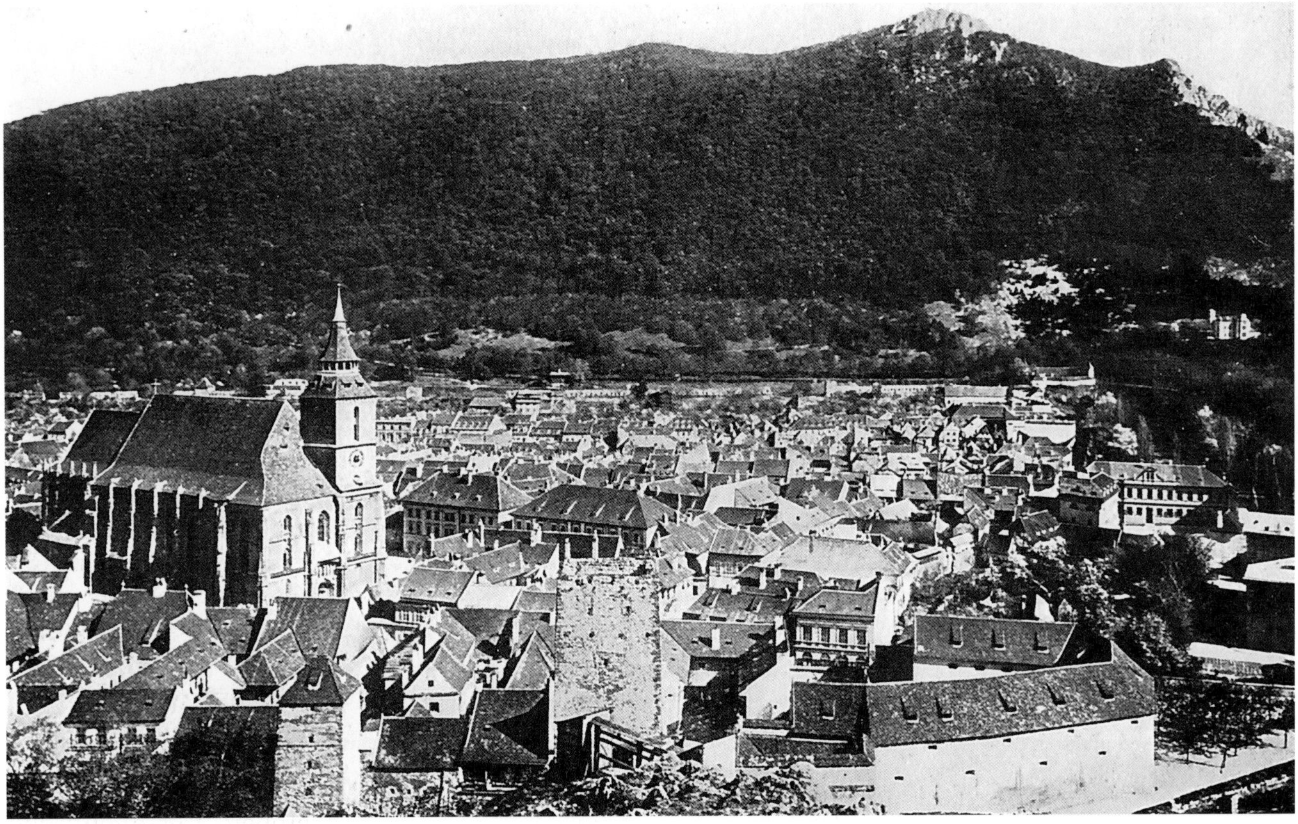

das *„O heil'ger Gott in den Höhen, / hör unser Flehen: / schirm' und vor Stürmen verschone / Rumäniens Krone“* anstimmen, ein weiterer Grund, sich in die Arme des Beistand garantierenden Deutschen Reichs zu flüchten.
Neue Ideen lassen den sächsischen Gemeinschaftsgedanken mit dem Inhalt einer „großdeutschen“ Gegenwart wiederaufleben. Die politische Körperschaft der Rumäniendeutschen nimmt mit großer Mehrheit ein Volksprogramm an, das sich zur Weltanschauung der deutschen Erneuerung bekennt. Aus der Feder des schriftstellernden Rechtsanwalts Erwin Wittstock, eines Hermannstädter Pfarrersohns, der wie Zillich die Themen seines umfangreichen Erzählwerks aus dem Leben der Siebenbürger nimmt, erscheint der Titel „Bruder, nimm die Brüder mit“. Adolf Meschendörfer, dem Sänger Kronstadts, gelingt mit dem Roman „Die Stadt im Osten“ der Einbruch in das zeitgenössische Schrifttum. Dort heißt es: *„Hört, ihr Völker Europas, ihr stolzen Bürger der Vereinigten Staaten: Den Siebenbürger Sachsen, den letzten Sachsen, geht das Wasser an die Kehle! Ihr, die ihr für Menschenrechte kämpft, hört: Wir wollen nur leben und auf dem Fleckchen, von unserem Blut gedüngten Fleckchen Erde arbeiten. Und deutsch bleiben.“*
In einer Zeit, in der es darauf ankommt, fließt aus der Feder des Jakobsdorfer Volkskundlers Misch Orend die detaillierte „Studie zu Rasse und Temperament“ der Siebenbürger Sachsen. Doch wer glaubt, über Begriffe wie Stulpnasen und nordische Helle Ursprungstheoretikern helfen zu können, sieht sich einmal mehr enttäuscht. Für den, der es nicht ohnehin schon weiß, sind die sächsischen Mannsbilder jetzt „eher hager als wohlbeleibt, dazu mittelgroß oder lang“, Gesicht und Kopf oval, das Haar braun, der Bart dunkelblond, die Augen hellbraun. Die säch-

Blick auf Kronstadt, Bereits im 15. Jh. zählt der Vorort des Burzenlandes dank der verkehrsgünstigen Lage an 5 Karpatenpässen zu den wichtigsten Handelszentren Südosteuropas. Durch Bombenangriffe im Zweiten Weltkrieg in Mitleidenschaft gezogen, ist Kronstadt heute die zweitgrößte Stadt Rumäniens.

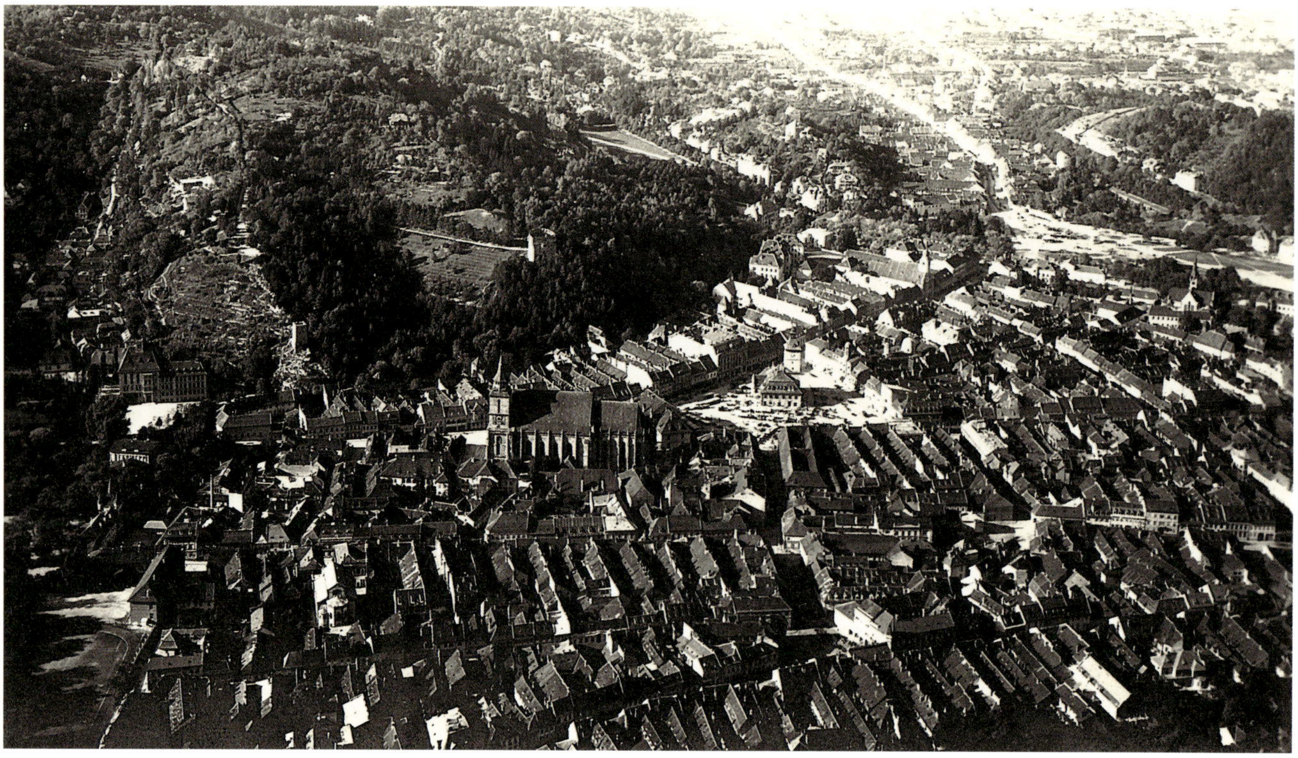

Kronstadt aus der Vogelschau. Im Mittelpunkt die Schwarze Kirche, das größte Bauwerk, das Sachsenhände geschaffen haben. Aufgrund ihrer bevorzugten Lage gilt die zweite Metropole der Sachsen als »Perle« unter den siebenbürgisch-sächsischen Städten.

sische Frau ist in lieblichem Maß klein bis mittelgroß, Wohlbeleibtheit die Ausnahme. Ihre Hautfarbe variiert von rosiger nordischer Helle zu tiefem Braun.

Natürlich kann Misch Orend auf dem Andreasmarkt in Mediasch, am Waschtag in der Kokel oder beim Rösseltanz in Keisd unter Sachsen beiderlei Geschlechts auch alle Abschattungen vom slawischen Weißblond, wasserblaue Augen, Stulpnasen und vorstehende Backenknochen, germanisches Gold- und Dunkelblond bis zum intensiven Fuchsrot finden. Im Burzenland fallen ihm die rotblonden Typen auf, bei Bistritz die starkknochigen Gestalten. An der Großen und Kleinen Kokel findet er „kleine, schwachkörperliche Typen“, dazu „ausgesprochen friesische Langschädel mit schmalem, langen Gesicht und vorstehenden Zähnen“. Schließlich gibt es unter den Sachsen Schwarzhaarige „mit Rundkopf, gebogener Nase und dunklen Augen“. Dazu Zwischentypen der Hermannstädter Gegend: langköpfig, dunkelhaarig, lange und fast zierliche Gestalten. Dann Mischtypen mit mongolischen Schlitzaugen, „nigrid im Kopf- und Kieferbau“. Und natürlich gibt es auf Bartholomäusmarkt in Bistritz, im Hermannstädter Bußwinkel oder auf dem Gurken-Jahrmarkt in Großkopisch dazu noch blonde, sächsisch sprechende Zigeuner ... was den Autor gestehen läßt: „Die Urrasse des Mischtyps der Siebenbürger Sachsen ist nicht immer eindeutig zu bestimmen.“ Wobei man es dann auch belassen sollte.

Die Mitglieder der sächsischen Familie sind, ganz gleich ob im Bauern-, Bürger- oder Kanzelsächsisch, schnell am landläufig gerollten „R“ ihrer Sprache zu erkennen. Auch daran, daß sie *dat* für das und *det* für dies sagen, die Anrede Sie nur im Umgang mit Damen und Herren der ersten Gesellschaft benutzen, ansonsten einfach mit „Ihr“ operieren, was für Erwachsene, häufig auch für Kinder Eltern gegenüber gilt.

Ausgenommen die Landler-Mundarten mit ihrem bairisch-österreichischen Charakter, ist das Siebenbürgisch-Sächsische Muttersprache geblieben. Es zerfällt in 2 Hauptgruppen, das Nösnerische und das Südsiebenbürgische, daneben in viele Einzeldialekte und Ortsmundarten, die am ehesten dem „Letzeburgischen" verwandt sind. Der Sachse kann sich mit dem Luxemburger unterhalten, wenn beide ihre Mundart sprechen. Was wiederum nicht heißt, daß er ohne den ureigenen Wortschatz auskommt. Was man – um nur ein Beispiel zu nennen – im Unterwald mit „Quetsche", im Nösnerland mit „Krel" bezeichnet ist im Weinland ein „Kränzlein" und im Burzenland ein „Bertschen". Gemeint ist damit ein und dasselbe: Ein Gebilde, das die Sächsin unter der Haartracht trägt, um ihren Kopfputz in die gewünschte Form zu zwingen …

1939 unternimmt das „Deutsche Landestheater in Rumänien" eine Gastspielreise durch das Reich, wo 51 Vorstellungen des siebenbürgischen Singspiels „Mädel aus dem Kokeltal" mit viel Sympathie aufgenommen werden. In Wolkendorf bei Kronstadt plant die Evangelische Kirche A.B. die Einrichtung einer Tuberkulose-Heilstätte. Der Siebenbürgisch-Sächsische Lehrertag findet in Agnetheln statt, in Baaßen bei Mediasch, dem dank naturwarmer Heilquellen vielbesuchten Badeort, wird ein „Erholungsheim für Erzieher" eröffnet. Die Skiverbandsmeisterschaften sind auf der Sprungschanze und im Gelände der Hohen Rinne geplant, in keiner deutschen Gemeinde des Landes ist die prozentuale Beteiligung der Bevölkerung am Turnen größer als in der Weberstadt Heltau. Die Sachsen wollen das Honterusfest in diesem Jahr zu einer „Feier der Wiederherstellung des innervölkischen Friedens" ausgestalten. Seit 1845 gesellschaftlicher Höhepunkt der Kronstädter ruht dann dort auch jeder innere Streit, zumindest bis die Musikkapelle in der Nähe des Pfaffenbrunnens Leopold Moltkes „Gebet" gespielt hat: *„Schütze, Gott, Dein Volk der Sachsen / auch im neuen Heimatland, / laß es blühen, laß es wachsen, / daß im Sturm es halte Stand! / Allerwegen quell' ihm Segen, / Herr aus Deiner Vaterhand!"*

Am 11. Mai sind es 90 Jahre her, daß Stephan Ludwig Roth – der Held, ohne den man nicht mehr auskommt – „für die deutsche Sache" gestorben ist. Zum echten Großereignis werden die Feiern zum 100. Jubiläum des Hermannstädter Musikvereins „Hermania": Die Reihe der Veranstaltungen eröffnet ein Orchesterkonzert mit der Kronstädter Klaviervirtuosin Luise Gmeiner. Darauf folgt Wilhelm Kempffs dramatische Kantate „Deutsches Schicksal". Nichts hätte die kommenden Ereignisse besser überschreiben können.

Siebenbürgen ist trotz der politischen Veränderungen Dreivölkerboden geblieben. Für das Völkergemisch stehen Markttage wie „um Georgi" oder „Michaelis" in Kronstadt, die für das

Die Schwarze Kirche. Ab 1385 an der Stelle einer von den Mongolen zerstörten Klosterkirche errichtet, wird die frühere Marien-, dann brandgebräunte Schwarze Kirche das Wahrzeichen Kronstadts. Unter Honterus wurde hier der evangelisch-lutherische Gottesdienst eingeführt.

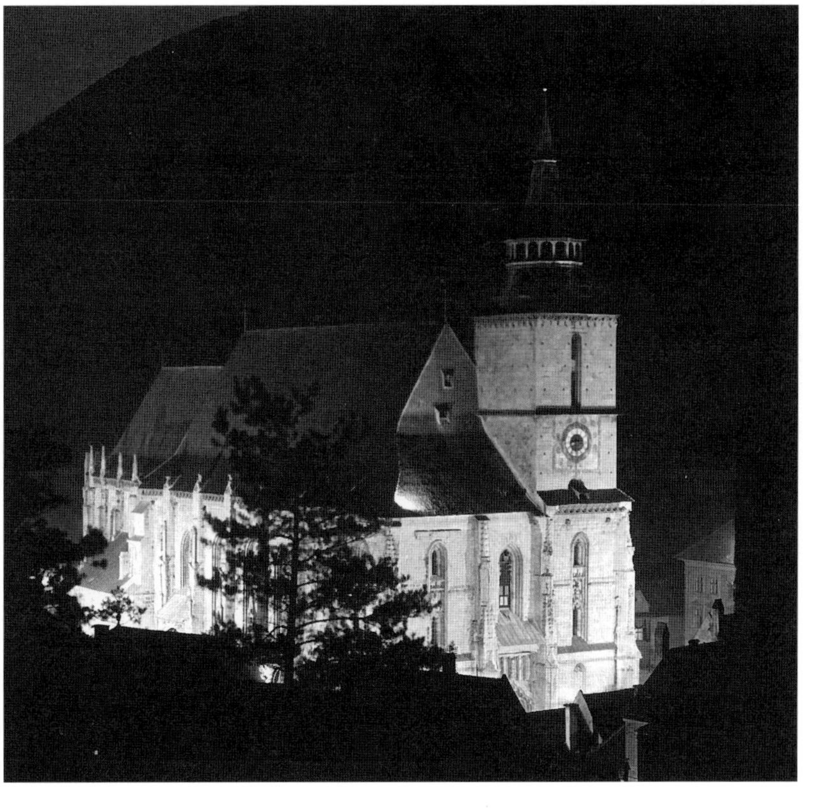

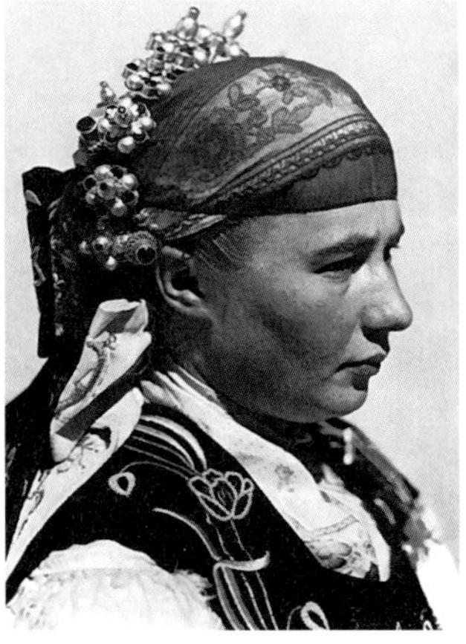

Gebockelte Bäuerin aus Tartlau. Die mit Perlen und Halbedelsteinen besetzten, diademartig auf dem Kopf angebrachten Bockelnadeln stecken für die Gegend typischen roten Schleier fest.

Land typisch sind: Nachdem die Glocke der Schwarzen Kirche in aller Herrgottsfrühe den Markt eingeläutet hat, kommen Szekler die Schwarz- oder Purzengasse herauf, in den Koberwägelchen Mineralwasser aus den Badeorten ihrer Landschaft. Hinterwäldler gehen in zottigen Schafspelzen durch die Klostergasse. Auf dem Markt reihen sich zwischen mannshohen Bergen aus gelbem, rotem, grünem, recht pfeffrigen Paprika die ungarischen Bauernmädchen in ihren bunten Röcken. Rumäninnen bieten Gemüse und Obst in blauen Schürzen feil, zungenfertige Zigeuner legen Waldfrüchte aus. Das sächsische Bauernpaar, am breitkrempigen Strohhut schnell auszumachen, sitzt hinter dem Büffelgespann (wobei es tatsächlich immer Sachsen gab, die behaupteten, ihr massives Haustier „bos bubalus transsylvanus" könnte, wenn es nur wollte, mit jedem *„Rueß"* (Pferd) um die Wette laufen, und diese auch gewinnen).

Im sogenannten 2. Wiener Schiedsspruch, für den Berlin und Rom verantwortlich zeichnen, wird Siebenbürgen 1940 erstmals in seiner Geschichte geteilt: Nordsiebenbürgen mit dem Nösnerland und dem Reener Ländchen fallen an Ungarn, Mittel- und Südsiebenbürgen bleiben bei Rumänien. Das allmächtige Reich legt eine Hand schützend auf die Sachsen, während es die andere zwischenstaatliche Abkommen mit Ungarn und Rumänien unterzeichnen läßt, durch die die sächsische Jugend in militärischen Formationen Deutschlands dienen muß.

Aufgrund politischer Großwetterlagen verleiht Rumänien seinen (Volks-)Deutschen den Status einer Person des öffentlichen Rechts. In Diemrich ist der „Gau Bergland" ins Leben gerufen, der das Nordbanat und Südwest-Siebenbürgen zusammenfaßt. Kronstadt wird zum Sitz einer nationalsozialistischen Volksorganisation mit Formationen wie „Einsatz-Staffel", „Deutsche Mannschaft", Arbeitsdienst und Winterhilfswerk und einem von Berlin ernannten Volksgruppenführer aus Sachsenstamm mit Namen Schmidt, Andreas. Dem Staatschef in Bukarest liegt die Versicherung vor, daß die Sachsen ein loyales Element im rumänischen Staatskörper und ein Mittler deutsch-rumänischer Waffenbrüderschaft bleiben wollen. Die deutschen Schulen unterstehen der Partei. Von Deutschland beeinflußt richtet sich in Rumänien ein Doppelregime ein, das eine Eiserne Garde neben der bewaffneten Macht unter Ion Anto-

Kirchenburg Tartlau. Im Marktflecken Tartlau, der südöstlichsten deutschen Siedlung Siebenbürgens, steht die größte Kirchenburg des Sachsenlandes.

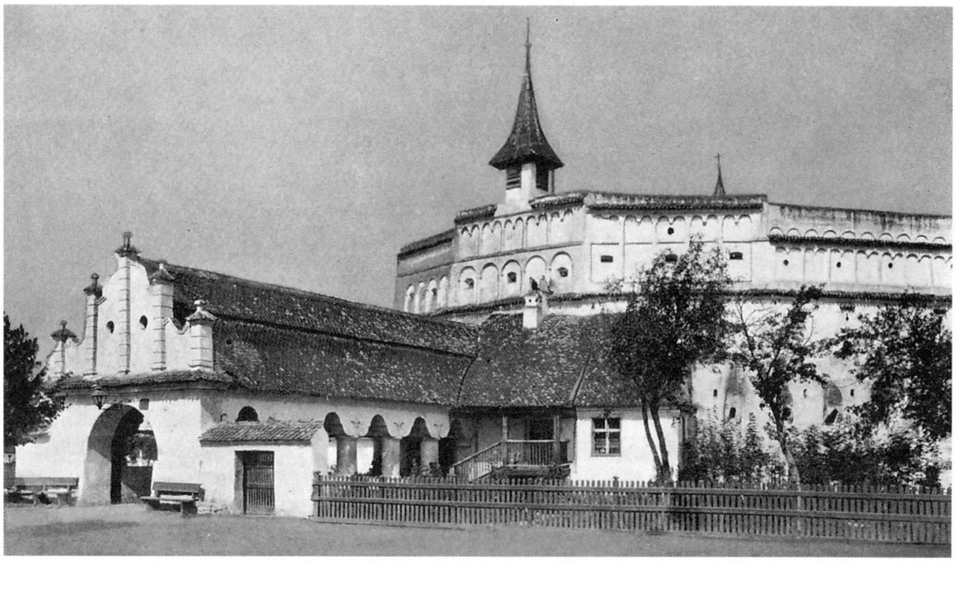

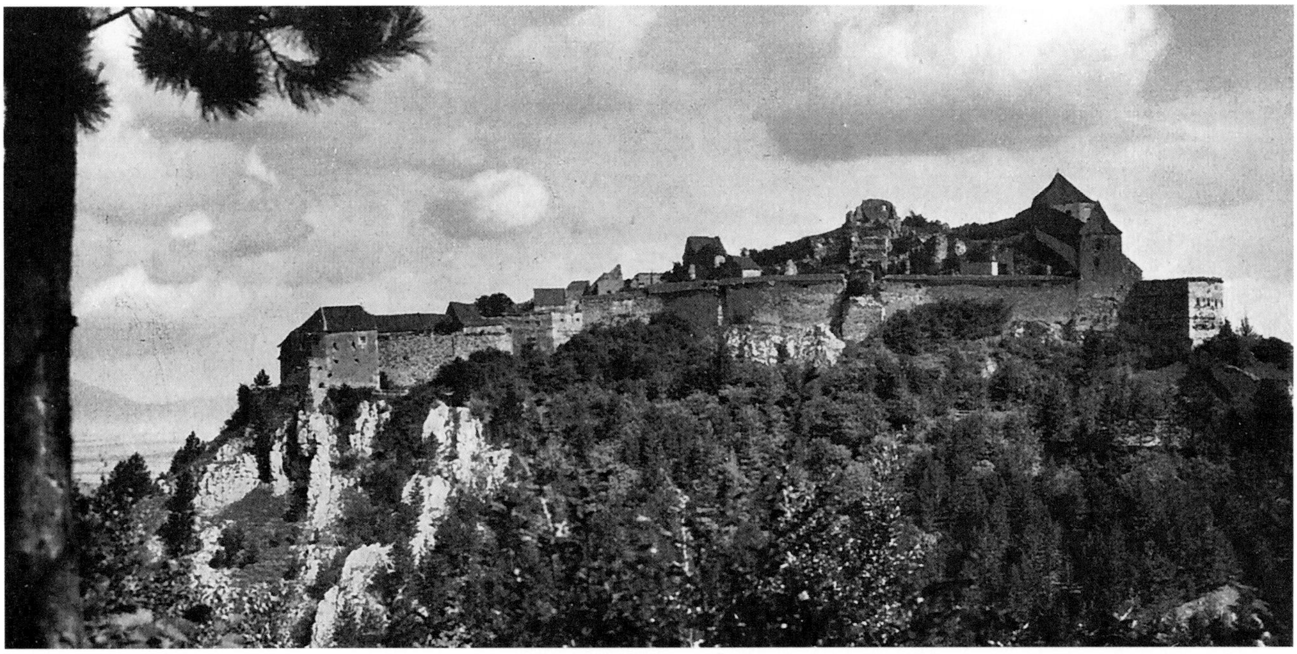

Die Bauernburg Rosenau bei Kronstadt. Ursprünglich eine Gründung des ins Burzenland gerufenen deutschen Ritterordens, bauen die Rosenauer ihre Festung im 14. Jh. in freiwilliger Fronarbeit zu einer gewaltigen Fliehburg aus.

nescu in der Führung sieht. Im Oktober 1940 entledigt sich Antonescu, wiederum mit Hilfe Berlins, der Garde (deren Führer per Zug ins Reich verschickt werden) und errichtet eine Militärdiktatur. Im Juni 1941, mit dem Unternehmen Barbarossa, tritt Rumänien in den Krieg gegen die Sowjetunion ein. Die Sachsen kämpfen in rumänischen und ungarischen Armeeverbänden, bevor sie die Einberufung zur Waffen-SS erhalten.

Mit der sowjetischen Offensive gegen die Heeresgruppe Südukraine und dem Vorstoß auf rumänisches Gebiet schließt Rumänien einen Waffenstillstand mit den Alliierten. Als am Tag darauf die deutsche Luftwaffe die Innenstadt von Bukarest bombardiert, erklärt Rumänien den Deutschen den Krieg. Im September nimmt die 2. Ukrainische Front Kronstadt, die Industrie- und Handelsmetropole am Fuß des Schulergebirges, der deutsch-ungarische Angriff aus dem Raum Klausenburg-Neumarkt gegen den rumänisch-sowjetischen Aufmarsch im Szeklerzipfel ist zum Scheitern verurteilt. Die Evakuierung der Sachsen Nord-, teilweise auch Südsiebenbürgens wird angeordnet. Mit Pferdetrecks ziehen die Dörfler westwärts zur Reichsgrenze. Die Stadtbevölkerung von Bistritz, Klausenburg und Sächsisch-Regen flieht in Zügen und auf Lastwagen der Wehrmacht mit einem Rest des bewaffneten Reichs vor der nahen Front. Im Dezember 1947 endet mit der Abdankung Michaels I. die Hohenzollerndynastie in Rumänien. Sie hat jene in Deutschland immerhin um knapp 30 Jahre überdauert.

Bei Kriegsende leben rund 230 000 Deutsche mit dem biographischen Ballast aus 5, 6 Jahren, die sie vom Tausendjährigen Reich mitbekommen haben, in den Komitaten um Hermannstadt, Mediasch, Kronstadt und Schäßburg. Etwa 35 000 Sachsen im Alter zwischen 16 und 45 Jahren werden zur „Wiedergutmachung" in die Sowjetunion verschleppt. Die Deutschen werden nicht vertrieben, doch ihr wirtschaftlicher und kultureller Besitz ist enteignet, ihre Industrie- und Handelsunternehmen sind konfisziert. Ein Minderheitenstatut der – noch bürgerlichen – rumänischen Regierung schließt die Deutschen aus, läßt sie politisch führerlos, rechtlos, mit zerrissenen Familien. In

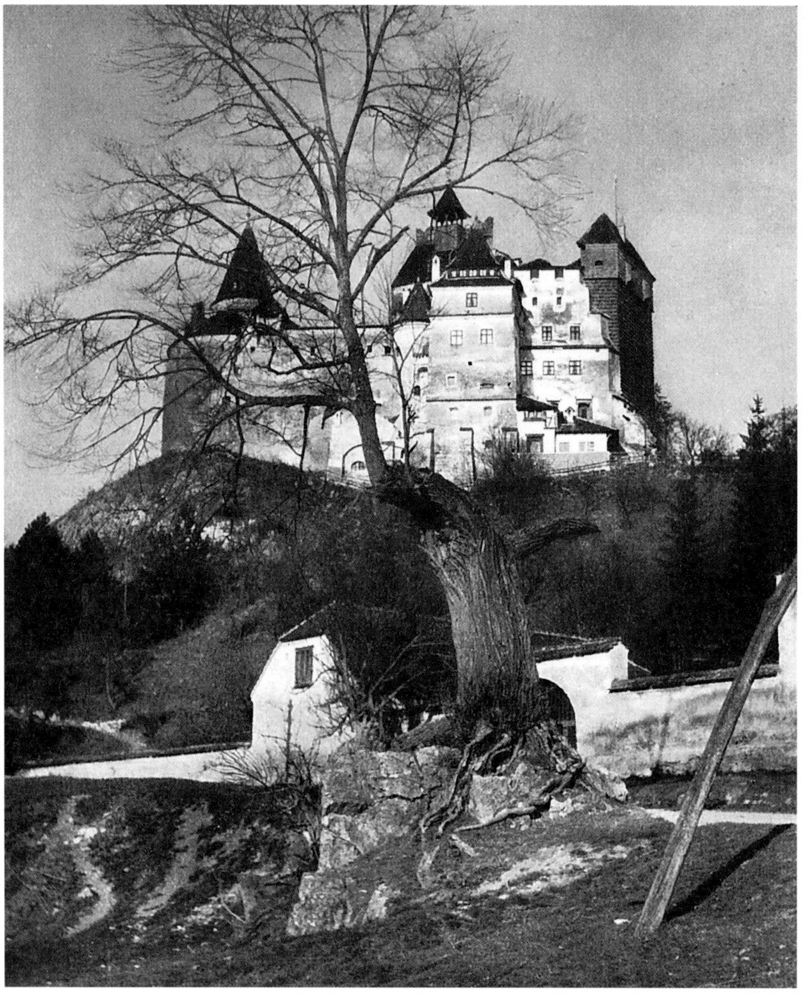

Die Törzburg. Am Eingang des Törzpasses, der aus den Burzenland nach Süden über die Karpaten führt, haben die Ordensritter ihr festes Haus Dietrichstein errichtet. Um 1300 legen die Kronstädter im Auftrag des ungarischen Königs hier eine wehrhafte Feste an, um den wichtigen Paßübergang zu schützen.

die von den Vorfahren ererbten Höfe sind fremde Familien eingezogen, womit die alte Geschlossenheit der Sachsensiedlungen endgültig gesprengt ist. Das kommunistische Regime setzt die Romanisierung der Zwischenkriegszeit mit den Mitteln des totalitären Staats fort. Verfolgungen und politische Prozesse durch den nach Moskauer Vorbild arbeitenden Sicherheitsdienst, Infiltrations- und Spaltungsversuche sind Teil einer inneren Sowjetisierung. Einmal mehr ist es die Evangelische Kirche A.B., die als einzige Organisation der Volksgruppe überleben kann. Doch sie hat in der atheistischen Staatsideologie Rumäniens einen neuen Gegner, der kirchliches Leben auf den Gottesdienst beschränkt.

Ab 1950 dürfen die rumänischen Staatsangehörigen deutscher Herkunft – jetzt „mitwohnende Nationalität genannt" – wieder wählen, 1954 wird im alten Klostergarten der Ursulinen das Brechtstück „Mutter Courage" aufgeführt, die erste Vorstellung der deutschen Abteilung des Hermannstädter Theaters. Die Deutschen bekommen unter dem sinnvollen Titel „Neuer Weg" eine Tageszeitung auf Landesebene, dazu die „Hermannstädter Zeitung", die „Karpatenrundschau" aus Kronstadt und deutschsprachige Abteilungen an den Gymnasien alter Sachsenstädte. Doch der real existierende Sozialismus greift immer tiefer in die alten, gewachsenen Strukturen der Sachsen ein. Als Rumäniens großer Conducator Nicolae Ceauşcu mit einem „Es wird in absehbarer Zukunft in Rumänien keine Nationalitäten mehr geben" das Menetekel an die Wand malt, beginnt die Absatzbewegung aus einer fremd gewordenen Umgebung in das „Reich" (wie Deutschland oder Österreich dort immer noch heißen). Als Ceauşescu den Dörfermord zugunsten „agro-industrieller Zentren" ankündigt, schwillt der Zug in den Westen zum Exodus an.

Der Umschwung von 1989, die relative Öffnung Rumäniens gerade auch zum Westen, bedeutet für die Sachsen einen weiteren Szenenwechsel. Ihr Unterricht in der Muttersprache ist wieder gesichert, es gibt selbständige deutsche Schulen, neue Kontakte zum deutschen Sprachraum. Doch die Wechseljahre können die Abwanderung der Deutschen aus Siebenbürgen nicht stoppen. Durch zunehmende Überfremdung, die Alternative zwischen Exodus und Exitus und die Verfälschung der Geschichte ist das Land am Karpatenwall zum Grab der Illusionen geworden. Der Wunsch nach Familienzusammenführung, die Verlockungen der westlichen Konsumgesellschaft, die im starken Kontrast zur wirtschaftlichen

Misere Rumäniens stehen, haben die Sachsen zum Volk auf dem Weg gemacht.
Heute gibt es in Deutschland zahlreiche Einrichtungen der Siebenbürger Sachsen. Ein jährlicher Höhepunkt ist ihr Heimattreffen im bayrischen Dinkelsbühl, dessen Zentrum etwas von Schäßburg im Kokeltal hat, das sich von allen deutschen Städten Siebenbürgens am ehesten den Charakter der mittelalterlichen Kleinstadt erhalten konnte. Hier erinnern Großkundgebungen, Trachtenaufmärsche, Ausstellungen und Fackelzüge an das Leben in der Vorheimat, auch daran, daß Geschichte Vorgeschichte hat.
Als Sachsenbischof Friedrich Müller I. seiner Gemeinde im Jahr 1904 bedeutete: *„Daß wir überhaupt noch da sind, ist's nicht wie ein Wunder?"* waren politische Schicksalsschläge nur ein Vorspiel für kommende Ereignisse gewesen. Rund 90 Jahre später könnte er trotzdem die gleiche Frage stellen. Sachsen leben weiterhin in Siebenbürgen, noch werden Nachbarschaftszeichen von Haus zu Haus getragen, gehören Alltagsszenen von Annodazumal – die Kronenfeste in Scharosch oder Hahnbach, das Urzelnlaufen in Großschenk oder Agnetheln, das Eierlaufen in Hetzeldorf oder das Rinnenfest in Schönau – zur gepflegten Tradition.
Symbol der Gemeinschaft ist die religiöse Routine des Kirchgangs an Sonn- und Feiertagen geblieben, zu dem die Pfarrer brauchtumsbewußte Sachsenreste vor der Kulisse der „himmelumzankten Karpaten" (Zillich) sammeln. Die wohltemperierte Frömmigkeit, die Sächsin wie das lebendiggewordene Bild eines alten Meisters, die Einheit von Mensch und Tracht, von Umgebung und Bewegung, ist zwar eher in der Zeit eingefroren, längst nicht mehr ein fröhliches Weiterso. Doch der Kirchgang galt im Sachsenland immer als organische Verbindung von Vergangenheit und Gegenwart. Ein Stück siebenbürgische Wirklichkeit, das sich nicht verändert hat.

Brautzug in Weidenbach (heute Vorort von Kronstadt). Vor der Trauung, hier »Kaufen« genannt, werden Abschiedsreden gehalten, vor dem Hochzeitsmahl findet das »Gaben«, das Ausgeben der Geschenke statt.

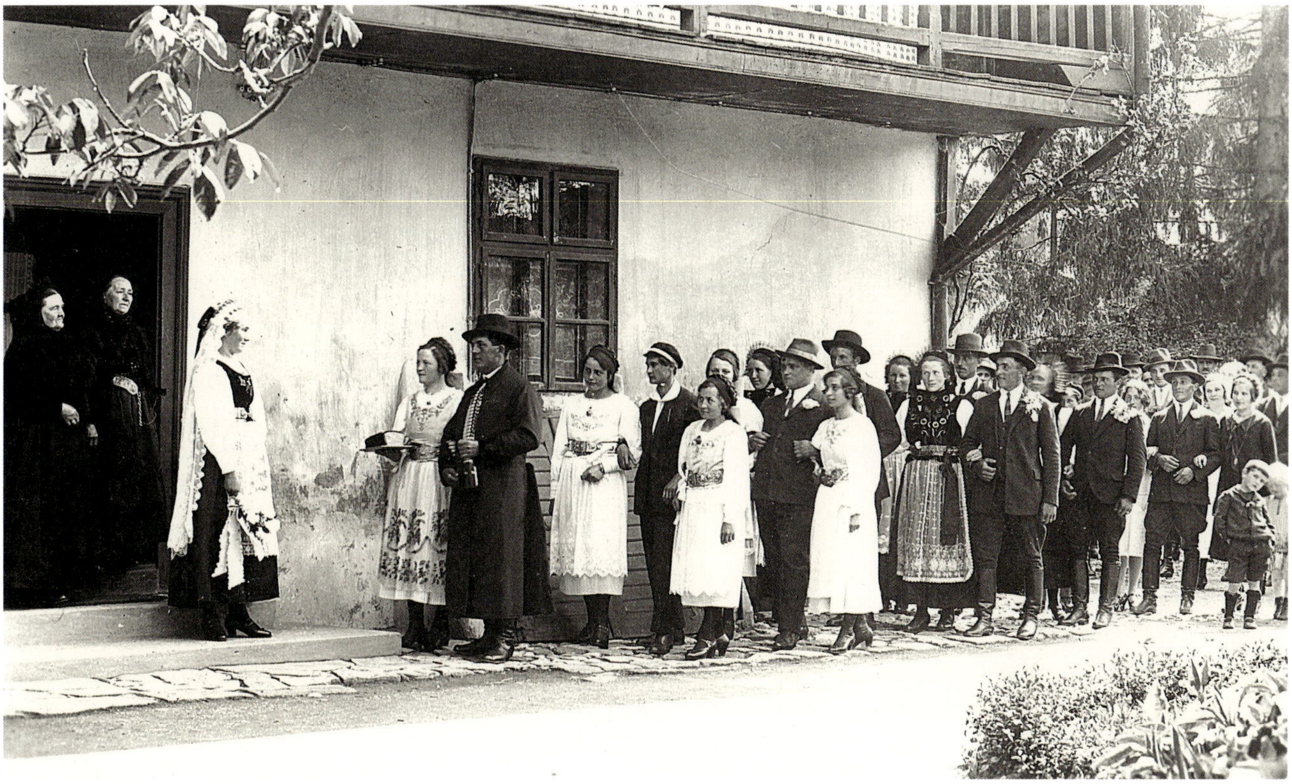

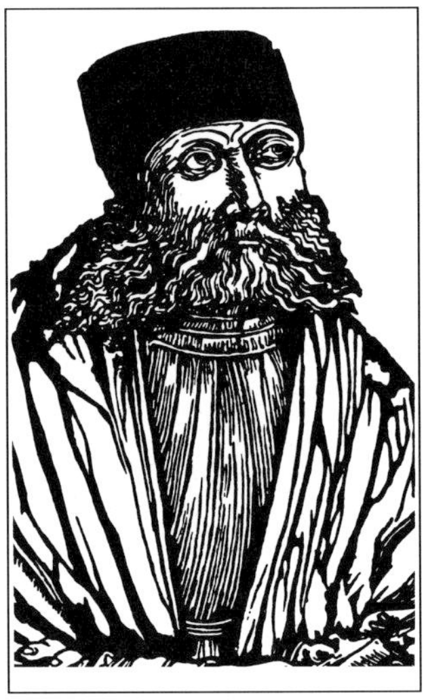

Johannes Honterus

Adolf Meschendörfer

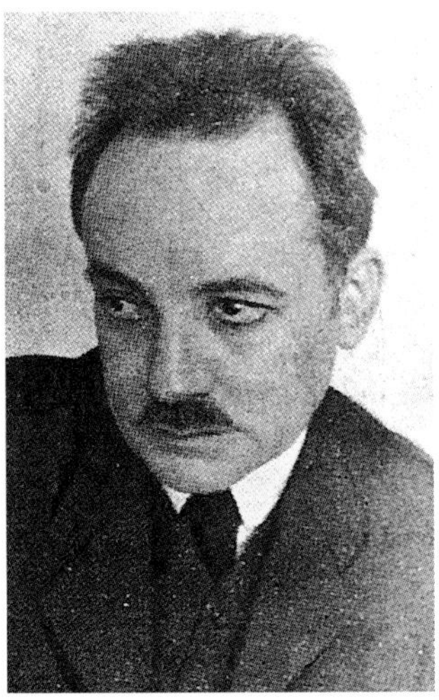

Arthur Phleps

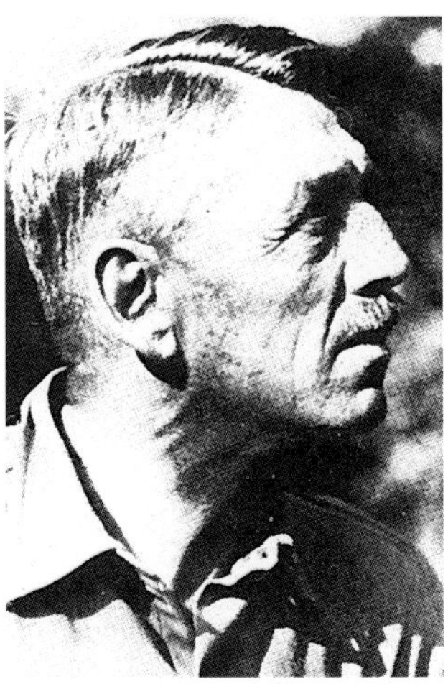

Siebenbürger Sachsen

Michael Albert (1836 Trappold–1893), Schriftsteller („Die Dorfschule“, „Harteneck“).

Regine „Jenny“ Brenner (1820 Hermannstadt–1878), Opernsängerin.

Samuel von Brukenthal (1721 Leschkirch–1803), Gouverneur, „die bedeutendste Persönlichkeit des Sachsentums“.

Artur Coulin (1869 Hermannstadt–1912), Maler („Abendmahl“, evang. Kirche Henndorf).

Carl Filtsch (1830 Mühlbach–1845), Komponist und Pianist, Siebenbürgens „Wunderkind“.

Otto Folberth (1896 Mediasch–1991), Schriftsteller, Stephan-Ludwig-Roth-Biograph.

Ella Gmeiner (1874 Kronstadt–1954), Königlich-Bayrische Hofopernsängerin.

Valentin Greff (genannt Bockschwanz, um 1528 Kronstadt-1576), Lautenvirtuose.

Josef Haltrich (1822 Sächsisch-Regen–1886), Pfarrer, Pädagoge und Volkskundler („Sächsischer Volkswitz und Humor“).

Sebastian Hann (um 1644 Leutschau/Zips–1713), Goldschmied, einer der bedeutendsten Künstler Siebenbürgens.

Sachs von Harteneck (eigtl. Johann Zabanius 1664 Eperies/Oberungarn–1703), Königsrichter von Hermannstadt und Sachsengraf.

Kaspar Helth (um 1520 Heltau–1574), Theologe, Schriftsteller und Drucker, einer der Begründer der ungarischen Schriftsprache.

Friedrich Hensel (1781 Kronstadt–1809), Offizier, ermöglichte durch die Verteidigung eines Kanaltalforts den Sieg über Napoleon bei Aspern.

Christian Heyser (1766 Kronstadt–1839), Pfarrer und Schriftsteller („Die Schlacht auf den Brodfelde“).

Johannes Honterus (1498 Kronstadt–1549), Humanist, Reformator Siebenbürgens und Verleger.

Albert Huet (1537 Hermannstadt–1607), Königsrichter und Sachsengraf, genannt der „Sachsenstreiter“.

Daniel Viktor Kästner (1826 Kerz–1857), Mundartdichter.

Albert Klein (1910 Schäßburg–1990), Bischof der Evangelischen Kirche A.B.

Karl Kurt Klein (Weißkirch 1897–1971), Literatur- und Sprachwissenschaftler.

Josef Marlin (1824 Mühlbach–1849), Dichter und Publizist („Attila“, „Dezeballus“).

Petrus Mederus (1606 Zeiden–1678), Theologe und „gekrönter Dichter“.
Paul Traugott Meissner (1778 Mediasch–1864), Apotheker, Erfinder der Warmluftheizung.

Adolf Meschendörfer (1877 Kronstadt–1963), Schriftsteller, Herausgeber der Zeitschrift für Kultur und Leben „Die Karpathen“ („Leonore“, „Die Stadt im Osten“).

Mühlbächer Namenlos (auch Frater Georgius oder Rumeser Student, 1422 bei Mühlbach–1502), Mitglied des Dominikanerordens, Autor des „Türkenbüchlein“.

Henri Nouveau (eigtl. Heinrich Neugeboren, 1901 Kronstadt–1959), Maler, Schriftsteller und Komponist.

Hermann Oberth (1894 Hermannstadt–1989), Physiker, gilt als „Vater der Weltraumfahrt“ („Die Rakete zu den Planetenräumen“, „Wege zur Raumschiffahrt“).

Arthur Phleps (1881 Birthälm – 1944), Gerneral, organisierte die Flucht der Sachsen aus Nordsiebenbürgen.

Gustav Adolf Raupenstrauch (1859 Bistritz–1943), Forscher und Erfinder, entwickelte das weltweit bekannte Desinfizierungsmittel „Lysol“.

Fritz Heinz Reimesch (1892 Kronstadt–1958), Schriftsteller, Gründer der „Siebenbürgischen Zeitung“ („Sachsenehre“, „Siebenbürgische Hochzeit“).

Paul Richter (1875 Kronstadt–1950), Komponist und Dirigent („Karpatische Suite“, „Totenvogel“).

Daniel Roth (1801 Hermannstadt–1859), Pfarrer, Lehrer und Dramatiker („Harteneck“, „Pfarrhof zu Kleinschenk“).

Stephan Ludwig Roth (1796 Mediasch–1849), Theologe, Reformer, Erzieher und Publizist, eine der bedeutendsten Persönlichkeiten der Sachsen („Geschichte von Siebenbürgen“).

Christian Schesäus (1535 Mediasch–1585), Humanist und Dichter.
Fritz Schullerus (1866 Fogarasch–1898), Maler („Karpaten im Morgendunst“).

Friedrich Wilhelm Schuster (1824 Mühlbach–1914), Dichter, Historiker und Folklorist.

Johann Seivert (1735 Hermannstadt–1785), Pfarrer in Hammersdorf und Historiker („Nachrichten von Siebenbürgischen Gelehrten und ihren Schriften“).

Martin Siebenbürger (eigtl. Martin Capinius aus Hermannstadt, 1522 enthauptet), Jurist, Bürgermeister Wiens.

Georg Daniel Teutsch (1817 Schäßburg–1893), Pädagoge, Historiker und Sachsenbischof („Geschichte der Siebenbürger Sachsen für das sächsische Volk“ Bd. 1 und 2).

Friedrich Teutsch (Schäßburg 1852–1933), Historiker, Pfarrer und Bischof
Traugott Teutsch (1829 Kronstadt–1913), Schriftsteller („Georg Hecht“, „Schwarzburg“).

Michael Weiß (1569 Mediasch–1612), Stadtrichter und Volksheld.

Erwin Wittstock (1899 Hermannstadt–1962), Schriftsteller („Bruder, nimm die Brüder mit“, „Der Hochzeitsschmuck“).

Oskar Wittstock (1865 Bistritz–1931), Schriftsteller, Kulturhistoriker („Der sechste Tag“, „Das heimatmüde Geschlecht“).

Heinrich Adalbert Wlislocki (1856 Kronstadt–1907), Zigeunerforscher.

Carl Wolff (1849 Schäßburg–1929), Publizist und Wirtschaftsorganisator, Kirchenkurator der Evangelischen Landeskirche A.B.

Heinrich Zillich (1898 Brenndorf–1988), Journalist und Schriftsteller („Zwischen Grenzen und Zeiten“, „Der Weizenstrauß“).

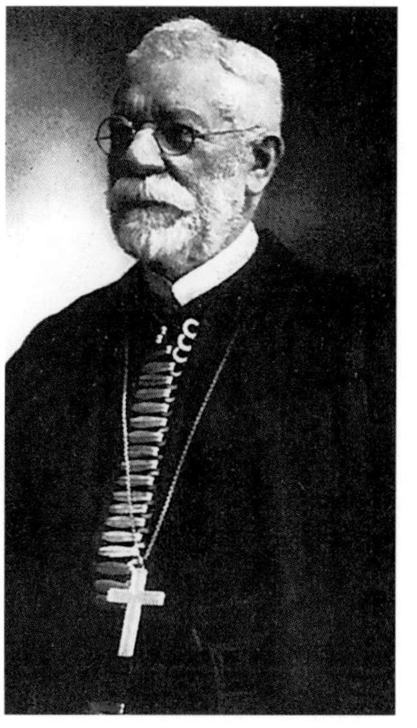

Friedrich Teutsch

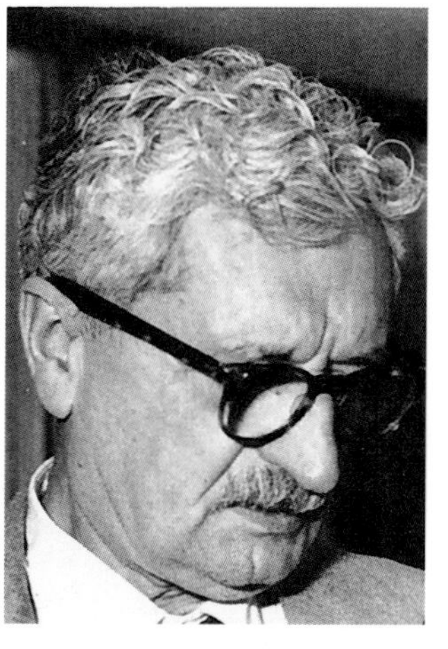

Hermann Oberth

Heinrich Zillich

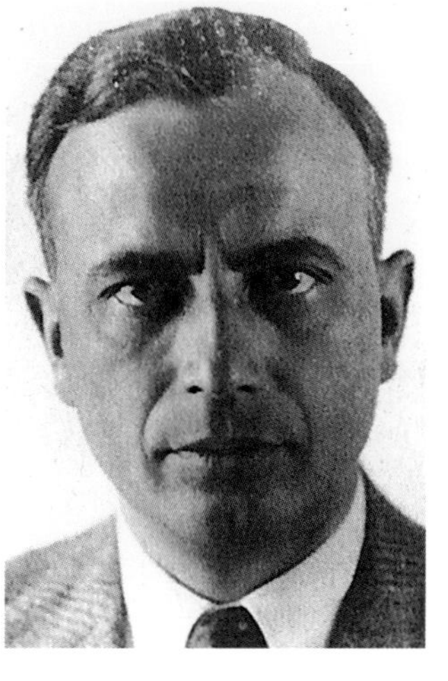

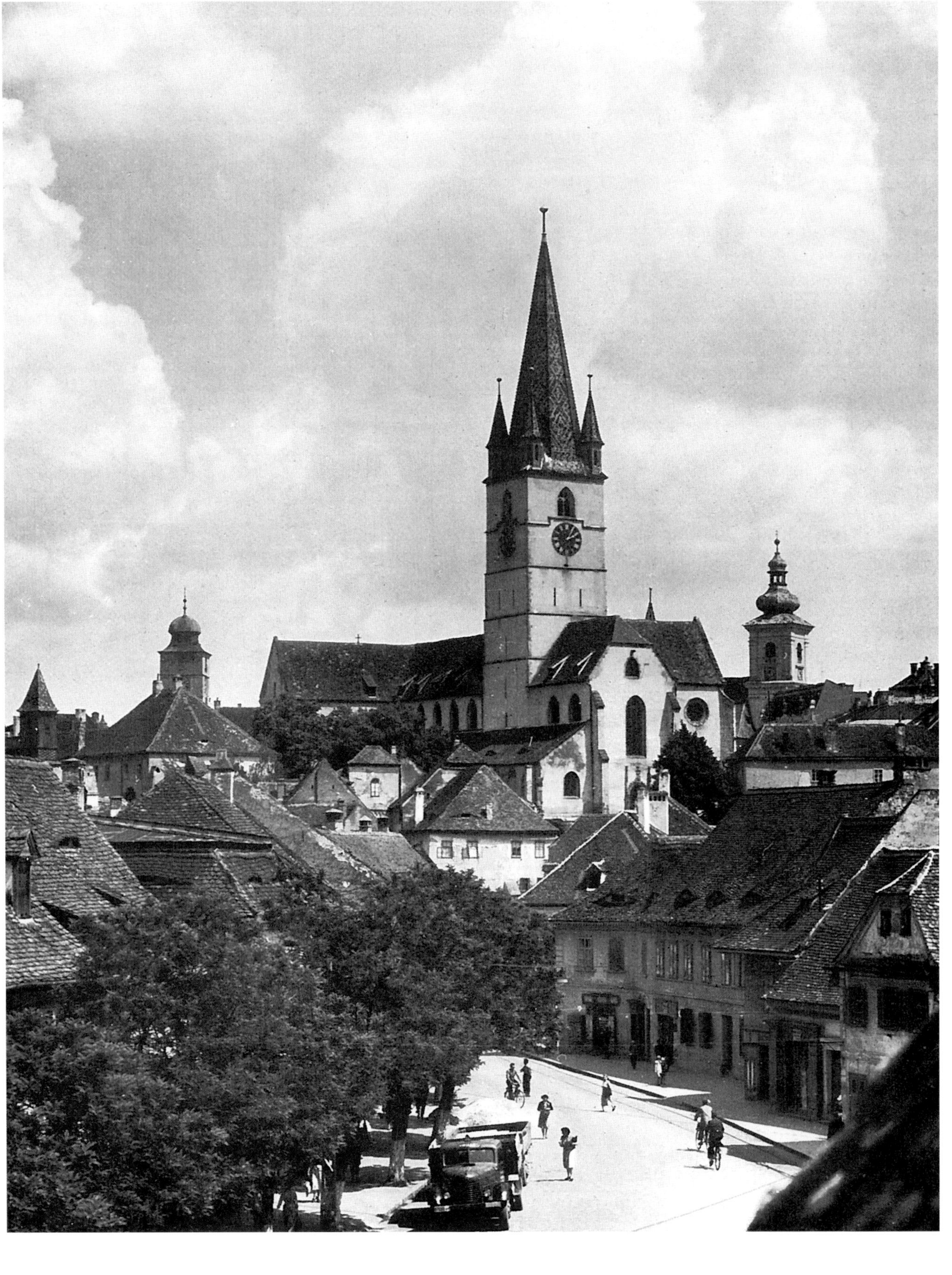

In Hermannstadt spricht die Erinnerung

Siebenbürgen fehlt der Glanz der großen Metropolen, das Flair Berlins, die Pracht Prags oder die vornehme Vergangenheit Wiens. Dafür hat es den unverwechselbaren Reiz von Schäßburg oder das ländlich schöne Kronstadt, Klausenburg, Bistritz oder Mühlbach. Dazu Hermannstadt in der Zibinebene, das geistige und politische Zentrum der Sachsen, die Schatzkammer der Geschichte, in der sich ihre Wurzeln vereinen.

„Im Kontrast der Bilder erscheint Hermannstadt als staubiger Allerweltsmittelpunkt, geschaffen zur notgegebenen Berührung und dem unerläßlichen Austausch unter Menschen. Ringsum hat aber seinen Bewohnern die Natur Stätten der Andacht errichtet. Dem Gebirge zu führen idyllische Täler, so sanft geneigt, daß sie in der Ebene kaum hervortreten. Naturergebener Sinn hat sie von alters her gepflegt und zu ihrer Seite schattige Waldungen geschaffen. Unmittelbar unter dem Gebirge nehmen die Talkessel von Michelsberg und Heltau wahrhaft reizende Formen der Landschaft an; wenn im Frühjahr unübersehbare Kirschblüte ihre sanften Hänge überflutet und in malerischen Widerstreit mit dem leuchtend jungen Grün der schroff ansteigenden Gebirgswälder bringt, dann fühlt sich die Seele wirklich im ‚Paradies'...“

Hermannstadts geographische Lage, die „reizenden Formen der Landschaft“ sind erhalten geblieben. Ansonsten hat sich einiges verändert, seit Friedrich Müller-Langenthal im Vorfeld des Ersten Weltkriegs seine kritische Liebeserklärung schrieb. Die Metropole ist zu groß geworden, um ihren traditionellen sächsischen Charakter zu wahren. Um den Schatz des alten Stadtkerns drängt sich heute sozialistische Wohnblocktristesse. Altbekannte Orientierungspunkte wie der Huetplatz oder der Große Ring sind zur Piata Grivita und zur Piata Republicii geworden. Verändert hat sich die Zusammensetzung der Bevölkerung, deren vielfältige Legierung und menschliche Dimension, wie sie lebt und fühlt, arbeitet und feiert.

Auf alten Abbildungen, und es gibt einige davon, ist die „Haupt- und Hermannstadt“ der Siebenbürger Sachsen einer großen Burg nicht unähnlich. Hier sammeln sich die Straßen aus dem Hügelland, von hier führt der alte Handelsweg für den Fernverkehr des Abendlands durch den Roten-Turm-Paß in die Walachei, was der Stadt im Mittelalter die große strategische Bedeutung gab. Hier stand um 1200 wohl die erste Burg auf jener Terrasse, auf der später die Oberstadt liegt.

Vom alten Hermannstadt ist vieles der Spitzhacke zum Opfer gefallen, vom gewaltigen Mauerwerk blieb nur erhalten, was dem Verkehr, dem Anspruch der modernen Zeit nicht unmittelbar im Weg stand. Das Herrenhaus des unglücklichen Sachsengrafen von Harteneck am Huetplatz mußte dem Neubau des Gewerbevereins weichen. Das Haus des wehrhaften Bürgermeisters Georg Hecht am Großen Ring ist umgebaut, die Stephanskapelle eingestürzt, Lederer-, Schuster-, Fleischer-, Handschuhmacher- und Schneiderturm sind abgetragen. Das Standbild des Volksheiligen Nepomuk, der einst über den Großen Ring wachte, wurde ins Museum verbannt. Doch weiterhin gibt es 5 Türme, die das Stadtbild prägen, Reste von Basteien und eckigen, vierschrötigen Wehranlagen, in denen Geschichte steckt. Dazu rote Ziegeldächer, die die Siedlung einst zur „roten Stadt“ machten, schmale Häuser der Vorzeit und barocke Paläste, die

Gegenüberliegende Seite: Blick auf die evangelische Stadtpfarrkirche von Hermannstadt, mit den wichtigsten Bauetappen zwischen 1350 und 1520 Siebenbürgens ältester gotischer Sakralbau.

Nachfolgende Seiten: Stich von Hermannstadt aus dem 18. Jh.

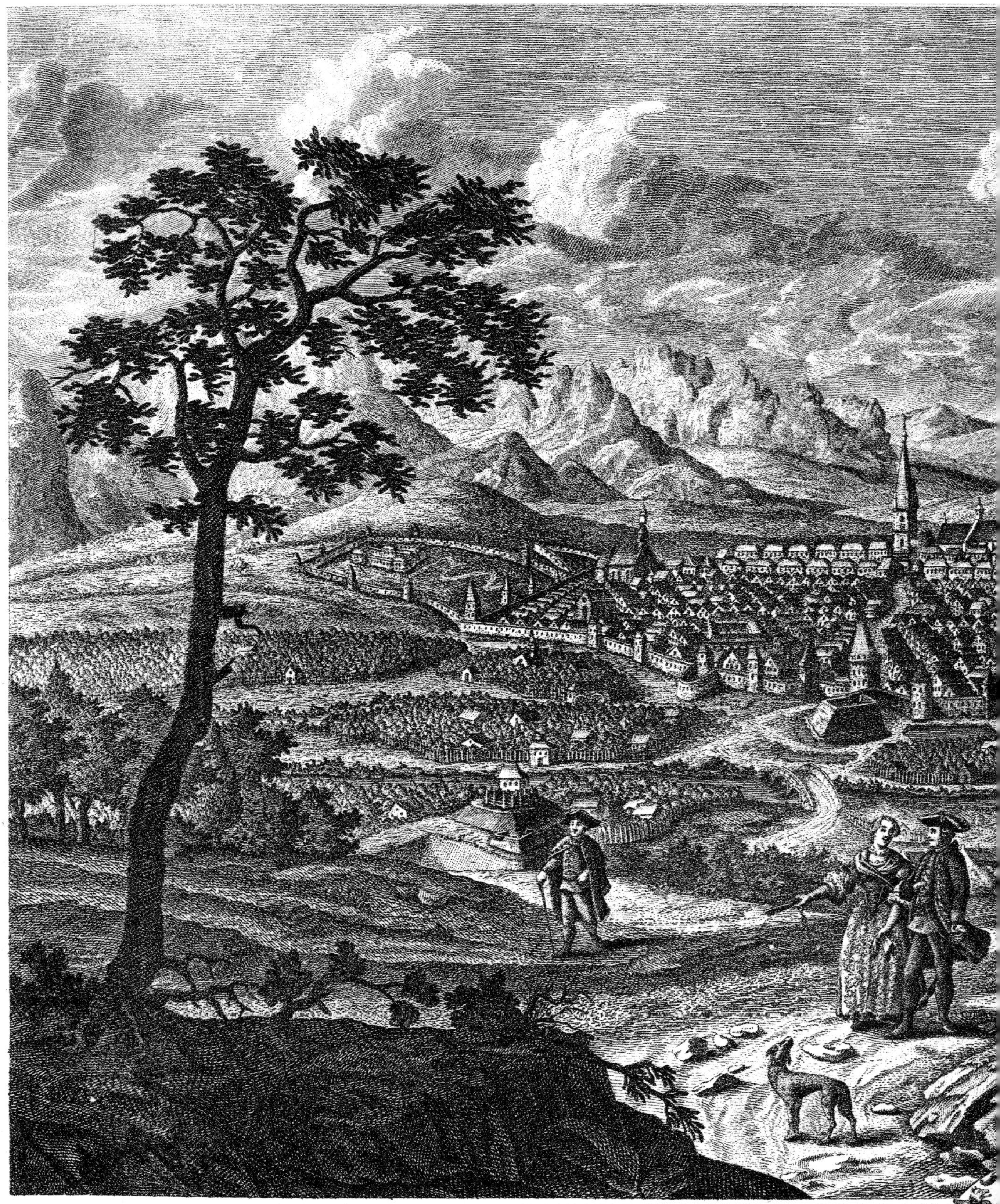

VUE DE HERMANNSTADT VILLE
Dedié A Sa Majesté Roiale le Tres Haut, Tres Auguste
et de Boheme, Prince Hereditaire

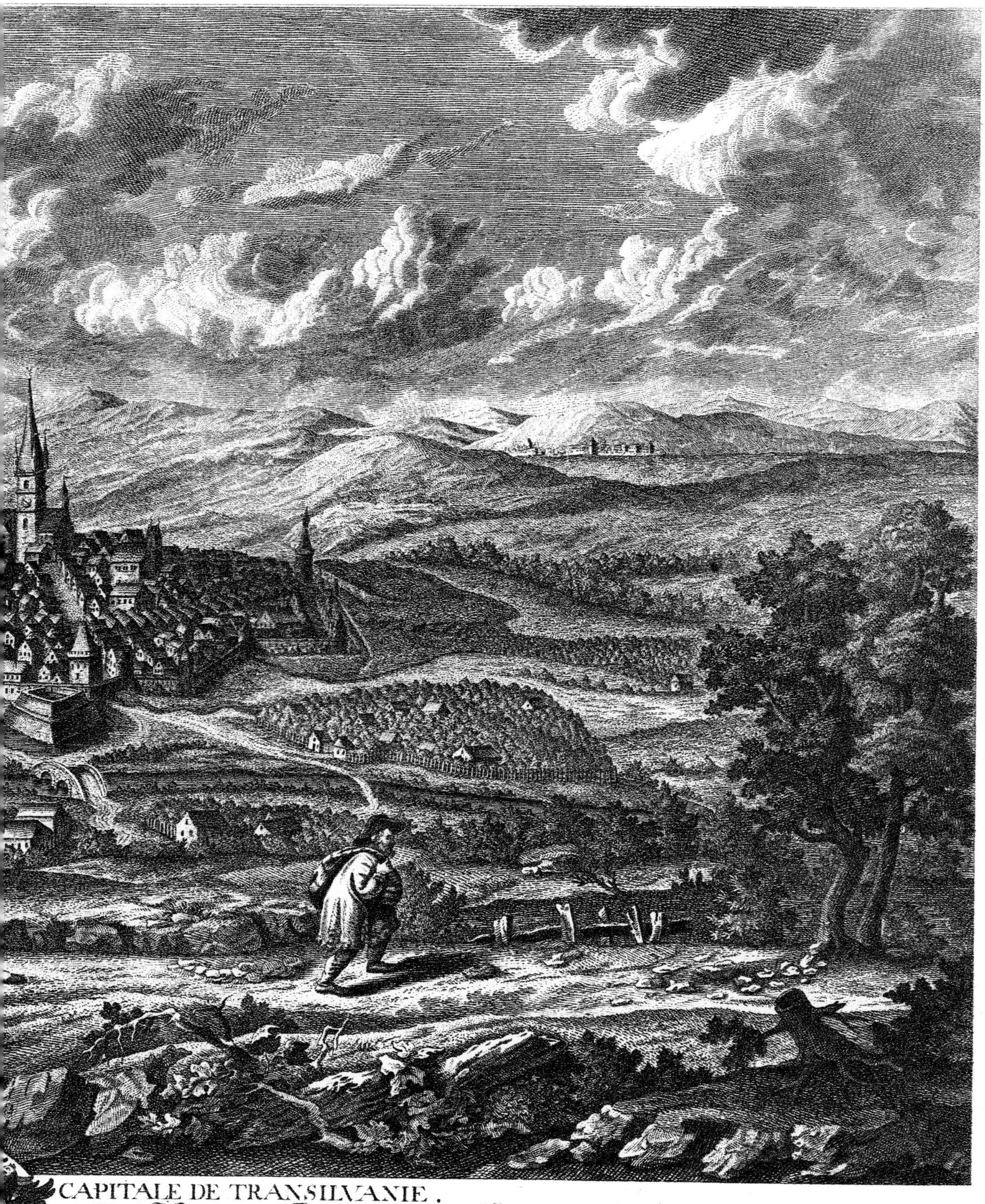

CAPITALE DE TRANSILVANIE .
et Tres Puisant IOSEPH II. Roi des Romains, de Hongrie,
et Archi-Duc d'Autriche &c. &c.

den lebensfrohen Bauwillen Wiens einmal bis ins entlegene Siebenbürgen getragen haben.
Es waren Männer wie Brukenthal, Huet, Altemberger, Pempflinger, Hecht, Haller, Gottlieb, Harteneck oder Rumpelmeier, die hier Lokalgeschichte schrieben ... es ist der Zauber der Hermannstädter Altstadt, durch den die Erinnerung spricht. Ein wenig Phantasie gehört schon dazu, doch der alte Kern hat selbst in der bebauten Gegenwart noch seine tausend Reize.
Das Gestern steckt im Detail, auf der steilen, 62 Stufen hohen Fingerlingstiege, in der Kälber- oder Bäckergasse, unter kunstvoll verzierten Toreingängen oder an der gußeisernen Lügenbrücke (auf der wohl die eine oder andere Lüge erzählt worden ist). Verflossene Zeiten kommen großartig, als vorgeschriebene Sehenswürdigkeiten daher: Der Große und der Kleine Ring, gaben die Sachsen ihren Märkten doch wie in schlesischen Stadtanlagen den Namen Ring ... auch dann noch, wenn sie eher quadratisch waren. Während Hermannstadts „Kleiner" als eigentlicher Handelsplatz diente, spielte sich auf dem „Großen" einst tatsächlich Großes ab, wovon Hexenverbrennungen, die Fehden des Gabriel Báthory und die Enthauptung des Sachs von Harteneck in besonders unrühmlicher Erinnerung blieben. Den Huetplatz dominieren die evangelische Stadtpfarrkirche und das bronzene Denkmal des etwas finster dreinschauenden Sachsenbischofs Georg Daniel Teutsch. Daneben das Lyzeum Nr. 1, die alte Brukenthalschule, die aus dem Hermannstädter Sitten-, Seelen- und Geistesleben nicht wegzudenken ist.
Am Rande der Oberstadt, damit dort, wo traditionell der „bessere Bürger" lebte, während Arbeiter und kleine Handwerker in der Unterstadt wohnten, steht das Alte Rathaus. Einst im Besitz des tragischen Königsrichters Markus Pempflinger, hatte der Hermannstädter Rat das altsächsische Pa-

Werbung Hermannstädter Firmen in Anzeigen aus der Zwischenkriegszeit.

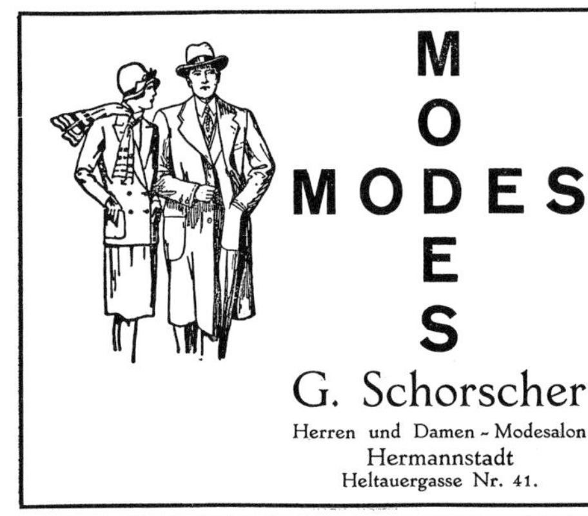

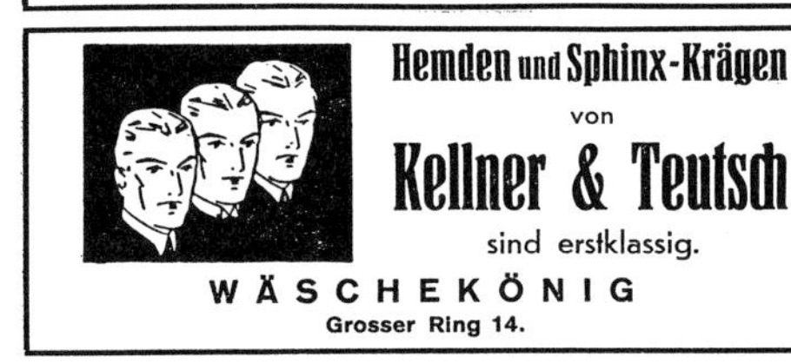

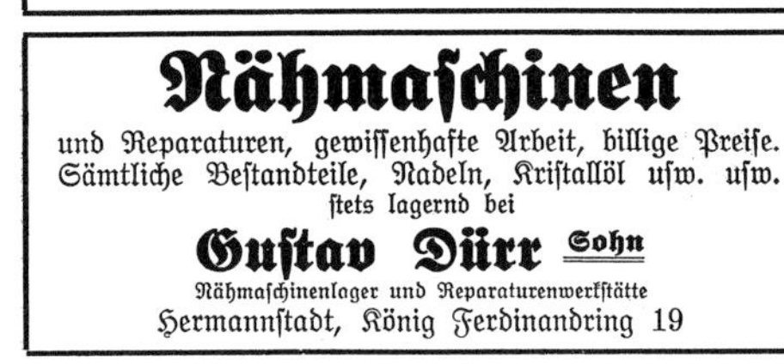

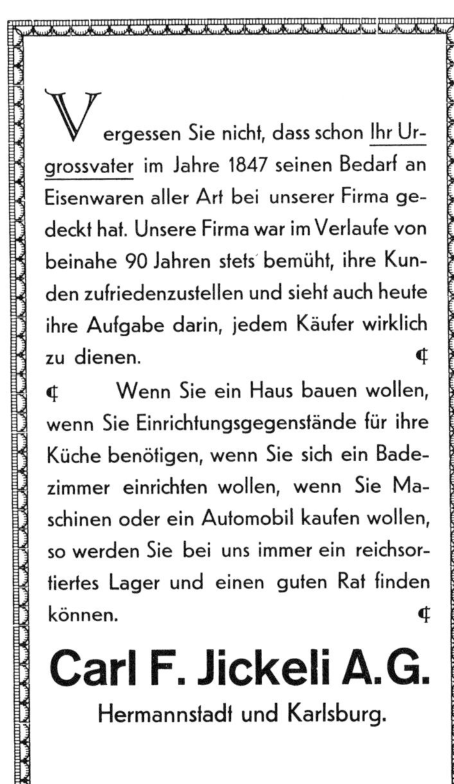

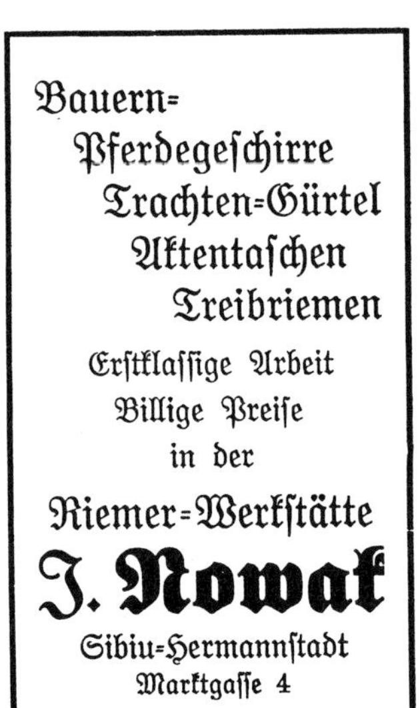

trizierpalais aufgekauft. Vier Jahrhunderte wurde in seinen Räumen dann Deutsch gesprochen, heute ist hier ein Museum der Stadtgeschichte untergebracht. Rund 25 Generationen nach der Gründerzeit lassen sich Hermannstadts Vergangenheit, die Wandlungen, die es erlebt hat, so auch im Alten Rathaus nachvollziehen. Daneben an jenem Mauerwerk, das den gesamten historischen Stadtkern wie Jahresringe umgibt.
Bereits das erste Dorf, das von Urpionieren aus König Geisas Gästegruppe über dem Zibinfluß gegründet wird, ist von einem Verteidigungswerk umgeben. Siedlung und Wall gehen im Mongolensturm von 1241 unter, den nur rund 100 Hermannsdörfler überleben. Nach dem Wiederaufbau fordert das Chaos einer friedlosen Grenzlandschaft Bauwillen und Kreativität der Sachsen heraus. Sie bewehren ihre „Villa Hermanni" zusätzlich zum ersten Ringwall (um den späteren Huetplatz) noch im 13. Jh. mit einer zweiten Mauer (um den Kleinen Ring). Im 14. Jh. umzieht ein dritter Wall die Oberstadt.
So geschützt werden Markt und Straßen angelegt, das Gotteshaus hochgezogen. Die Initiative zum Ausbau geht von Bürgern und Herren aus, die fern vom „Mutterland" ihren traditionellen Lebensrhythmus beibehalten wollen. Schon 1292 wird das Siechhaus in der Spittalgasse genannt, das – immer wieder einmal umgebaut – heute als Altersheim dient. Nachdem Papst Cölestin III. die Sachsenkirche zur freien Propstei erhoben hat, ist Hermannstadt vom Statut her etwas wie ein Bischofssitz. Um 1300 wird die Elisabethkirche, kurz danach die Marienkirche erwähnt, seit 1366 ist der Ort urkundlich als Stadt (civitas) belegt. Bereits im Jahr darauf gibt es eine erste Zunft der Rotgerber, wenig später die Schule.
Kräftig ummauert wächst Hermannstadt zu einem der führenden Handelszentren Südosteuropas. Seinen Kaufleuten vom Export/Import sind Handelsprivilegien „für Friedens- wie für Kriegszeiten" in Wien, Ofen und in den rumänischen Fürstentümern verbrieft, Hermannstädter Erzeugnisse werden in Böhmen und Süddeutschland, auf dem Balkan und im Vorderen Orient angeboten. Hermannstadt erhält das Münzrecht, sein Handwerk baut goldenen Boden aus. Schon 1387 hat die platzende Stadt mehr Zünfte als Augsburg. Vorort und geographisches Herzstück der siebenbürgisch-sächsischen Nationsuniversität, nimmt der Sachsengraf als demokratisch gewähltes Oberhaupt der deutschen Siebenbürger hier seinen Sitz. Verfassung und ständisches Leben sind jetzt so reich gestaltet wie irgendwo in römisch-deutschen Landen.
Die alte, mit drei neuen Mauerringen umgebene Stadt trotzt 1432, 1437, 1438 und 1442 der langjährigen Belagerungserfahrung der Türken, wofür sie Papst Eugen IV. als Schutz und schirmendes Bollwerk der gesamten

Alle
Zeitschriften
Bücher
Musikalien
und
Schreibrequisiten
erhältlich
bei
Karl Graef
Buchhandlung
Hermannstadt
Großer Ring

Werbung Hermannstädter Firmen: Der Industriestandort Hermannstadt zeichnet sich durch die Fabrikation von Tuch, Wolldecken, Leder, Papier, Möbel, Töpfer-, Schuh- und Seilerware aus. Buchdruckereien haben Tradition, ein lebhafter Speditions- und Kommissionshandel wird betrieben.

Original steirische Lapp-Achsen
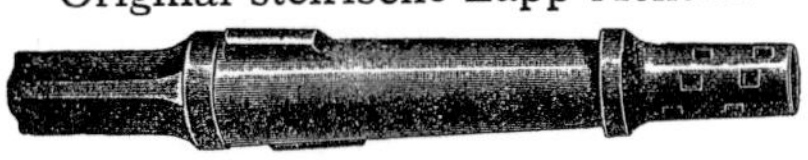
Hufnägel, Hufstollen
*
Traversen, Zement
Gips, Stukkaturrohr, Stifte
Dach- und Isolierpappen
Baubeschläge
Dach-, Schloss- und Dimensionsbleche
*
Badewannen
Badeöfen, Bleirohre
Gas- und Abflussrohre,
Waschtische, Klosette, Fittinge
Armaturen etc.
Rudolf Friedsam
Eisen- und Technische Warenhandlung
Tel. 251 **Sibiu-Hermannstadt** Tel. 251
Bauholzplatz 5. Filiale: Jungenwald-Strasse 1.

Hermannstadt: der Kleine Ring mit dem Turm der evangelischen Stadtpfarrkirche. Wie in schlesischen Stadtanlagen nennen die Sachsen ihre Märkte Ringe ... auch dann noch, wenn sie eher quadratisch sind. Hermannstadts »Kleiner« diente als eigentlicher Handelsplatz der Stadt.

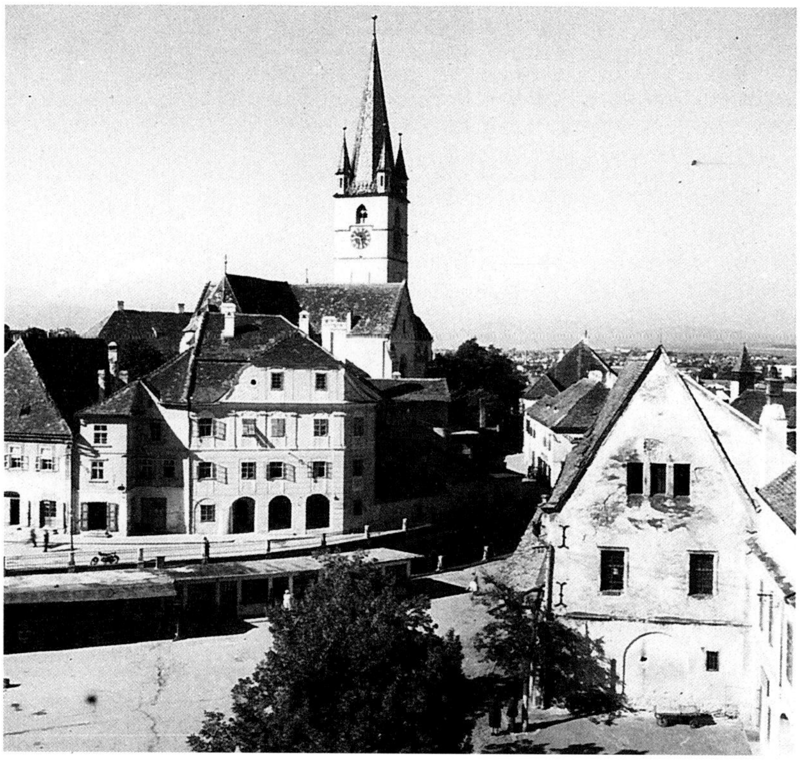

Christenheit in das „Antemurale Christianitatis" einreiht. 1453 wird die Sachsenmetropole allerdings gestürmt, ein Grund, um sie nach Abzug der Türken mit einer 4. Ringmauer (um die Unterstadt) zu verstärken. Neuartige Kriegstechniken wie den Flachschuß der Feuerwaffen im Visier müssen die Hermannstädter, die Kenner je nach Lage ihres Wohnsitzes schon jetzt in obere und untere einteilen, bereits bestehendes Mauerwerk verstärken und die Zinnen durch Schießscharten ersetzen.

Hermannstadts militärische Stärke liegt in der Dreiteilung der von den Einwohnern zu bewältigenden Verteidigungsaufgaben. Die Führungspositionen haben Torhauptleute und Zehntmänner übernommen, denen Zehntschaften unterstehen. Neben ihnen sind es die Zünfte, die zusätzlich zu rein bürgerlichen Aufgaben im Notfall die Türme und Basteien verteidigen, wobei den bedeutendsten unter ihnen – Fleischern, Kürschnern, Schneidern und Schustern – die Sicherung der strategisch wichtigsten Punkte zukommt.

Trotz Türkengefahr und nicht immer reich fließender Geldquellen wächst die Stadtpfarrkirche in der Oberstadt, Siebenbürgens ältester gotischer Sakralbau, dessen wichtigste Bauetappen zwischen 1350–1520 liegen. Die Ecktürme symbolisieren die Blutgerichtsbarkeit, die Hermannstadt ausübt, vom 74 m hohen Turm trommeln die Turmwächter den Stundenschlag ... ein Brauch, der erst im Ersten Weltkrieg zuende geht. 1529 hat Hermannstadt bereits eine Druckerei, früher als in Berlin oder Salzburg werden hier Bücher gedruckt, darunter die „Lateinische Grammatik" von Thomas Gemmarius, das erste bekannte Druckwerk Siebenbürgens.

1544 beschreibt die in Basel erscheinende „Cosmographia universa" des Ingelheimer Geographen Sebastian Münster die Sachsenmetropole als „eine große Stadt nit viel kleiner dann Wien". Nur ein paar Jahre später berichtet ein Giovanni Andrea Gromo dem Dogen in Venedig von *„einer großen ansehnlichen, sehr festen und mit allem, was ein anständiges Leben erheischt, reichlich versehenen Stadt ... Bäche von fließendem Wasser durchfließen die breiten und geraden, sauber und reinlichen Straßen, mit vier Haupttoren, eines gegen jede der vier Haupt-Weltgegenden. Man prägt dort beständig Münzen von Gold und Silber und man findet so viele Geschütze allda, daß selbe für drei Festungen ausreichen würden; und fortwährend werden noch neue gegossen"* ... nicht ohne Grund, denn an kampfstarker Opposition hat es den Hermannstädtern praktisch nie gefehlt. 1551 ziehen Truppen unter dem spanischen General Castaldo in der Stadt am Zibin ein. Die Kaiserlichen bauen die durch Artillerie verwundbar gewordenen Befestigungen erneut aus, damit sie in Zukunft weit- und immer weiterreichenden Feuerwaffen standhalten können. Hermann-

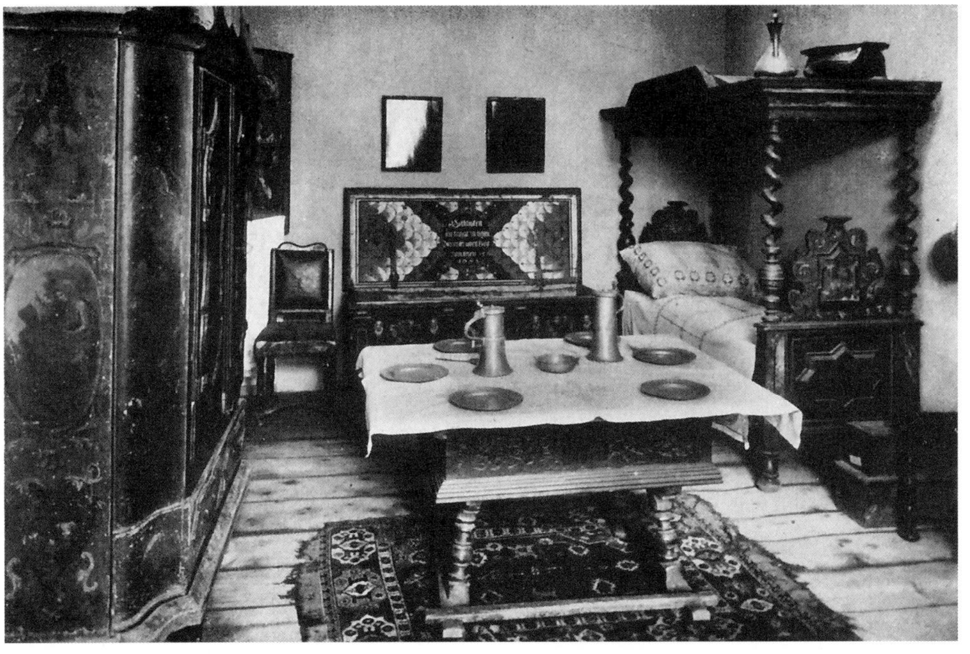

Bürgerzimmer aus dem 17. Jh. in der volkskundlichen Abteilung des Brukenthalmuseums. Von Samuel von Brukenthal gegründet, 1817 der Öffentlichkeit übergeben, verfügt Hermannstadt über das älteste Museum Südosteuropas.

stadt wird kaiserlich-österreichische Garnison.
Auf das schlimme Pestjahr von 1554 folgt ein verheerender Großbrand. Nicht ohne Interesse ist jetzt die Verordnung des Hermannstädter Rats, nach der Pfarrer ab sofort hölzerne Häuser kaufen und zum Wohl der Bevölkerung in Stein umbauen sollen. War es doch bis hierher Brauch, daß die Geistlichen, die „Geld im Überfluß" besaßen, immer nur beste steinerne Häuser erwarben. Auch das neue Gesetz kann allerdings nicht verhindern, daß die nächste große Brandkatastrophe 1306 Häuser zerstört ... worauf der Rat den Bau von Holzhäusern und das Decken der Dächer mit Schindeln generell verbietet.
Und als hätten die Hermannstädter mit Türken, Kaiserlichen, mit Pestausbrüchen und der Verhinderung von Feuersbrünsten nicht schon genug zu tun, wurden sie immer wieder vor die Frage gestellt, bei welchem Souverän zu welchem Zeitpunkt sich ihre Loyalität am besten verzinste. Eine gewisse Flexibilität schien trotz Bürgerstolz und Freiheitssinn durchaus angebracht. So war es im Thronstreit zwischen dem von Kaiser und Papst gestützten Karl I. Robert aus dem Hause Anjou-Neapel und Otto von Bayern, dem die Sachsen wesensgemäß näher standen. So wiederholte es sich jetzt mit Michael dem Tapferen, der das Heer Andreas Bathorys in der Schlacht von Schellenberg besiegt hatte. Der Walache ließ sich als Fürst der Walachei, der Moldau und von Siebenbürgen ausrufen, wodurch die 3 Länder erstmals in der Geschichte vereinigt wurden. Allerdings hatte der gefeierte Heros der Rumänen die Rechnung ohne die Kaiserlichen gemacht. Habsburgs General Basta ließ ihn kurzerhand ermorden, worauf die hin- und hergerissenen Hermannstädter anstelle des Walachen Michael dem römisch-deutschen Kaiser Rudolf II., einem Urenkel Johannas der Wahnsinnigen, huldigen müssen. 1610 wird die Stadtbevölkerung von ihrem Fürsten Gabriel Bathory und dessem rund 20 000 Mann starken Heerhaufen überlistet. Des Hochverrats angeklagt, werden die Sachsen Geld, Gut, Waffen und manche Jungfernehre los, schließlich aus ihrer Stadt gewiesen. Ganze Sachsengenerationen sollten in Zukunft mit Erzählungen darüber großwerden, beim

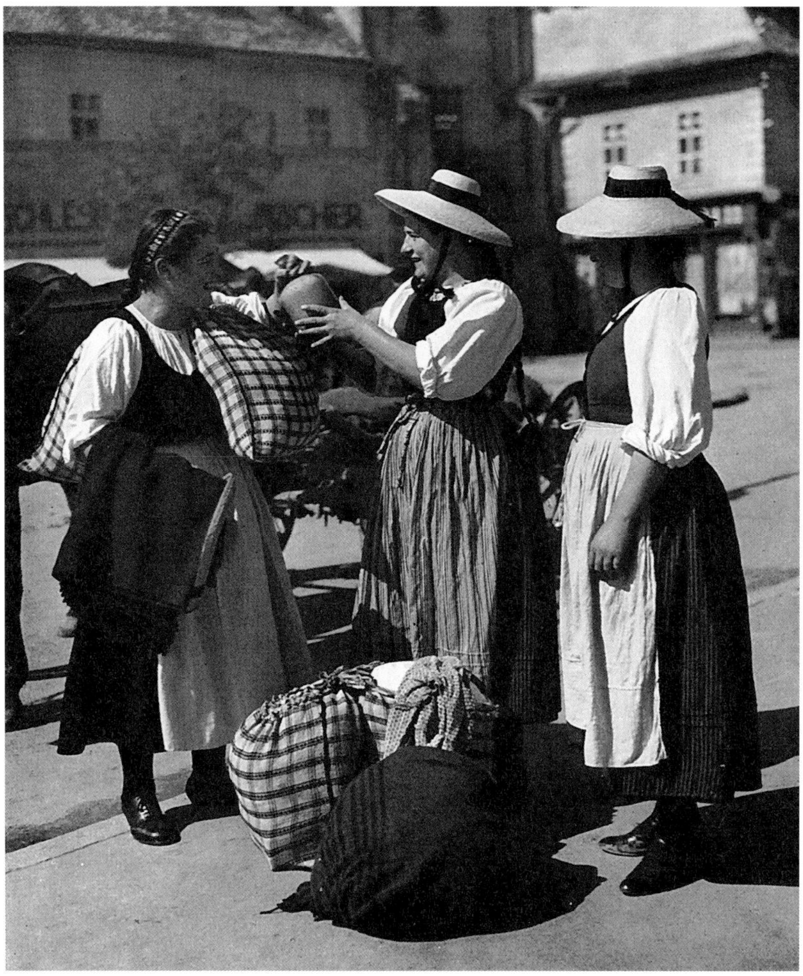

Sächsische Bäuerinnen in Hermannstadt. In den Gassen und Straßen der alten »Haupt- und Hermannstadt« wird seit über 800 Jahren deutsch gesprochen. Erst 1926 haben die Sachsen sie Bevölkerungsmehrheit in ihrer Metropole verloren.

Chronisten Georg Kraus ist nachzulesen: *„Ein ieder mußte einen Stock ihn die handt nehmen undt mit grossem weheklagen ihre Stadt, häuser und güter verlassen ... undt sein von aller mannschaft nicht mehr als 90 mann ihn der Stadt verblieben, welche sie zu ihren Diensten behalten."*
Opfer des Fürstenterrors wird die schöne Johanna Balk, eine Sächsin par excellence. Die Tochter des Königsrichters Melmer nimmt sich lieber das junge Leben, als Bathorys höchst persönlicher Leidenschaft zu erliegen. Und sie tat es mit Stil, genauer ausgedrückt mit dem Dorn jener broschenähnlichen Brustspange des sächsischen Trachtenleibchens, zu der die deutschen Siebenbürger schlicht „Heftel" sagen.
Ganz ohne Glück im Unglück sind die Sachsen trotzdem nicht. So war Báthorys Befehl, alle Bürger wegen ihrer Schutzgesuche an Kaiser und Sultan kurzerhand zu erschießen, kein Schuß Pulver mehr wert, nachdem die Leibwache den Tyrannen ermordet hatte. Die Hermannstädter kamen eines Tages zögernd zurück, doch Fürst und Söldner hatten den Wohlstand der Stadt am Zibin weitgehend vernichtet.
Kaum haben sich die Bürger vom bisher schwersten Schicksalsschlag ihrer Geschichte erholt, müssen sie sich mit einem Lösegeld von 25 000 Talern von türkischen Belagerern freikaufen. 1660 läßt Georg II. Rakoczy die Stadt, in die sich Gegenfürst Barcsai mit 2000 türkischen Kriegern zurückgezogen hat, 5 Monate lang beschießen: *„Der Würger würgt ohn' Unterlaß / Den Armen wie den Reichen. / Der Tod, der kommt zu solcher Zeit, / Wenn man gedenkt, er sei noch weit ..."*
Trotz immer neuer Kriegshändel mit dem Schaden an Glanz und Gloria, dazu der Pest, die 1635, 1636, 1644, noch einmal 1661 am Zibin wütet, zeigt sächsischer Bürgergeist selbst im Verlust Substanz. Nach einer in Nürnberg gedruckten Beschreibung ist Hermannstadt jetzt *„an Größe, Stärke und Schönheit mit Wien zu vergleichen"*. 1688, im Jahr, in dem es kaiserlichen Truppen unter dem berüchtigten Anton Graf von Caraffa die Tore öffnen muß, gilt die Sachsenmetropole dann als *„die vornehmste, größte und schönste unter den sieben ‚Teutschen', wie auch allen anderen Städten dieses Landes"*.
Siebenbürgen ist Kronland der europäischen Großmacht Österreich, Hermannstadt Hauptstadt des Fürstentums und Sitz des Guberniums, eine wohlverdiente Stellung, die es bis 1790 halten kann. Die Habsburger machen die Befestigungen zu einem Teil ihrer Militärlinie. Der Baubeginn der Jesuitenkirche am Großen Ring unterstreicht den Willen zur Gegenre-

formation, doch der Versuch, die ansonsten so monarchentreue Bevölkerung kaiserlich-katholisch umzuformen, wird von den Evangelischen mit sächsischer Festigkeit zurückgewiesen ...
Im Rahmen des Welttheaters ist Hermannstadts kulturelles Leben und Erleben bis hierher immer etwas kurz gekommen. Kämpfende Zünfte und zünftige Kämpfer hatten andere Sorgen und Erholungen. Ein erstes ständiges Theater wird erst 1769 im Haus des Barons Möringer eröffnet. Doch auch jetzt ist, wer sich dafür interessiert, entweder von Adel, importierter Offizier oder Gubernialbeamter, damit aus ortsfremder Oberschicht. Der bodenständige Hermannstädter, generell gegen „unnützes Geldvertuen“, war kein ausgesprochener Musenfreund. 1778 erscheint so auch als erstes Periodikum der Stadt „Das Theatralische Wochenblatt“, hinter dem als treibende Kraft jedoch kein rühriger Buchhändler oder Drucker steht, sondern eine Schauspielertruppe aus Österreich. Fühlten sich die am Zibin gastierenden Mimen doch dazu gezwungen, „die Ehre ihrer Kunst zu retten und gründlich zu erläutern“. Und als die Hermannstädter eines Tages die Künste für sich entdecken, verlassen sie sich einfach auf den Geschmack der k.k. Haupt- und Residenzstadt Wien. Theater kommt aus dem Westen, tritt mit „Kabale und Liebe“ oder „Der Widerspenstigen Zähmung“ auf und kehrt wieder in den Westen zurück. Als Faustregel gilt, daß was dem „Weana“ gefällt auch am Zibin mit Beifall aufgenommen wird, was in Österreich untergeht, auch hier absolut keine Chance hat.
1779 ist der Haupttrakt des Brukenthalpalais im lebensfrohen Stil des Barocks gebaut, 2 Jahre später die Brukenthalschule, das heutige Lyzeum für Mathematik und Physik Nr. 1. Als in josephinischen Tagen das Privileg des alleinigen Bürgerrechts der Sachsen in Hermannstadt endet, verstärkt sich der Zuzug anderer Nationen, allen voran Rumänen aus dem Umland.
Bei seinem Tod hinterläßt Samuel Baron von Brukenthal ein Testament, das den vielgerühmten Staatsmann über die Politik hinaus unsterblich machen sollte. Für den Fall, daß seine Familie im männlichen Stamm aussterben würde, setzt er das evangelische Gymnasium von Hermannstadt zu seinem Erben ein. Bücherei und Sammlungen werden dem Volk schon jetzt zugänglich gemacht, das Museum im Brukenthalpalais im Februar 1817 eröffnet. Im historisch bedeutendsten Teil der Bibliothek, die auf dem Grundstock des Barons schnell auf 100 000 Bände anwächst, liegt als Kleinod der Wiegendruck des

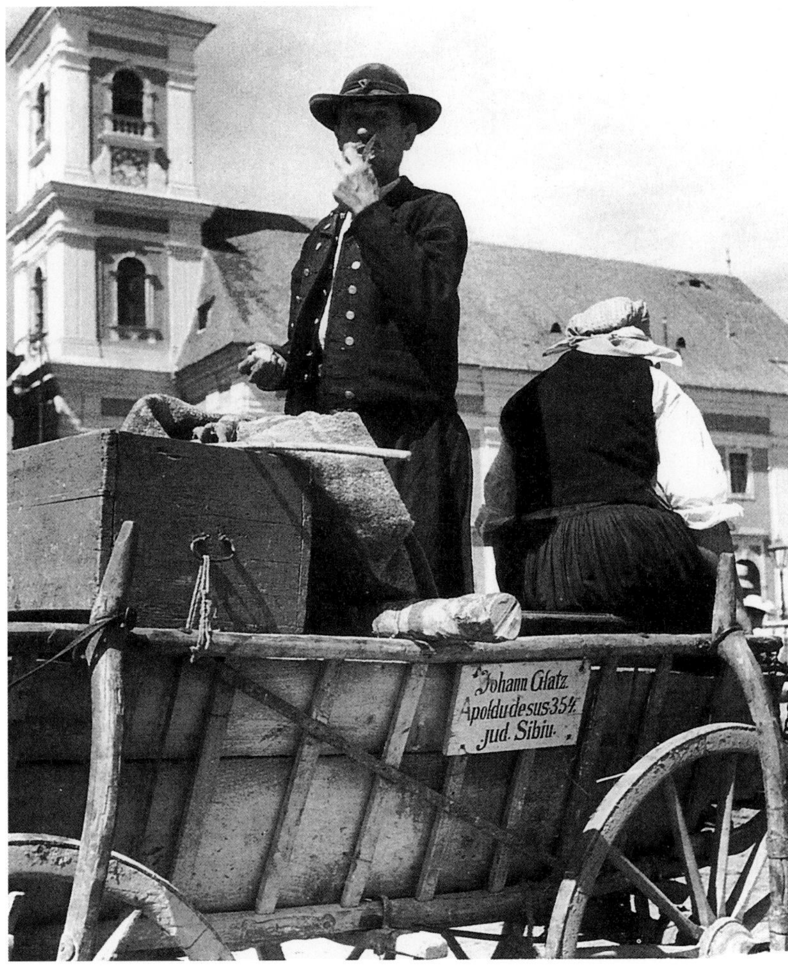

Auf dem Hermannstädter Wochenmarkt. Am Ende des Zweiten Weltkrieges leben noch rund 230 000 Deutsche in den Komitaten um Hermannstadt, Mediasch, Kronstadt und Schäßburg. Bis 1992 fällt ihre Zahl auf rund 25 000.

Mainzers Petrus Schöffer aus dem Jahr 1469. Die Gemäldegalerie katalogisiert über 1000 Bilder, darunter Originale von Breughel, Memling, van Eyck, Jordaens und Teniers. Dazu kommen Karten-, Kupferstich-, Mineralien-, Münz- und archäologische Ausstellungen, die die Nachwelt dem Sammeleifer des Barons und einer stattlichen Mitgift von Ehefrau Sophie verdankt. Mit dem Erlöschen der Familie Brukenthal im Mannesstamm kann das Gymnasium 1872 den Nachlaß antreten.

Bis zum endgültigen Sieg der Kaiserlichen hatte es zu den Eigenarten des türkischen Erbfeinds gehört, seine gegen siebenbürgisch-sächsische Mauern anrennenden Krieger mit Märschen „alla turca" anzufeuern. Ein weit zwangloseres Musikschaffen war dann seit Brukenthal üblich. Zum lokalen Großereignis wird 1839 die Gründung des Hermannstädter Musikvereins. „HMV" gekürzelt dient er der „wohltätigen Einwirkung auf Geist und Herz", wird daneben jedoch schnell zum Symbol des Aufbruchs eines wiedererwachenden Gemeinschaftsgefühls der Sachsen. Noch im Gründungsjahr kommt Händels „Messias" zur Aufführung, was Vereinsdirektor Conrad zum Kommentar verleitet, Hermannstadt könne in musikalischer Hinsicht jetzt „als allen österreichischen Provinzial-Hauptstädten ebenbürtig" gelten. Den Instrumentalisten wird ein Hermannstädter Männergesangverein (Liedertafel „Hermania") zu Seite gestellt. In Zukunft können zu sächsischen Großveranstaltungen wie Schiller-Jubiläen oder Kaisers Geburtstag damit Kräfte – „Dilettanten und Musiker" – aufgeboten werden, die selbst Mozarts „Zauberflöte" oder Webers „Jubelouvertüre" auf die Bühne bringen. Und was die Hermannstädter aus eigener Kraft nicht schaffen, ergänzen sie mit Prominenz aus dem Reich. Johannes Brahms und Richard Strauß gastieren am Zibin,

Häufig beschrieben und häufig beschossen: Hermannstadt, die Sachsenmetropole in der Zibinebene, aus der Vogelschau.

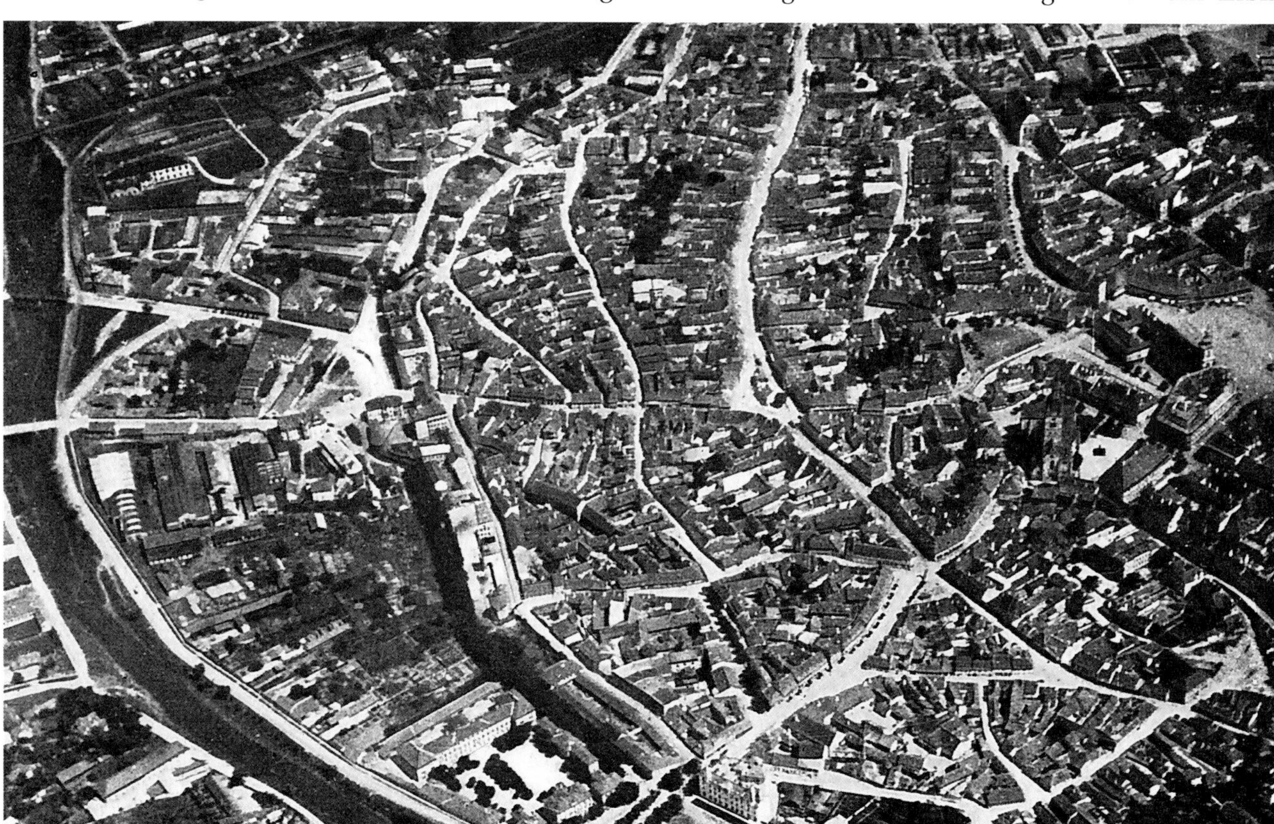

die Siebenbürger Sächsin Jenny Brenner, der Star der Prager Deutschen Oper, und das sächsische Wunderkind Karl Filtsch, der neunjährig bereits in Wiens kunstliebender Gesellschaft als Pianist aufgetreten war, geben Konzerte ...

Die Einnahme der Stadt durch General Bems wilde Streitmacht, die Kämpfe zwischen Österreichern und Ungarn, Ungarn und Russen, hat die Hermannstädter überzeugt, daß ihre hundertfach bewährten Wehranlagen den Waffen der modernen Zeit nicht mehr gewachsen sind. Nach der Madjarenrevolution beginnt die Schleifung, 1852 fällt die Safrotbastei, im Jahr darauf das innere Elisabethtor, dann das Burgtor, der Leichentor- und Sagtorturm und die Burgerbastei. Anno 1867, im Jahr des österreich-ungarischen „Ausgleichs", wird der sächsische Bischofssitz von Birthälm nach Hermannstadt zurückverlegt. Die Metropole hat ihre Talente wie anderswo auch, am Zibin wird gepredigt, gedichtet, gemalt, geschnitzt, geforscht, wenn auch ohne die spezifisch intellektuelle Nuance, was der allgemeinen Situation entspricht. Das lokale Genie erhalten die Hermannstädter 1894 mit dem Arztsohn Hermann Oberth. Dessen Aufstieg zum „Vater der Weltraumfahrt" zeichnet sich schon im Frühwerk „Die Rakete zu den Planetenräumen" ab. Während das Buch des Physikers in wissenschaftlichen Kreisen noch heftig diskutiert wird, baut Oberth für den Ufa-Film „Die Frau im Mond" die Attrappe einer Rakete. Ihr Urenkel Apollo II sollte 1969 zum Mond fliegen. Im Zweiten Weltkrieg arbeitet der Hermannstädter in Peenemünde an der Entwicklung der ersten Großrakete, später zusammen mit Wernher von Braun im amerikanischen Huntsville.

Um die Jahrhundertwende ist die königliche Freistadt Nagyszeben (die Deutschen nennen sie – politisch inkorrekt – weiterhin Hermannstadt, die Rumänen Sibiu) Zentrum eines Komitats, das 5 Stuhlbezirke und 2 Städte umfaßt. In sächsischen Alltagsgassen und 3 meist von Rumänen bewohnten Vorstädten leben rund 19 500 Einwohner, unter ihnen 14 000 Deutsche. Die Sachsenmetropole hat 11 Gotteshäuser, darunter die gotische evangelische und die barocke katholische Stadtpfarrkirche, ein Bischofspalais, ein katholisches Waisenhaus (Theresianum), ein deutsches Theater und ein breites Angebot von Lehranstalten. Sie ist Sitz eines griechisch-orthodoxen rumänischen Erzbischofs und Metropoliten. Das sorgfältig behandelte herrschaftliche Brukenthalpalais am Großen Ring beherbergt Südosteuropas ältestes Museum, die zweitgrößte Gemäldegalerie Ungarns, im Rathaus ist das sächsische Nationalarchiv untergebracht. Auf der Promenade haben monarchentreue Bürger Kaiser Franz I. ein Bronzedenkmal errichtet, das an den Besuch des Habsburgers bei seinen treugehorsamsten sächsischen Untertanen erinnert. Ein „Verein zur Verschönerung von Hermannstadt" hat seine Tätigkeit aufgenommen.

Im September 1916 wird zwischen Österreich-Ungarn und Rumänien bei Hermannstadt die erste große Schlacht der Nordfront geschlagen.

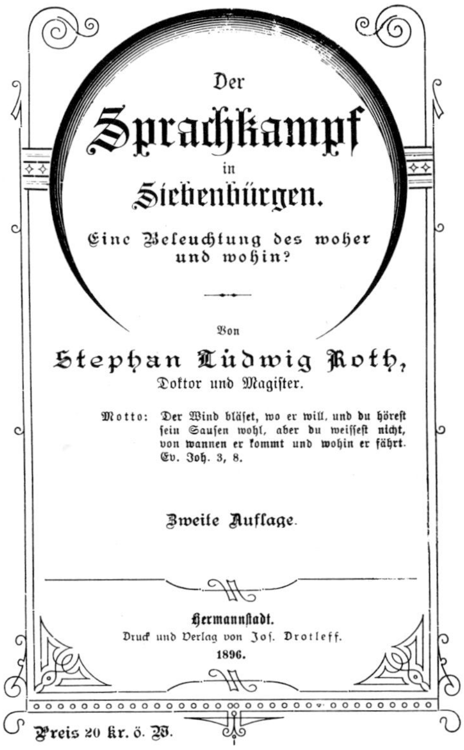
Der
Sprachkampf
in
Siebenbürgen.
Eine Beleuchtung des woher und wohin?
Von
Stephan Ludwig Roth,
Doktor und Magister.
Motto: Der Wind bläset, wo er will, und du hörest sein Sausen wohl, aber du weissest nicht, von wannen er kommt und wohin er fährt. Ev. Joh. 3, 8.
Zweite Auflage.
Hermannstadt.
Druck und Verlag von Jos. Drotleff.
1896.
Preis 20 kr. ö. W.

Stephan Ludwig Roths »Der Sprachkampf in Siebenbürgen«. Die politische Streitschrift aus dem Jahr 1842, die sich gegen den Chauvinismus der Madjaren wendet, in einer Ausgabe des Hermannstädter Verlags Drotleff.

Die Mittelmächte siegen, verlieren jedoch den Krieg. In der Stadt richtet sich die provisorische rumänische Landesregierung von Siebenbürgen ein. 1926 haben die Deutschen die Mehrheit in ihrer alten Metropole verloren. 1933 eröffnet das „Deutsche Landestheater in Rumänien" im Hermannstädter Theater mit Schillers ewigem „Wilhelm Tell", in dem traditionell die vorahnende Gestaltung auslandsdeutschen Schicksals gesehen wird. Am Tag darauf kommt Hanns Johsts gegenwartsnahe Lutherdichtung „Propheten" zur Aufführung.

Allgemeine Sachsennot und der politische Kampf um die Existenz der Volksgruppe fordern ihr altes Wir-Gefühl heraus. Nach dem Beschluß des Sachsentags, die Nachbarschaften wieder aufleben zu lassen, formieren sich in Hermannstadt noch einmal Gemeinschaften wie „am Schneiderteich", „am Zwinger", „am Trinkbach", „am Fingerlingsbrunnen" oder „unter der Burg". Selbst wenn sie nicht mehr voll den Traditionen des alten Nachbarschaftswesens entsprechen ... Krankenfürsorge, Winterhilfe oder das „Ehrengeschenk", ein erstes Paar Schuhe für Neugeborene aus kinderreichen Familien, haben bodenständige Prägung.

Nach den Wendejahren 1944/45, dem wohl tiefsten Einschnitt zwischen Gestern und Morgen, setzt sich der Name Sibiu für die alte Haupt- und Hermannstadt durch. In Straßen und Häusern löst das rumänische *„mulțumesc"* oder *„poftim"* das „danke sehr" oder „bitte" ab. Doch Hermannstadt hat sich eine vertauschbare Wirklichkeit erhalten. Die Fahrt durch das Zentrum ist eine Reise in der Zeitmaschine geblieben, erinnert an Meschendörfers *„Wohlvermauert in Grüften modert der Väter Gebein, / Zögernd nur schlagen die Uhren, zögernd bröckelt der Stein."* Die Patina vergangener Zeiten, sächsische Geschichte in Alleen, Winkeln und Gewölben, zumindest so lange, wie sie Söhne ihren Söhnen (Töchter ihren Töchtern) weitererzählen. Daran ändert nichts, daß die Mühlgasse bis zur Revolution den Namen Lenins trägt, die breite Burgergasse als Strada Karl Marx zur Piata Engels, damit auf den alten Heuplatz führt.

Der zweiten Sachsenmetropole ergeht es ähnlich: 1944 von der Roten Armee eingenommen, wird Kronstadt 1950 offiziell zu Orasul Stalin (Stalinstadt). Heute ist die frühe Bergfeste zweitgrößte Stadt Rumäniens. Ohne jede Reverenz an das alte „Corona" oder Kronstadt trägt sie den Namen Brasov, ein Bezug auf die slawische Bezeichnung der Burzen, die bei Marienburg in den Alt fließt. Mit Kronstadt oder Hermannstadt wurde vieles verdrängt und soll doch Geschichte bleiben.

Gesamtansicht von Hermannstadt. Einst Vorort des Königbodens und bedeutendes Handelszentrum zwischen Vorderasien und dem süddeutschen Raum, ist die Stadt am Zibin kulturelles und politisches Zentrum der Siebenbürger Sachsen, die Schatzkammer ihrer Geschichte.

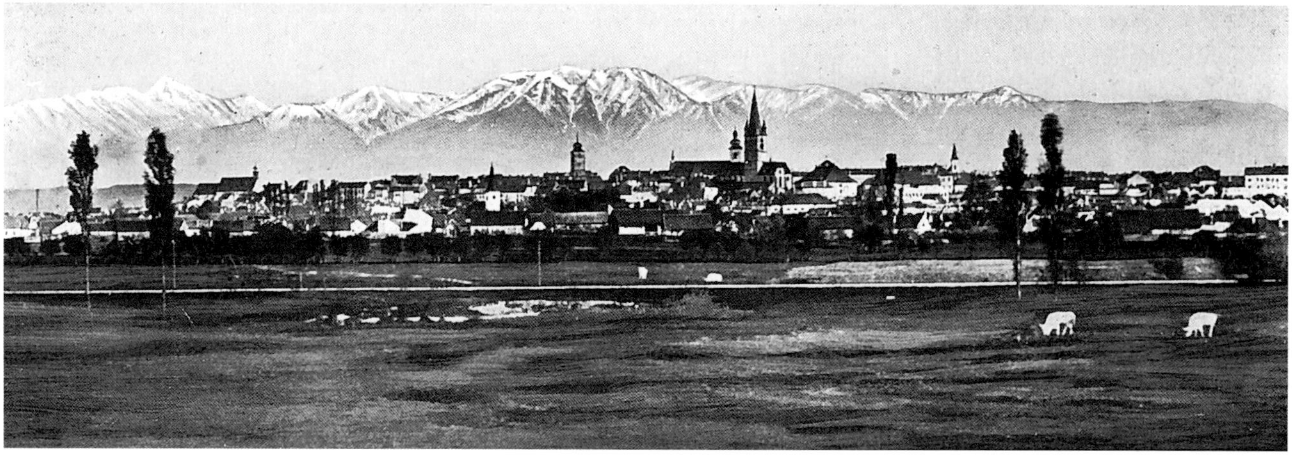

Siebenbürgen: Ortsnamen

deutsch – rumänisch

Abtsdorf bei Agnetheln	Apoş
Abtsdorf/Kokel	Ţapu
Agnetheln	Agnita
Almen	Alma-Vii
Alzen	Alţina
Arbegen	Agîrbiciu
Arkeden	Archita
Auen	Cuşma
Baaßen	Bazna
Baierdorf	Crainimăt
Bekokten	Bărcuţ
Bell	Buia
Belleschdorf	Idiciu
Benzenz	Aurel Vlaicu
Billak	Domneşti
Birk	Petelea
Birthälm	Biertan
Bistritz	Bistriţa
Blutroth	Berghin
Bodendorf	Buneşti
Bogeschdorf	Băgaciu
Bonnesdorf	Boian
Botsch	Batoş
Braller	Bruiu
Brenndorf	Bod
Broos	Orăştie
Bulkesch	Bălcaciu
Burgberg	Vurpăr
Burghalle	Orheiu Bistriţei
Bußd bei Mediasch	Buzd
Bußd bei Mühlbach	Boz
Denndorf	Daia
Deutschbudak	Budacu de Jos
Deutschkreutz	Criţ
Deutschpien	Pianu de Jos
Deutschtekes	Ticuşu Vechi
Deutsch-Weißkirch	Viscri
Deutsch-Zepling	Dedrad
Dobring	Dobîrca
Donnersmarkt	Mănărade
Draas	Drăuşeni
Dürrbach	Dipşa
Dunesdorf	Daneş
Durles	Dîrlos
Elisabethstadt	Dumbrăveni
Engenthal	Mighindoala
Felldorf	Filitelnic
Felmern	Felmer
Felsendorf	Floreşti
Fogarasch	Făgăraş
Frauendorf	Axente Sever
Freck	Avrig
Galt	Ungra
Gergeschdorf	Ungurei
Gierelsau	Bradu
Gießhübel	Gusu
Großalisch	Seleuş
Großau	Cristian
Großeidau	Viile Techii
Großkopisch	Copşa Mare
Großlasseln	Laslea
Großpold	Apoldu de Sus
Großprobstdorf	Tîrnava
Großschenk	Cincu
Großscheuern	Şura Mare
Großschogen	Şieu
Gürteln	Gherdeal
Hahnbach	Hamba
Halvelagen	Hoghilag
Hamlesch	Amnaş
Hammersdorf	Guşteriţa
Hamruden	Homorod
Haschagen	Haşag
Heidendorf	Viişoara
Heldsdorf	Hălchiu
Heltau	Cisnădie
Henndorf	Brădeni
Hermannstadt	Sibiu
Hetzeldorf	Aţel
Hohndorf	Viişoara
Holzmengen	Hosman
Honigberg	Hărman
Hunderbücheln	Movile
Irmesch	Ormeniş
Jaad	Livezile
Jakobsdorf bei Agnetheln	Jacobeni
Jakobsdorf bei Bistritz	Siniacob
Johannisdorf	Sîntioana
Kallesdorf	Arcalia
Kastenholz	Caşolţ
Katzendorf	Caţa
Keisd	Saschiz
Kelling	Cîlnic
Kerz	Cîrţa
Kirchberg	Chirpăr
Kirtsch	Curciu
Kleinalisch	Seleuş
Kleinbistritz	Dorolea
Kleinblasendorf	Blăjel
Kleinlasseln	Laslău Mic
Kleinprobstdorf	Tîrnăvioara
Kleinschelken	Şeica Mică
Kleinschenk	Cincşor
Kleinscheuern	Şura Mică
Klosdorf	Cloaşterf
Kreisch	Criş
Kronstadt	Braşov
Kuschma	Cuşma
Kyrieleis	Chiraleş
Langenthal	Valea Lungă
Leblang	Lovnic
Lechnitz	Lechinţa
Leschkirch	Nocrich
Ludwigsdorf	Logig
Magarei	Pelişor
Maldorf	Domald
Malmkrog	Malîncrav

Maniersch	Măgheruş
Mardisch	Moardăş
Marienburg im Burzenland	Feldioara
Marienburg bei Schäßburg	Hetiur
Marktschelken	Şeica Mare
Martinsberg	Şomărtin
Martinsdorf	Metiş
Mediasch	Mediaş
Meeburg	Beia
Mergeln	Merghindeal
Meschen	Moşna
Meschendorf	Meşendorf
Mettersdorf	Dumitra
Michelsberg	Cisnădioara
Michelsdorf/Kokel	Veseuş
Michelsdorf bei Marktschelken	Boarta
Minarken	Monariu
Mönchsdorf	Herina
Moritzdorf	Moruţ
Mortesdorf	Motiş
Mühlbach	Sebeş
Nadesch	Nadeş
Neithausen	Netuş
Neppendorf	Turnişor
Neudorf bei Hermannstadt	Nou
Neudorf bei Schäßburg	Nou Săsesc
Neustadt bei Agnetheln	Noiştat
Neustadt im Burzenland	Cristian
Niedereidisch	Ideciu de Jos
Nimesch	Nemşa
Nußbach	Măieruş
Obereidisch	Ideciu de Sus
Oberneudorf	Satu Nou
Paßbusch	Posmuş
Peschendorf	Stejăreni
Petersberg	Sînpetru
Petersdorf bei Bistritz	Petriş
Petersdorf bei Marktschelken	Petiş
Petersdorf bei Mühlbach	Petreşti
Pitnak	Slătiniţa
Pretai	Brăteiu
Probstdorf	Stejărişu
Pruden	Prod
Puschendorf	Păucea
Radeln	Roadăş
Rätsch	Reciu
Reichesdorf	Richiş
Reps	Rupea
Retersdorf	Retişu
Reußdörfchen	Ruşciori
Reußdorf	Cund
Reußen	Ruşi
Reußmarkt	Miercurea Sibiului
Rode	Zagăr
Rohrbach	Rodbav
Rosch	Răvăşel
Roseln	Ruja
Rosenau	Rîşnov
Rothbach	Rotbav
Rothberg	Roşia
Rumes	Romos
Sächsisch-Eibesdorf	Ighişu Nou
Sächsisch-Regen	Reghin
Sanktgeorgen	Sîngeorgiu Nou
Schaal	Şoala
Schaas	Şaes
Schäßburg	Sighişoara
Scharosch bei Fogarosch	Şoarş
Scharosch bei Mediasch	Şaroş pe Tîrnave
Schellenberg	Şelimbăr
Schirkanyen	Şercaia
Schlatt	Zlagna
Schönau	Şona
Schönberg	Dealu Frumos
Schönbirk	Sigmir
Scholten	Cenade
Schorsten	Şoroştin
Schweischer	Fişer
Seiburg	Jibert
Seiden	Jidvei
Seligstadt	Seliştat
Senndorf	Jelna
Stein	Dacia
Stolzenburg	Slimnic
Streitfort	Mercheaşa
Talmesch	Tălmaciu
Tarteln	Toarcla
Tartlau	Prejmer
Taterloch	Tatîrlaua
Tatsch	Tonciu
Tekendorf	Teaca
Thalheim	Daia
Tobsdorf	Dupuş
Törnen	Păuca
Trappold	Apold
Treppen	Tárpiu
Tschippendorf	Cepari
Ungersdorf	Şieu-Măgheruş
Urwegen	Gîrbova
Waldhütten	Valchid
Wallendorf	Unirea
Waltersdorf	Dumitriţa
Wassid	Veseud
Weidenbach	Ghimbav
Weilau	Uila
Weingartskirchen	Vingard
Weißkirch bei Bistritz	Albeştii Bistriţei
Weißkirch bei Schäßburg	Albeşti
Werd	Vărd
Wermesch	Vermeş
Windau	Ghinda
Wölz	Velţ
Wolkendorf/Burzenland	Vulcan
Wolkendorf bei Schäßburg	Vulcan
Wurmloch	Valea Viilor
Zeiden	Codlea
Zendersch	Senereuş
Zepling	Dedrad
Ziedt	Veseud
Zuckmantel	Ţigmandru